永通万国

货币与历代兴衰

任双伟

著

人民文学出版社

图书在版编目（CIP）数据

永通万国：货币与历代兴衰/任双伟著. --北京：人民文学出版社，2024
ISBN 978-7-02-018485-9

Ⅰ. ①永… Ⅱ. ①任… Ⅲ. ①货币史-中国-古代 Ⅳ. ①F822.9

中国国家版本馆 CIP 数据核字（2023）第 249566 号

责任编辑　曾雪梅
责任印制　张　娜

出版发行　人民文学出版社
社　　址　北京市朝内大街 166 号
邮政编码　100705

印　　刷　北京盛通印刷股份有限公司
经　　销　全国新华书店等

字　　数　490 千字
开　　本　710 毫米×1000 毫米　1/16
印　　张　36.75
印　　数　1—10000
版　　次　2024 年 1 月北京第 1 版
印　　次　2024 年 1 月第 1 次印刷

书　　号　978-7-02-018485-9
定　　价　98.00 元

如有印装质量问题,请与本社图书销售中心调换。电话:010-65233595

传统中国货币三问

摆在读者面前的这本图文并茂的货币历史读物，从传统中国各个时期货币形态的特征与使用历程角度，生动形象地叙述了王朝兴衰在货币制度和货币政策行为上的表现，是一本弘扬货币文化传承的佳作。

今天，货币是人们日常生活中须臾也不可离开的东西。就传统中国而言，在日常使用的实体货币方面，春秋以前的天然海贝，春秋战国时期的布（镈）币、刀币、圜钱和南方楚国的蚁鼻钱等四大货币体系，秦始皇时期开启的全国统一货币圆形方孔铜钱，经历了半两钱、五铢钱和通宝钱体系的三个时代，以迄宣统三年（1911年）封建帝制结束。与之对称，服务于大额交易或上层市场的是东汉之前的黄金、魏晋隋唐的绢帛、宋元时代的纸币，以及明清时期的纸币和白银。需要指出的是，就货币形态的载体而言，性质发生根本转换的是北宋四川纸币。纸币是符号货币，本身没有价值，依赖民间信任机制和官方的制度设定保证购买力。宋代纸币初始专门服务于大额和远距离交易，自南宋开始弥补货币短缺的指向逐渐强化，一方面服务于财政亏空的货币填补，另一方面满足日常零星交易的小面额纸币也出现了。特别地，从金朝后期开始，银钞相权，纸币从集约地表现巨大数额铸币的大额支付工具，倒转过来成为高价值白银细分的等分货币表达形式。

关于货币，有俗语说："除了经济学家人人都懂得货币。"其隐含的意思在于：一方面，即使是经济学家，要弄清货币运行的机理，弄清在资产和货币不断转换的情景下何者为货币以及如何度量货币，也不是一件容易的事情。另一方面，普通人都懂得货币，因为他们每天求生活谋生计，为柴米油盐而奔波，自然知道货币在满足生活所需上的重要性，哪有不懂货币的道理。但是，正如康熙皇帝所说："凡事必加以学问，方能经久。"就今天我们遇到的数字货币而言，无论上下，无论普通公民或者专业学者，都不同程度地为其所困扰。公众对私人数字货币和虚拟资产的定位认识模糊自然情有可原，但部分国家的政府和央行在这个问题上也失去理性的决策意向，更加剧了人们的认识混乱。想要正确认识和确定今天各种货币形态的功能边界，必须回溯货币的历史，因为历史是最好的教科书。各个时代的各种货币形态，是在当时特定的时间和空间条件下，由技术、观念和制度耦合互动产生的结果。面对这部按专题论述的货币历史著作，为了便于对不同货币形态在充当货币职能时所体现出来的功能和制度条件有一个总体的系统认识，我就以下几个问题做一个简略的论述：第一，实体货币是信用货币吗？第二，纸币产生的机制与发展路径是怎样的？为什么传统中国的纸币没有走上信用货币道路？第三，为什么中国没有自铸银元和实现本位制？

一　实体货币是信用货币吗？

我们知道，中国最早的货币文献可能是《国语》里后人假托周景王铸大钱的历史故事。如果这个故事确实反映周景王二十年（前524年）的社会经济情况，那么其中关于铸钱来救助灾民的叙事，则反映了"先王制币说"的货币起源论。有人借此指责这属于唯心主义的货币起源论，与马克思的货币起源理论相悖。实际上，这篇文献讨论的是货币形态的铸币阶段，国家形成之后用于全国的货币必然是权力归属国家的铸币，"先王制币说"不是一般性地讨论货币的起源，而是讨论铸币这种较高阶段的货币形态形成机制是来自救灾性质的财政分配行为。这篇文献的核心，就是"子母相权论"，也就是铸币重量大小问题。如何随时根据经济发展和商品供给的情况，调整作为基准单位货币的大小？可能的解读出发点有二：一是大小铸币可以服务于不同交易数量的买卖行为，如同今天现钞的面额一样。二是如果当时的条件下，同一时间同一地域内只使用一种重量的铸币，那么，"子母相权"就可能是经济形势要求的基准货币转换过程中，合理的兑换机制。在小钱没有合理兑换安排的情况下，作为重臣卿士的单旗（史称"单穆公"），警告不能轻易地废弃小钱，周景王不听劝告终于铸造大钱的话语叙述，明显地体现出故事内涵聚焦在新旧铸币转换的善后问题。而这种实体货币新旧替换中，建立信任的关键在于币材的价值。周景王犯下的错误，如同两千三百多年后咸丰年间的王茂荫在清朝官方肆意铸造"虚价大钱"时所警示的"官能定钱之值，而不能限物之值"，官方可以随心所欲地在实体钱币上镌刻自己满意的数字，但是市场交易者将根据货币与实物在价值（等价交换）和数量（比例调整）上的对应关系进行相应地解读，须知现实生活的事实表明，价格是在交易行为中形成的。

周景王铸大钱，深刻地反映了实体货币特别是传统中国铜铸币这种金属货币流通的核心问题，除了铸币上的国家印记可以称得上来自国家权威的信任机制，铜铸币的流通规律，其重量和大小的基准从来在时间上是一贯的，其流通区域从来也是跨国的，颇有国际货币的意味。

如同本书分散在多个专题中解读的，传统中国的铜铸币分为三个重要的时期：第一期，秦始皇统一中国的公元前221年起，以"半两钱"替代六国货币中的四大货币系统（布币、刀币、圜钱和蚁鼻钱），直至西汉初年。第二期，汉武帝在财经名臣桑弘羊的主持下铸行五铢钱。因轻重大小符合当时经济发展水平的要求，五铢钱体制跨越多个朝代行用七百余年，直至唐代初年。第三期，唐高祖武德四年（621年）铸行"开元通宝"钱，进入通宝钱体制时代，其间尽管有年号钱等铸币上的细节变化，但作为一种铸币体制一直延续到宣统三年（1911年）帝制时代终结。一文"开元通宝"钱重二铢四絫，正好是半两钱、五铢钱计重体制下一两等于二十四铢的十分之一，由此中国的计重体制因铸币形成一两等于十钱的规则。半两钱十二铢，五铢钱是它的二点四分之一，而开元通宝钱又是半两钱十二铢的五分之一，可见重量大小有变，但它们在自身行使货币的价值尺度和流通手段职能时，都是一个基准货币单位"一钱"。纵向观察历史，我们不能只因为制度性的重量减轻，就简单判断通宝钱制落后于五铢钱制，五铢钱制又落后于半两钱制。恰恰相反，根据时代要求和经济发展的需要，后期铸币的制度化建设更加完备。作为计值的铸币，关键在于流通的时空内坚持价值基准的一律性和重量形制的完好性。

铸币流通是以币材为核心的。如果说因为铸币打上了国家的印记，就是国家信用支撑的信用货币，它的公信力就来源于国家，那么以下疑难就需要我们给予合理的回答。

——贾谊的"奸钱论"所提出的中国版"劣币驱逐良币"现象，劣币的公信力没有国家的印记，为何在国家铸币供给不充分的情况下有其市场？更进一步，为何中国王朝兴衰的历史，实际上就是一部从"良币驱逐劣币"走向"劣币驱逐良币"的历史？也就是说，王朝兴盛时充分地供给官方完好铸币，衰落时无力铸币听任民间私铸盛行劣质货币，出现哈耶克渴望的多元货币格局，而最终走向哈耶克不愿意看到的美好生活的反面，导致王朝衰败。王朝周期在这本图文并茂的书里，从完好到缺损、从大到小、从美观到刺眼，同一王朝铸币的动态变化生动形象地体现出来。国家有何信用？

——王莽"五物六名二十八品"货币复古改制，是凭借国家权力经典的唯心主义货币政策行为，结果毁于自造的混乱制度。一个同时使用五种材料、六个系列、二十八种币值的货币系统，终止于"百姓愦乱"。民众被弄糊涂了，只能自发地构建自己的货币使用惯例，那么国家有何信用？

在手交货币的实体货币时代，币材问题一直是一个核心问题。根据黄达教授编著的《货币银行学（金融学）》教科书的明确论断，信用货币是银行券和存款货币这种体现着债权债务关系的符号货币，而不是实体货币（包括商品货币和金融货币）的缺损和减重。中央政府的官方铸币与民间私人铸币的拉锯，积极反映着王朝的兴衰转换，也体现出围绕币材问题和货币规则各自的社会建构。但是很明显，这与纯粹符号货币"交子"开启的纸币时代所遇到的问题明显不同。

二 纸币产生的机制与发展路径是怎样的？

一千年前北宋仁宗天圣元年（1023 年）益州交子务的成立，标志着人类货币史上官方纸币的正式登场。近期官方和民间围绕"纸币诞生千年纪念"的学术活动，正在就货币的形态和性质展开跨学科的探讨。对于纸币诞生的机制和发展，我有系统的论述和说明。这里简单分享我的观点，供批评指正。

如前所述，在实体货币铜钱使用的时代，币材是一个核心问题。官方完好铜钱供给的有限性，与民间使用铜钱的迫切性成为一个突出的矛盾。但是，唐代中期两税法实行之后，这成了一个帝制时代的政策问题。在两税法"以资产为宗，以钱定税"和交易模式（茶米的南北跨地域远程贸易）转换的新形势下，铜钱短缺的问题更加突出。而民间的活力是无限的，唐代带有汇票性质的"飞钱"就是茶商自发创制使用的。到了北宋，造纸术和印刷术进一步发展，低价值的铁钱又不便于携带，而四川地区内部的茶商集团在相对封闭的环境中形成的行业和地域信任网络，在这几种因素助推下，一种人类货币史上的全新货币形态——纸币"交子"在民间诞生了。

除了前面提及的经济技术硬性条件和四川的铁钱环境，当时四川茶商集团的内部信任机制是民间交子这个符号货币成立的关键。有些学者认为交子是北宋信用事业发展的结果，可是我们看到的代表性论述（如日本著名中国经济史学者加藤繁）中，讲到北宋信用都是指"信任"意义上的信用，与今天金融学上定义为"借贷"的信用完全不同。

交子在民间行用阶段的要害，是受制于"生存约束"。也就是说，单个交子铺包括十六家富商时代的交子发行，均因商人的财力减损和破产失去价值，出现民间纠纷。其前途要么消失，要么收归官方管理。官方交子的创制就是货币形态发展的必然选择，官方交子时代的到来，实际上走上了真正的纸币时代。

从纸币诞生本身的需求动力来看，本身就是大额支付牵引和弥补铸币短缺两个因素共同作用的结果。但是，自从北宋天圣元年（1023年）官方交子务建立，传统中国纸币发展的路径，就向弥补铸币短缺的方向倾斜，交子在北宋后期、南宋的会子等纸币使用的整个时期、金朝、元代和明朝，最终无不变成弥补财政赤字的工具。从货币的性质来看，用马克思经济学的概念，就是充当流通手段职能的符号货币，属于利用国家权力强制流通的"国家纸币"性质。当然，在国家纸币的使用历程中，在帝制环境之下，也曾有经典的纸币价值调控实验，南宋就利用黄金、白银、铜钱，各种珍奇实物，以及出家凭证"度牒"证券等的综合担保，对纸币"会子"的价值进行了有效的"称提"调控。

那么，为什么传统中国的纸币没有发展为信用货币？所谓信用货币是充当支付手段职能的货币，而支付手段是价值的单方面转移，这里就隐含着债权、债务关系。这种货币内生于经济过程的借贷关系，西方纸币一开始出现就是商业银行发行的"银行券"（banknotes），它是商业银行贴现商业信用的商业票据的创制。其运行的机制，就是一套完美地维护信用活动的契约关系。最后是国家的法律建制和央行体制的形成。传统中国的纸币路径的不同，就要从这样的东西对比中寻找！

三　明清中国为什么没有自铸银元和实现本位制？

由于纸币的性质是国家纸币，它的使用前景就与王朝周期本身的帝制特征关联起来。兴盛时期的帝王气象处于上升通道，是有节制地发行纸币，随着行政和政治退化，纸币的发行便会失控。朱元璋彻底的国家纸币实验——"大明宝钞"，经典地展示了无视纸币发行的基本要求，无准备、无数量控制和无兑换安排的"三无货币"，不到三十年，便贬值大半。到明英宗正统元年（1436年）"金花银"的使用，中国进入五百年的"白银时代"。过往在研究明代资本主义萌芽时，普遍认为白银是先进货币的代表，将白银的使用看成中国近代转型的标志。近年的研究表明，中国的"白银时代"是一个"有货币无制度"的时代。有极端的论断认为，中国银两使用的事实表明白银时代的中国是一个无货币的时代，是事实上的"物物交易"。因为白银都要从其实体样貌、成色和重量来进行鉴定，这与买卖水果有何区别？

那么，我们要问，明代白银使用为什么不铸行"银元"铸币呢？实际上，从明代货币结构的演进不能得出经验的判断。明代纸币的滥发和使用，使得大明宝钞成为废纸，铜钱供给不足，多个朝代不铸钱，结果满足民间下层市场的是历史上的铜钱和私铸铜钱。纸币的退场，私铸的泛滥，都表明明代官方政府无法进行有规则的货币制度建构。两千余年的铜铸币铸造权的放弃，宣告传统中国政府在货币建设上的能力边界。铜钱铸造都已经不可行，怎么可能推行白银铸币的铸造？中国白银货币的使用，便只能借助市场的自发力量，形成多元并存、互补使用的货币流通格局。西方近代白银和黄金贵金属的广泛使用演变为"一个国家一种货币"的本位制货币体制，支撑和支持了现代化的发展。传统中国有着丰富的货币使用经验，近代却停滞不前，在"有货币无制度"的格局中与西方竞争，经历了百年的屈辱史。

时值人类纸币诞生千年纪念之际，年轻学人任双伟捕捉"千年等一回"的时机，适时推出这本图文并茂的货币史著作，让我们体验传统中国丰富的货币文化，激发公众兴趣，以更加厚重的历史资源提供的货币使用得失，来体察今天货币使用的选择和走向，具有重要的意义。

中国人民大学财政金融学院教授
中国金融学会金融史专业委员会副主任委员　何平

2023 年 12 月 23 日于御山书房

自序

人间世，聚久而无不散。

君子比德如玉，抚之有温润柔和之仁，视之有表里如一之义，听之有舒展悠扬之智，断之有宁折不屈之勇，碎之有铿锵不锐之洁。身灭之后，棺罩玉挂、口中玉琀、手中玉握、覆面玉缀、踏脚玉板、夹趾玉珠，皆入掘士之手。破冢发棺，玉碎冰摧，都无可据。

文士尊文绎器，考礼于夏商之具，正字于鼎彝之间。以山岩屋壁田亩墟墓间残存之尊彝鼎敦，连接天地、沟通三代、匡正经典、隆礼作乐。礼失求诸野，非敢以器为玩。风霜兵火，湮沦磨灭，藏者仓皇辞庙，吉金多为煨烬。金石之固，犹不足恃。

侪辈嗜泉耽玩，所搜金刀泉货汗漫。欲以一孔之得，摅怀旧之蓄念，发思古之幽情。好货者好勇，以己所有傲人之所无。珍者稍可入目，价便不赀。因废时隳业，锱铢必较，甚以变诈为务，巧取豪夺，至交生隙，面目全无。终物我永诀，流于厂肆，远掠海外，公诸邦国。

百工之事，皆圣人之作。古今珍重精粹之器、天地琐杂碎细之物，其得之艰，其失之易。声色货利，皆伐性之斧。心为物役，是天性痴真。

世间一等恣情纵意之人，天文、地舆、谶纬、乐律、兵法、星卜、算术皆通，握槊、投壶、弹琴、拨阮、摹印、斫砚精绝。然技非六艺，用非经国。一概陶冶性情之技，无非害道。适于莽苍，三餐而反。

天下一切倜傥高妙之士，不屑屑，不琐琐。格物致知，务为敛抑。不求日增，只求日减。体非形器，理绝名言。破除我执，任其不齐，无有大知小知，离于大年小年。水击三千里，抟扶摇而上，以游无穷。

仆少居西京，彷徨畿甸。登长陵之丘阜，望南山之龙岸。觅折戟于沉沙，籴青蚨于赤县。长乐止乎未央，天子何尝万年。渭波无定，千载流变，汉桥居于陆上，秦都隐于白练。念国史浩渺，泉货代嬗，世易时移，流沙坠简。敢陈管见，以充新编。三易其稿，遂成草刊。每思高阳之春野，洪渎之秋原，曩者有逍遥之游，今兹无濮水之羡。但有怿于观者，岂必在洙泗之间。

癸卯夏于青年路

目录

永通万国：货币与历代兴衰

第一章

朋自远来

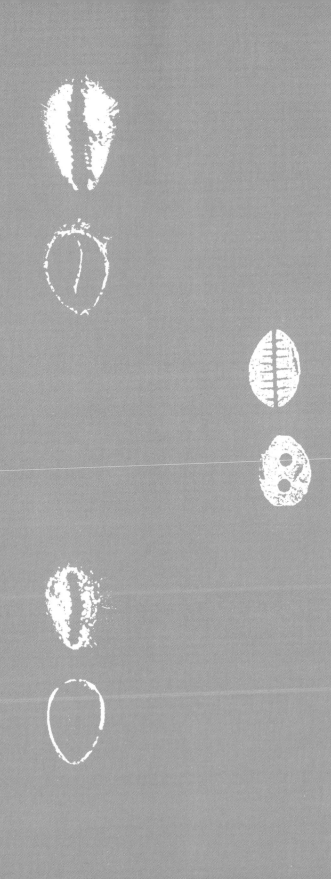

妇好其来。

自从派遣妇好追扑封地叛逃的奴隶后，商王武丁经日忧心忡忡，屡屡求神问卜，毕竟除伉俪之情外，征伐各方、索贡戍边乃至祟祭天祖，还须力赖此妃耦。

盘庚迁殷以来，"二百七十三年更不徙都"，商道日衰。武丁践祚，用大臣甘盘、傅说以为佐，命妇好为王前驱，用兵八十一方国，南征江淮，北伐河套，西拓渭汭，大震中国，天下运于掌矣。商王用兵，源于早期国家收入对人口的依赖，即需要大量人口服役（军役、力役），以及国家支出中祭祀所需之珍宝，如"贝"。

● 西汉五牛贮贝器
云南省博物馆藏

盛大的庆功酒宴猗欤盛矣，武丁赐贝给妇好和"逦者"（陪伴者、辅助者），以示恩宠。赐贝是商王分配资源、彰显王权的常见手段，多在宴飨、王室祭祀、巡视地方或征伐方国时举行，受赐者多为内服近臣、功臣。殷墟卜辞有"赐多女有贝朋""围不殟，赐贝二朋"等记载，这两条卜辞皆是武丁时期的。

武丁以来，商末尤其帝辛之世盛行赐贝。商王常赐贝于寝、宰、作册、戍等近臣，臣下受赏后，将贝交予铸铜作坊，定制铜器，铸以铭文，以昭示王恩。如"癸巳，王易（赐）小臣邑贝十朋，用乍（作）母癸尊彝。佳（唯）王六祀，肜日，在四月，亚疑"（《小臣邑斝铭》），即在某商王六年四月癸巳日肜祭的日子，商王赐给名叫"邑"的小臣贝十朋，小臣"邑"用这十朋贝为其母做一件祭器。西周前期延续了赐贝传统，受赏者包括外服诸侯、多邦伯（周边部族首领），作册、使臣等近臣和对外征伐的功臣。后被"册命"等其他政治性赏赐代替。

由于文献的记载和青铜器中赐贝兑换成器的铭文，许多人认为海贝至迟已在商末成为货币，是最早的货币。《史记·平准书》中说："农工商交易之路通，而龟贝金钱刀布之币兴焉。""虞夏之币，金为三品，或黄，或白，或赤；或钱，或布，或刀，或龟贝。"司马迁认为，早在虞夏时期，龟、贝、金、钱、刀、布已作为货币出现。《汉书·食货志》载："《洪范》八政，一曰食，二曰货。食谓农殖嘉谷可食之物，货谓布帛可衣，及金、刀、龟、贝，所以分财布利通有无者也。"班固亦将布帛、金、刀、龟、贝视作最早的货币形态。此外，诸多经典都认为商周时贝已是货币，如，《书·盘庚》："具乃贝玉。"孔颖达疏："贝者，水虫，古人取其甲以为货，如今之用钱然。"《易·震·六二》："儒丧贝。"王弼注："贝，资货粮用之属也。"《周礼·秋官》："其贡货物。"郑玄注："货物，龟贝也。"《仪礼·士丧礼》："贝三，实于笄。"郑玄注："贝，水物，古者以为货。"《盐铁论》："夏后以玄贝，周人以紫石。"《说文解字》："古者货贝而宝龟，周而有泉，至秦废贝行钱。"凡此种种，不胜枚举。近代以来，罗振玉、王国维、李济、董作宾、高去寻、郭沫若等研究甲骨文和考古的学者，都认为贝是中国最早的货币。货币史家彭信威亦是直下判语："中国最早的货币，的确是贝。"

近年来，许多钱币专家提出了相反的看法，认为贝不是最早的货币，或者"不能简单地将海贝当作最早的货币"。

● 天然贝

海贝本是天然之物，早已存在。华夏先民对海贝的追求源于其神秘性与稀缺性。母系社会时，社会生产力低下，生命脆弱，产生了基于女阴崇拜的生命崇拜。考古中，夏、商、周时期的海贝主要是货贝，还有一些少量的环纹货贝、拟枣贝，多源自印度洋，难以跋涉的海陆之遥，让光洁夺目的贝成了可珍之宝。

海贝首先是饰品，与玉、龟甲等类似。妇好平叛后，常入贡龟甲觐王。此时的龟甲与武丁的赐贝都具有饰品、宝物性质。既为珍宝，自然是生者宝之，死者随之。自新石器时代至春秋前，贝是缝缀在大甸子夏家店下层文化墓葬中衣襟上的衣饰，贝是垂坠在山西翼城大河口西周墓地的荒帷（棺罩），贝是裹在西安沣西张家坡西周车马坑中马嘴上的络头，贝是曲村—天马遗址晋侯墓中与梯形玉牌、玉贝、红色玛瑙珠、红色玛瑙竹节管、绿松石珠合链的玉组佩，贝是殷墟大司空村殷墓中逝者的手中之握和口中之琀。

在敦地行猎时，武丁得知了妇好病逝的噩耗，为其取庙号"辛"，并多次举行了嫔祭、燎祭、酒祭、侑祭、祠祭等。武丁还将妇好许配给天帝和大乙唐、大甲、祖乙等最受尊隆的祖先做了冥妇，率虎食人者，魂为鬼配，这与殷人敬神崇鬼风俗以及"奔者不禁"的婚俗相契合。在妇好墓中，出土了4面铜镜、4件铜钺、130余件青铜兵器、200余件青铜礼器、700余件玉器、6800多枚海贝以及宝石制品……此外，还有16名殉人、6条殉狗……武丁殷殷之心，拳拳可见；殷人生祭之残，觳觫惊心。原本湮灭于史海的女杰，因甲骨与殷墟之掘，复又成为骚士"掘人"口中的要角。此时，大量海贝脱离了挂饰性质，成堆出土，表明了海贝的财富化、货币化，正是在殷商中晚期。

● 仿贝与贝范

海贝的货币化与殷人的经商传统有关。商品交换最早是以物易物，后必然发展出一般等价物作为交换媒介。这种媒介就是货币。货币开始是由某种物品承担，后来就逐渐固定在某一种商品上。《周易》《楚辞·天问》《山海经·大荒东经》和古本《竹书纪年》等古籍中，都有王亥到有易部落被杀而他的牛羊被抢夺的记载。如《山海经·大荒东经》："王亥托于有易、河伯仆牛。有易杀王亥，取仆牛。""王亥"出现于甲骨文，是商朝立国前的首领之一，活动地域主要在豫东、豫北及鲁西一带。"有易"，即今河北易水流域。王亥赶着牛羊远赴"有易"部落，不是放牧，而是经商。牛羊就是一种典型的物物交换媒介。王亥跋山涉水地与有易贸易，可看出殷人的经商传统。

海贝的货币化直接源于生产力的发展。随着铜器冶炼铸造、陶器制造等手工业的发展（殷墟有此遗址），畜牧业的繁盛（甲骨有"马、牛、羊、豕、犬"之文字），农业生产的进步（甲骨有"禾、菽、稷、黍、麦"之文字），从奴隶主到平民，商代进入交换时代。各行各业、各个阶层，无论是奢侈品，还是日用品，都借由商品的形式，通过交换媒介，互通有无。奴隶主除了征伐、享聘外，也借由交换的途径，换取奢侈品，如江西新干大洋洲商代贵族大墓中的新疆和田玉、辽宁岫玉、陕西蓝田玉、河南密县玉和南阳独山玉、浙江青田玉及湖北郧县、竹山等地的绿松石皆非本地所产，多系交换所得。平民通过出卖自己生产的物品，如农牧产品、手工艺品等，直接以物易物，或者兑换成贝等广受认可的媒介，再购买日用陶器、小件青铜器、简易饰品、食盐等必需品。可以想见，玛瑙、龟甲、黄金、玉石、贝等因其奢侈品的功用，而大受欢迎，青铜铲、削刀因其实用器的功用，而流行于平民群体中。

经过交换"市场"的反复验证，贝、削刀、青铜铲等一批商品实物脱离了纯物品属性，一跃

● 诸色仿贝

成为自然货币，具有原始货币的内涵。而"贝"相较宝石更易得，相较青铜更易携带，属于贵族、平民皆用的装饰品，且称量原始布帛需要"度"，测量粮食多少依靠"量"，评估金属重量需要"衡"，而贝具有"均质性"，仅需要数个数，便可以随意组合、拆散，故成了商品交换中的"明星"，在自然货币中尤其畅行，是影响最大的原始货币。此时，海贝还未脱离实用性，故不能将贝看作纯粹的货币，青铜铸造的仿贝依旧有装饰等功用，故不能将仿贝看作最早的铸币。最早的铸币是脱离了实用器的空首布，即"钱"。从原始货币角度讲，许多自然货币如兽皮、玉石都充当过交换媒介，且具有一定价值，与贝相侔，又无法判断它们的使用时间，故不能简单地认为"贝币是最早的货币"。

● 诸色铸贝

海贝的计量单位是朋，人间阴曹，唯钱为朋。甲骨文、金文中常见有"贝朋"的文字，王国维考证"十贝为一朋"（"古者五贝一系，二系一朋"）。商周青铜器中经常有某人赏赐某"贝若干朋"，受赏者以贝为资，铸器以纪的铭文。但是以贝铸器的数量是不固定的，从二朋至二百朋不等，如"赏小子夫贝二朋，用乍（作）父己尊彝""易（赐）小子贝二百，用作父丁尊簋"等，可知青铜器的记载是受赏贝的数量，而不是贝铸造青铜器所需的数量。王赐贝，不是向臣下赐予货币、"赏钱"，而是赏赐如金、鬯、马、弓、矢、臣、田、车、裘、圭、衣、鬲、布、牛一般的宝物。西周初年，贝的"购买力"（仍是物物兑换的比价）比较明确，如《卫盉铭》有："矩白（伯）庶人取瑾璋于裘卫。才（裁）八十朋，厥贮，其舍田十田（1000 亩）。"矩白（伯）向裘卫索取瑾璋一块，价值八十朋，若用土地交换，则须用田十田。《周易》中亦有"十朋之龟"的记载，即百贝（十朋）可换一龟甲。

商周以来，大量的海贝进入墓葬和储藏领域，由于供应的不足，大量仿贝出现了。妇好墓中出土 6 枚用绿松石磨制成的贝。1953 年在安阳大司空村商代 14 号墓中出土 1 枚青铜铸贝，第 312 号墓中出土 2 枚青铜铸贝，3 枚型式相同。1969 至 1977 年中国科学院考古所在安阳殷墟区的第 620 号商墓中发现铜贝 2 枚。1971 年山西保德县发现铜贝 109 枚、海贝 112 枚（铜贝

● 铜贝

与车马器共出，为装饰品而非货币）。此外，还有金质、骨质、玛瑙质、玉质等材质的仿贝。

贝的信史，也是国的信史。在陕西省宝鸡市贾村镇出土的何尊之上，出现了"宅兹中国"等金文，这是已知最早的"中国"二字。论者多谈及周成王营建成周、对武王进行丰福之祭，并在京宫大室中对宗族小子"何"进行训诰等事，而对周王"赐贝卅朋"之举，却鲜有关注。

其实，何尊所载的周王营都，是夏以来便有的"天下之中"地理区位、"建中立极"的建筑格局，这是中华民族"中庸""尚中"的民族基因。何尊所铭刻的金文，也源自安阳殷墟的甲骨文，贞人契刻前辞、命辞、占辞、验辞对征伐、狩猎、畜牧、农事、疾病、灾害、祭祀、日月、风雨等事虔诚一卜，希求得到指引。他们在甲骨上铭刻的"象形""会意""形声""指事"等构法的文字，证古泽今，构筑了华夏文化的灵魂基底。何尊作为酒器，是周人对天、地、山川、四望、先妣先考之祭，中华礼乐，从敬畏天地君亲师始，孕育出仁悌忠孝礼义廉耻等道德秩序。而这之中，三代文明所体现出的秩序、等级、礼仪、崇祖等要义，借由赐"贝"这一政治仪轨而昭彰。

这小小的海虫之寄，远遥自异域洋海，却蕴含着华夏九州的宗法礼乐，葆有中国源远流长的历史根脉。万里同风，兼包并蓄，阴阳和合，这是货币的隐喻，这是文明的隐喻。

从贝币开始，中国三千余年的货币与货币经济徐徐展开，从未中断。中国历代货币是中华文明以连续、创新、统一、包容、和平之姿卓然于世界之林的重要象征。是所谓：货币虽小，所见犹大。一代之典章，一朝之制度，百代万国之兴衰，越千载而在目前者，于兹为易。

● 诸色贝币

贝币图释举要

	种类	备注
1	天然贝	海贝是软体动物，早在1亿年前就已经在地球上出现。海贝属海洋暖水种，自然分布于印度洋孟加拉湾及我国南海的广阔海域。迄今发现的海贝品种超过250种，其中货贝、环纹货贝和拟枣贝大量出土于我国古代的墓葬中，它们曾作为商品交换中使用的货币，广泛地流行于我国的先秦时期，是我国最早的、最成功的原始货币之一，即"贝币"。
2	仿贝	商朝和周朝以来，大量的海贝进入了墓葬，或者被储藏起来。由于供应的不足和手工业、铸造技术的发展，出现了大量用其他原料仿制的仿贝。有仿贝出现的地域必然曾经出现过海贝，常见的仿贝有骨贝、石贝、蚌贝、铜贝等。
3	铸贝	铸贝主要是铜仿贝，简称铜贝，是用青铜仿制海贝铸造而成的仿制贝。铜贝出现较晚，除商代中晚期墓葬少量出土过铜贝外，大量铜贝出土于春秋以后，此时的铜贝，是各诸侯国铸造的货币。作为货币的铜贝大概有仿生铜贝、鲁贝、齐贝、楚国有文铜贝等。河南安阳大司空村商代晚期墓葬中出土的铜贝和山西省保德县林遮峪村商墓出土的保德铜贝是已知最早的铜贝。

天然贝

仿贝

蚌贝

骨贝

铅贝

石贝

玛瑙贝

绿松石贝

玉贝

玉贝

铸贝

保德铜贝

大司空村式商贝

连体铜贝

曲齿铜贝

鲁贝

齐贝

金银贝币

鎏金铜贝

银贝

木胎包金贝

金贝

铜鱼

铜鱼，棺饰，串挂在棺椁周围，晚清、民国误为钱币。西周大墓常见棺椁四周有铜鱼、玉鱼和石鱼散落。

铜璜

人驾龙铜璜

虎型铜璜

铜璜，旧误为商周钱币，实际是春秋至秦汉时悬挂于室内的帷帐陈设，帐角、壁带等处均有此物。古人视死如生，死后仍用其作荒帷装饰之物。一说为铜磬。马王堆汉墓帛画中亦有此物。

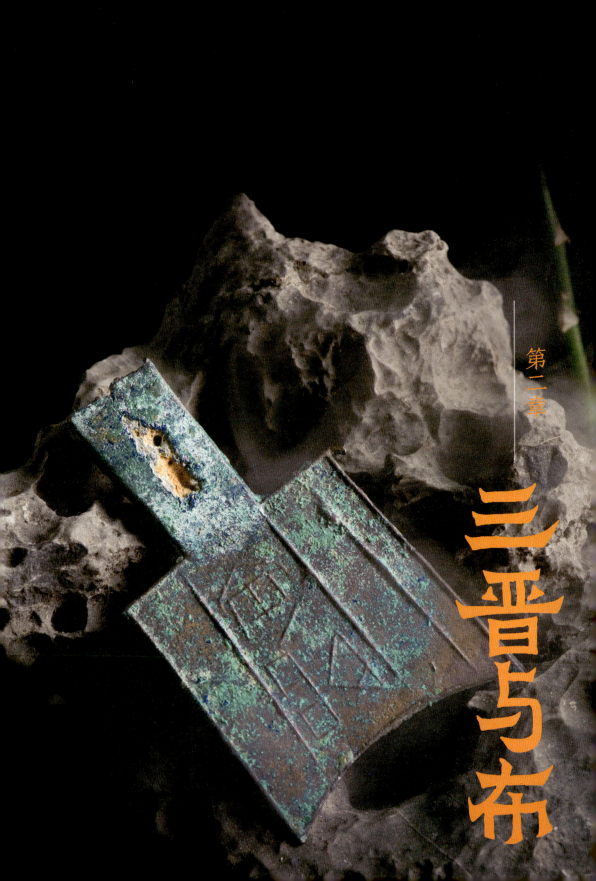

第二章

三晋与布

在淇水之岸，隰地之泮，有一个风姿绰约的卫国女子，微倚栏杆，泣涕涟涟。她在顿丘送别来人，嗔怪他未寻媒人，生怕再也不见归人。

终于在桑之未落之际，他们再会于复关。他依旧呆呆蚩蚩，依旧"抱布贸丝"。

● 四虎铜镈
湖南博物院藏

这是《诗经》里古老的爱情故事。有人认为，诗中"抱布贸丝"，有可能并非布匹，而是布币。否则先毋论力能逮否，单是这一怀的粗布，也不免太煞风景。

其实，沿袭自上古实物货币的麻布和谷物是先秦最主要的通货，《孟子》中记载有"布缕之征，粟米之征，力役之征"，至少在战国前期，布与谷还是齐、梁之地纳税的凭借。直到唐末五代时，谷帛（布）依旧是不可替代的货币种类。

如同大多数原始货币一样，流行于三晋两周地区的布币，起初也是用于生产生活的工具。往古之时，以铜为农具，其中一种用于耨草的田器，叫作镈（即布），它的别名更为今人所熟知——钱。

晋国人日出而作，日落而息。若是累了，他们就放下手中的铲布，倚在田间地头，憩一刻蓝天青树。抬头凝睇时，看到桐叶婆娑的树影，他们会想起晋人立国的秘辛。

那是武王灭商后的大周，一切的善政还未及实施，雄主姬发却撒手人寰。年幼的周成王紧紧地攥着周公旦的衣角，好奇地张望着宫殿里大禹铸造的九鼎。面对四方传来的周公将要篡位的流言，成王不以为意。这位救乱克殷、践奄营周的王叔，从来都是周王室赖以为依的砥柱。

成王以裂土分封为童戏，照着父亲姬发分封诸侯的模样，用稚嫩的小手把桐树叶子撕扯成玉圭的形状，戏言把唐地封给幼弟叔虞：喏，我要给你分封土地，这叶子就是信物。成王此举换来周公对王权的绝对维护、对王言的绝对执行。"溥天之下，莫非王土。率土之滨，莫非王臣"，"王"不仅是有血有肉的自然人，是王室公族的共主，更是国家共同体的象征，只见周公一边正色地说着"君无戏

● 诸色布币

言"出口成宪"，一边急趋趋地载史颂乐，分封叔虞于唐地。小成王泪眼盈盈地送别玩伴，终于明白国家公器不容儿戏，这才有了"刑错四十余年不用"的"成康之治"。叔虞死后，他的儿子将国都迁徙到晋水之阳，定国号为晋。

分封制造成权力的层层分化，指向土地和劳力的分散，已经蕴含了土地私有的成分。随着土地结构的变化，天子与诸侯之间的经济基础、政治地位发生变化。特别是进入春秋战国以后，随着地权的松动，以土地公有为基础的公社开始解体，"工商食官"制度也被打破。"地"和"人"的解放，促进了商品经济的发展，一批形态各异的金属铸币开始登上历史舞台。

有晋以来，原始的"布"渐渐丧失了农具的属性，变成了纯粹的交换工具。布的銎顶变得极短，突出的铲脊简化成了纹理，肩部和足部或弯曲，或尖耸，像只振翅的蝙蝠。这种銎顶中空的布币被称为空首布。

● 原始空首布

空首布多铭文字，有表示数字、干支、天象、事物、城邑的字或符号，如一、二、三、四、五、七、八、甲、丙、午、戌、辛、壬、日、云、雨、雪、土、工、行、金、贝、王、禾、公、古、益、白、行、上等。出土范围主要系河南、陕西、山西等地，可判空首布的铸国有周、郑、晋、卫等。

空首布按年代早晚可分为原始布（春秋早、中期）、大型平肩弧足空首布（春秋中、晚期）、大型耸肩尖足空首布（春秋中、晚期）、斜肩弧足空首

布（春秋晚期、战国）、小型平肩弧足空首布（战国早期）、中小型耸肩尖足空首布（战国早期）等。

1982 年山西新绛县横桥乡宋村发现了 2 枚空首布，两布銎部止于肩，微入币身，銎宽大、六棱状，布面有 3 条纵线，可判已脱离农具。1990 年，山西翼城县天马村出土了 2 枚特大布，銎六棱状、平肩。上海博物馆藏有 2 枚大布，国家博物馆藏有 1 枚大布，《先秦货币通论》介绍了 1 枚嵩县大布，銎部皆为六棱状。一般将新绛大布、天马大布、上博大布、国博大布、嵩县大布这样的"币身大""銎孔为六棱""面背无文""銎部微入币身"的大布认定为原始布，铸期在春秋早、中期。这些布大都是晋国故地出土，可判农业发展后，出现了一定的贸易行为。

周都洛阳为"天下之中"，西周成王时营建为京都，平王东迁后成为东周的政治中心，也是商业中心城市。1970 年 12 月，在洛阳以南的伊川县富留店村出土了一瓮空首布，计有大型平肩空首布 604 枚，斜肩"武"字空首布 149 枚。1971 年 3 月，在洛阳以西的新安县牛丈村出土了装在陶罐内的空首布 401 枚，均为小型平肩"安臧"空首布。大型平肩空首布，一般认为属春秋中、晚期铸。斜肩"武"字空首布、小型平肩"安臧"空首布，一般认为属战国早期铸。伊川是洛阳通往南阳的门户，新安是洛阳通往关中的要道，这反映了空首布在城市贸易中的使用。平肩空首布钱文众多，多字类比单字类稀少。在单字类目前所见到的品种中，有些钱文成套，如五音类：宫、商、角、徵、羽；谥号类：文、武、成、共、亚等；天干地支类：甲、乙、丙、子、丑、午等；数字类：一、二、三、四等；爵位类：公、侯、伯、子等，另有一些为当时地名，如东周、安周等。但尚有一些至今还未能解释其含义的文字。至战国时期，少曲市（在今河南济源少水弯曲处）某类空首布的钱文或可证明当时这类货币已应用到市场交易中。

● 耸肩尖足空首布

三晋的寿阳、侯马等地还曾出土不少耸肩尖足大空首布。1959 年在侯马牛村古城可能是晋国都城新遗址的发掘中，就出土了空首布 12 枚，均耸肩，尖足，素面，无铭文。说明晋国空首布的变化趋势。1935 年，河南淇县山彪镇一座战国初期的魏国墓葬中，出土约674 枚耸肩尖足空首布，均素面，无铭文。可见春秋时期在周、晋、郑、卫等地，已形成了一个布币流通区域。

春秋末期，雄踞中原六百余年的老大王国变得气息奄奄。曾经力挽狂澜的晋国六卿成了国家尾大不掉的症结。他们曾率领千军万马，将晋国的威名传之宇内；也曾庙堂算计，把王族公室当作掌上玩物。

他们前仆后继地粉墨登场又黯然退去。终于在最后一次的火并中，得志的韩、赵、魏三家挥动着斧钺，宰割了山河。

盛衰之变，何其剧欤！

"三家分晋"虽是欺人孤弱、凌人宗祀、裂人王土的暴恶之行，但韩、赵、魏托业微贱之地，崛起孤根之中，奋衣挺剑，冲决数千载之伦序罗网，以扬"王侯本无种"之壮志。从此"名器不可假人"的周天子，残守着仅存的洛阳家业，彻底成了无人问津的孤家寡人。

"三家分晋"亦是布币由"空首布"转为"平首布"的关键时期。由于晋楚

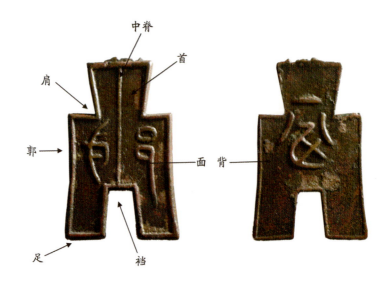

中脊　首　肩　郭　面　背　足　档

● 方足布戈邑背一分

争霸和晋国内乱，军队对于兵器的需求日益增加，笨重的空首布不仅造成了金属的浪费，也再无耕作的功用，改良已是箭在弦上。再加之"连衽成帷，举袂成幕，挥汗成雨"的商业大潮，市肆对货币产生更多依赖，"平首布"便应运而生了。

平首布，即把空首布空心的銎顶简化成扁平的小柄（两条筋线），币面的纹理具象成数字或地名，臃肿的币身缩成掌心的一半大小。某些种类的布首和布足甚至出现了穿孔，以方便携带。

根据形制的不同，平首布又可细分为锐角布、尖足布、方足布、圆足布、桥足布和三孔布等数种。平首布的出现，预示着布币的高度成熟。此后平首布的进一步分化，主要是因为韩、赵、魏三国地域文化的渗入。

● 锐角布亳百涅

锐角布，也称耳布，因布首有突出的锐角而得名，是韩国大型锐角布与魏国中、小型锐角布的统称。大者通长约 70 毫米，小者通长约 45—50 毫米。常见有百涅（旧释为"涅金"）、卢氏百涅、舟百涅、涿百涅、亳百涅、公、垂字，涅、卢氏、舟、亳为韩邑，公、垂为魏邑。刘鹗在《铁云藏货》中曾著录过一品"入下都"，只见拓片不见实物。

● 尖足布甘丹

尖足布。有大小两种，大者通长约80毫米（一钎布），小者通长约50毫米（半钎布）。大布上的地名有兹氏（今山西汾阳）、邪山、大阴（今山西霍州）、蔺（今山西离石）、甘丹（今河北邯郸）、虑虒、阳曲（今山西榆次）、晋阳（今山西永济西南）、榆次、襄城等；小布上的地名有平周、平州兹、兹氏、兹城、兹氏半、兹钎、北兹、北兹钎，邪、邪山、邪山半，大阴、大阴半，蔺、蔺半，寽、寽阳（今山西朔州），离石，武安（今河北武安西南）、武平（今河北霸州北）等40余种。基本都是赵国城邑。

桥足布，又称钎布、桥裆布，最大者通长约为60毫米，最小者40毫米。布上地名有梁（今河南开封）、安邑（今山西夏县西北禹王村）、山阳（今河南焦作东南）、蒲反（今山西永济西）、共（今河南辉县）、垣（今山西垣曲西南）等，基本都是魏国城邑。按重量分有钎系列，如半钎（如梁半钎、安邑半钎、阴晋半钎、高半钎、圁半钎、陕半钎、卢氏半钎）、一钎（如梁一钎、垂／京一钎、甫反一钎、阴晋一钎、圁阳一钎、高安一钎、陕一钎）、二钎（如安邑二钎、圁阳二钎）；有当寽系列，如梁充钎百当寽、梁充

● 桥足布安邑二钎

钎五十当寽、梁正币百当寽、梁半币二百当寽等。据币文可知钎与寽的比重是一比百。这两种分类都是典型的子母相权。

方足布，通长约45毫米，铸造数量多，流通时间长，基本是战国中期以后铸。如韩之平阳（今山西临汾）、安阳（今河南陕县）、宅阳（今河南郑州）、露（今山西潞城）、纶氏（今河南登封）、马雍、涅（今山西武乡）、尚子（今山西长子）、屯留、铸等；赵之蔺、平邑（今山西阳高）、平阴（今山西阳高）、同是（今山西沁县）、北屈（今山西吉县）、贝地（今山东临清）等；魏之安阳、高都（今山

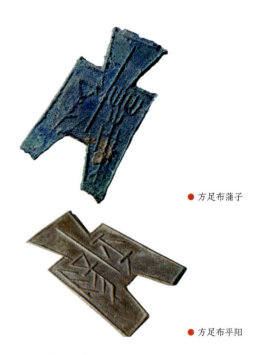

● 方足布蒲子

● 方足布平阳

西晋城）、梁、咎奴、皮氏（今山西河津）、蒲子（今山西隰县）等；东周公国之东周（今河南巩义）；燕之阳安（今辽宁建平）、襄坪（今辽宁辽阳）、坪阴（今辽宁辽阳）等，三晋城邑为主。

● 圆足布蔺

圆足布。圆足布的特点是首、肩、裆、足均为圆形，故称之为"圆足布"或"圆首布"。圆足布有大小两种，大者长约70—80毫米，小者长约50—55毫

米。面文主要是"蔺"和"离石"，背面从肩至足有两道竖纹，竖纹之间有数字，如一、二、三、四、五、十一、十五、廿等。"蔺"和"离石"的铸国和时代有争议，一般认为是赵国所铸，还有秦攻占赵国"蔺"与"离石"后所铸等说法。此外，圆足布中还有一种特殊的三孔布，为古泉名珍。

三孔布。三孔布有大小两种，大者通长约75毫米，背面铸阳文"一两"二字；小者通长约50毫米，背面铸阳文"十二朱"三字。正面均铸有地名，目前见著录

● 小型三孔布

的约有40余种，总量120余枚，如安阳（地望有争议）、武阳（今河北易县）、南行唐（今河北行唐）、牟、上尃（今河北安平）、下尃（今河北深州）、下曲阳（今河北晋州）、宋子（今河北赵县）、阳湔（今河北阳原）、妬邑（今河北鹿泉）、戏（今河南内黄）等。基本都在中山国境内，故有秦占赵国铸、中山国铸、赵国铸、魏占中山国铸等说法。

韩国地则四面皆敌，势则夹缝求生。即便韩哀侯吞并了

● 布币一组

富商强贾云集的郑国，也依旧是危如累卵之局。一直到韩昭侯任用申不害变法，韩国才勉强能与列国抗衡。弱国百事衰，韩币亦如是。除了铸造算得精良的锐角布、平阳方足布之外，其余乏善可陈。

平阳在今山西临汾一带，韩人先祖在此创业长达百余年。以平阳为中心，可钳控上党与晋西，又可抵御北蛮与西秦。后来韩国先后迁都阳翟与新郑，平阳的政治地位开始下降，直至被赵秦两强先后吞并。频繁的更迭导致平阳方足布呈现出迥异的风格，光"平"字的写法，先后就有数十种之多。

赵国的布币深受晋、魏的影响，形成了前期以尖足布为主、后期以方足布为主的货币体系，又因为和中山、燕国地缘紧密，也出现了具有赵国特色的刀币。此外，赵国的圆足布也是布币中特殊的门类，布面上的"蔺"与"离石"，几乎承载了整个秦赵争霸史。

如同魏国散乱的国土，魏国布币门类繁多，殊可一究。魏地是最先实现空首布向平首布转化的地区，不仅全盘继承了晋国布币的单位——釿，还创造性地在布币中加入了子母相权（即大小兑换）的模式，明确了货币之间的兑换关系。

有以"钖"为单位者，亦有以"斧"为单位者，一斧的重量约在 1400—1600 克之间，大体上一百"钖"等于一"斧"。

三家分晋后，魏文侯建立魏国，任用李悝变法，首霸战国。据说魏文侯即位之初，某地的纳贡比往年多出十倍。朝堂之上，山呼万岁，只有相国李悝不置一言，静默地思索着他的变法关节。

大殿中"大魏万年"的呼声遽然减弱。仕宦皆俯下身子，偷眼望着文侯。

诸位，前些时日，寡人去大梁考核相国的平籴新法，途中遇见一位老农，他将羊皮统子反穿在身上，羊毛向内而羊皮向外，煞是奇特。文侯低沉的声音在沉寂的大殿中传开。

● 先秦货币一组

客卿段干木问道：君上可曾问他因由？

文侯答道：那老农说他如此穿着，风吹日晒，背负柴火时，损伤的就是羊皮，而不是羊毛了。

群臣哭笑不得。

文侯话锋突转：如今魏土未多一寸，赋税却十倍于前，如此，皮之不存，毛将焉附！

如此仁政恤民的景况，深受文侯之师孔门子夏的影响。此外，文侯还任用翟璜，整顿吏治；擢西门豹，治理地方；起用吴起，吞并秦河西；委任乐羊，翦灭中山国。一时天下豪杰，皆入毂中矣。

魏文侯、武侯之后的魏惠王时期，魏国首都从闭塞的安邑迁至水陆通衢的大梁，魏国经济也达到极盛。战国以来，各国都城，既是一国的政治、文化中心，更是经济的中心。《战国策·赵策三》云："古者……城虽大，无过三百丈者；人虽众，无过三千家者。"战国时，齐都临淄，户逾七万，富甲天下。临淄之人，家敦而富，志高而扬。吹竽、鼓瑟、击筑、弹琴、斗鸡、走犬、六博、踏跑，乐此不疲。临淄之途，车毂击，人肩摩，连衽成帷，举袂成幕，挥汗成雨，一派生气。赵都邯郸，富于冶铁，又系交通孔道，商贾麇聚，阜通货贿。魏都大梁雄踞鸿沟，北据燕赵，南通江淮，条达辐辏，满目繁华。

货币依赖于商业，商业依赖于城市。春秋晚期尤其是战国以来，布币在诸国以诸种形态的畅行，有赖于春秋以来城市的发展。为了适应商业发展的需要，战国各城邑都划出作为交易场所的"市"，即使是小城市也有"市"，如在魏国，"小县有市者三十有余"。春秋、战国的市有常设的市、临时的市和农村的市三种。"匠人营国，方九里，旁三门。左祖右社，面朝后市"，市与祖庙、社、朝成了都城的基本布局。周王畿的要道也设有市，"凡国野之道，十里有庐，庐有饮食；三十里有宿，宿有路室，路室有委；五十里有市，市有候馆，候馆有积"，空首布面文中的"少曲市东""少曲市西""少曲市南"，即反映了这一情况。诸侯国也是诸市林立的，"百乘之国，中而立市""千乘之国，中而立市""万乘之国，中而立市"，市解决国与国、城与城、民与民的贸易问题，促进货物的跨国、区间流通，推动生产力的发展，向政府提供大量赋税，已经成了东周以来的各国利薮。

《周礼·地官·司市》将市分为大市、朝市与夕市，市场管理者为司市，司市之下，二十肆设胥师、贾师各一人，同一肆设肆长一名。"市"中根据各类商品，分成若干列，即"市肆"。列肆成行，店铺林立。"市"四周的门为"市门"，市中管理者为"市吏"，市中经商者有"市籍"。《周礼》记载，"泉府"是工商管理部门、货币管理机构。市场是货币的聚集地，泉府则通过管理市的税收、收购市中的滞销品待有利时销售、管理百姓财物的借贷与利息来控制货币的流通，"泉"在后世也成为"钱"的代名词。

三晋之经济还有赖于济水流域的陶邑和卫地的沟通。春秋末，菏水开凿，陶邑临水而兴盛。战国后，鸿沟开凿，济、汝、淮、泗之间形成了一套水道交通网，处于水道枢纽的陶成了"天下之中"的商业都会。"诸侯四通，货物所交易也"，汇通东边鲁国和齐国，东北的卫国，西边魏国和韩国。卫都濮阳的濮水上承济水，又入济水，沟通了陶、卫的经济往来。卫国在春秋时为晋、齐交通中转，战国时又成为赵、魏、韩、齐等国货物的集散地。以水路为代表的物流革命加剧了货币的革命，大量的物资代表着大额的货币支付，传统的动物、布、谷物等实物货币不适合长途运输、储存的弊端制约了其跨区域的流通，金属货币的稳定性和高价值迅速弥补了实物货币的空缺，青铜货币逐渐成为青铜王朝的主流。自此，三晋两周诸国大获开市、交通、铸币之利，以布币为流通手段，经济天下。

天下之势，分久合之，三晋如此，布亦如是。其实早在赵襄子、魏桓子和韩康子诈诓智伯、反戈分晋时，便已仁义不施、攻守势异了。

秦王政十七年（前230年），内史腾攻破新郑，俘韩王安，韩国灭亡。

秦王政十九年（前228年），赵王迁开城请降，赵国灭亡。

秦王政二十二年（前225年），秦将王贲水淹大梁，魏王假出降，魏国灭亡。

三晋迭亡，根源在于失人。

魏武侯曾与吴起泛舟黄河。眼见漫河波涌、巨浪盈天的盛景，武侯咏叹道：伟乎哉我山河之固！壮乎哉我武卒巨橹！

吴起忧虑道：就怕是明珠暗投，主疑臣嫉。恐有一日，这满船的壮士都会投奔敌国。

彼时魏国独霸，天子震惶。武侯哪里听得进去吴起的谏言，权当作痴人呓语。

其狂也猝，其亡也速。短短十数年，满朝冠盖，一朝奔散：吴起奔楚，孙膑入齐，商鞅出魏，张仪相秦，范雎亡命，信陵沉迷。

韩赵更是不遑多让，出质韩非，诛杀李牧。

天怒人怨，曷其有极。

风雨八百载的三晋与布竟是救无可救，避无可避。

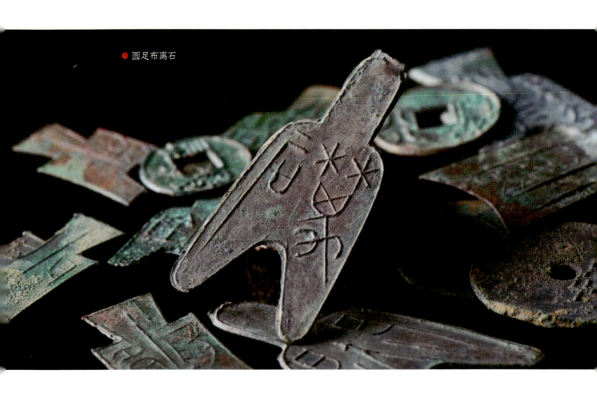

● 圆足布离石

布币图释举要

空首布

原始布

平肩空首布

弗釿　　　　　　巨　　　　　　壬羊

少曲市南　　　　少曲市西　　　　智

| 八 | 禾 | 行 | 贝 | 贞 |

耸肩空首布

大型、中型耸肩尖足空首布文字举要

一	一	|	十	⊙	日		甘单
二	二		晋	エ	工		甘单丁
三	三		邯		外		下虞
田	四		吕		申		阜人
╳	五		中丁		乙		刺
介	六		共		中		
十	七		易		白		
)(	八		帀		人		

中

得金

玄   玄钚   盟

垂肩空首布

	币文	常见写法	地望	国别
1	武		河南南阳	韩
2	三川釿		河南灵宝	韩
3	卢氏		河南卢氏	韩
4	首阳		河南偃师	韩
5	武采		山西垣曲	韩
6	武安		河南舞阳	韩

武安

卢氏

三川釿　　　　　　　　　　　　武

小空首布

武　　　　　　　　东周　　　　　　　　安臧

安周　　　　　　　　　　邵也（一说文货）

实首布

分布

京

当白釿

利民

少曲市

尖足布

	国别	币文	常见写法	地望	固定写法 / 别读
			大型尖足布		
1		大阴		山西霍州	
2	赵	邯郸		河北邯郸	甘丹
3		晋阳		山西太原	
4		蔺		山西离石	

续表

	国别	币文	常见写法	地望	固定写法 / 别读
5	赵	豕韦		河南滑县	
6		邪山		河北武安	
7		阳曲		山西阳曲	阳人
8		圁阳		陕西神木	音
9		榆次		山西榆次	榆即
10		兹氏		山西汾阳	

小型尖足布

	国别	币文	常见写法	地望	固定写法 / 别读
1	赵	大亓		山西太谷	
2		大阴		山西霍州	
3		繁峙		山西繁峙	
4		焞		山西浑源	
5		藿人		山西繁峙	
6		交		山西交城	
7		晋阳		山西太原	

	国别	币文	常见写法	地望	固定写法／别读
8		离石		山西吕梁	
9		蔺		山西离石	
10		娄番		山西娄烦	
11		寽		山西朔州	
12		虑虒		山西五台	
13	赵	鄩九		山西阳泉	
14		平匋		山西平遥	平周
15		平州		山西吕梁	
16		藿		河北阳原	
17		豕韦		河南滑县	
18		寿阴		山西寿阳	
19		涂水		山西晋中	余水
20		武安		河北邯郸	
21		武平		河北邯郸	
22		西都		山西晋中	
23		裹城		河北邢台	
24		裹平		河北邢台	商乌、商水

	国别	币文	常见写法	地望	固定写法/别读
25	赵	邪山		河北武安	
26		新城		山西朔州	辛成
27		阳地		河北易县	文阳
28		阳曲		山西阳曲	阳人
29		阳邑		山西太谷	
30		于半		山西太原	
31		榆次		山西晋中	榆即
32		中阳		山西吕梁	
33		専		河北衡水	博
34		兹氏		山西汾阳	

大型尖足布

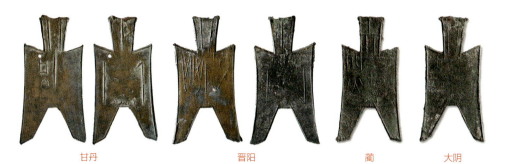

甘丹　　　　　　晋阳　　　　　蔺　　　大阴

邪山　　　　　　　　榆即　　　　　　　　兹氏

小型尖足布

北兹钊　　　　　　　大阴　　　　　　　　虢

霍人　　　　　　　　晋阳半　　　　　　　离石

蔺半　　　　　　　　虑虒　　　　　　　　平州

寿阳

半

文阳

武安

阳曲

榆即半

中阳

兹氏半（传形）

辛城

繁峙

方足布

	国别		币文	常见写法	地望	固定写法/别读
1	东周	1	东周		河南巩义	
2		1	陉		河北井陉	
3	中山	2	中亭		河北唐县	
4		3	邸		河北元氏	平邑
5		1	且虑		河北卢龙	重坪、坪阳
6		2	安平		河北滦县	宜平
7		3	右易司强		河北易县	右明新冶
8	燕	4	韩刀		河北固安	封化、市化
9		5	况昌		河北涞源	益昌、恭昌
10		6	坪阴		辽宁辽阳	
11		7	阳安		辽宁建平	陶阳
12		8	襄坪		辽宁辽阳	

东周国、中山国、燕国方足布

韩国方足布

		国别	币文	常见写法	地望	固定写法 / 别读
13	1		纶氏		河南登封	
14	2		尚子		山西长子	冥子
15	3		乌疋		山西武乡	乌胥
16	4		唐是		山西洪洞	害是
17	5		铸		河南汝阳	铸邑
18	6		郣		河南郑州	辛
19	7		屯留		山西屯留	
20	8	韩	洀		河南新郑	涿
21	9		露		山西潞城	雨
22	10		马雍		待考	马服吕
23	11		涅		山西武乡	王呈、淦
24	12		郏		河南登封	合、贝、郎
25	13		襄垣		山西襄垣	
26	14		平阳		山西临汾	平贝、平氏
27	15		宅阳		河南郑州	

魏国方足布

	国别		币文	常见写法	地望	固定写法 / 别读
28		1	郎		河南长社	
29		2	奇氏		山西临猗	
30		3	咎奴		河南安阳	
31		4	高都		山西晋城	高邑
32		5	祁		待考	
33		6	皮氏		山西河津	
34	魏	7	虞阳		山西平陆	渔阳、昊阳
35		8	王氏		山西垣曲	沙毛
36		9	蒲子		山西隰县	
37		10	邸祁		山西曲沃	邨
38		11	端氏		山西沁水	绥氏
39		12	邠		河南开封	

赵国方足布

	国别		币文	常见写法	地望	固定写法 / 别读
40	赵	1	榆次		山西榆次	
41		2	长安		河北饶阳	

续表

	国别		币文	常见写法	地望	固定写法 / 别读
42	赵	3	北亓	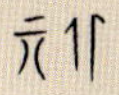	山西蒲县	
43		4	平原		河北清河	
44		5	同是	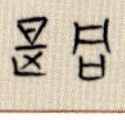	山西沁县	
45		6	兹城		山西汾阳	
46		7	襄阴	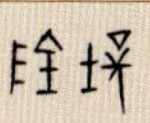	山西定襄	
47		8	阳邑		山西太谷	
48		9	平阴	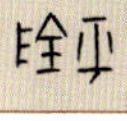	山西阳高	
49		10	北屈		山西吉县	
50		11	祁		山西祁县	
51		12	土匀		山西石楼	土贝、王匀
52		13	戈阝	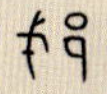	河北蔚县	戈邑
53		14	邬		山西介休	
54		15	鄗		山西霍县	棘、酉枣、来
55		16	中都		山西平遥	中邑
56		17	蔺		山西离石	
57		18	贝地		山东临清	木贝、齐贝
58		19	长子	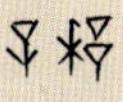	山西长子	子邑、木干
59		20	安阳		内蒙古包头 / 河北蔚县	泗阳、宜阳

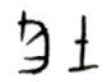

大型方足布

安阳   戈邑

小型方足布

安阳   露   纶氏

平阳   蒲子   奇氏

屯留   襄垣   虞阳

宅阳

长安

桥足布

	系列	币文	常见写法	地望	国别
1	安邑	安邑半釿		山西夏县	魏
2		安邑一釿			
3		安邑二釿			
4	圜阳	圜半釿		陕西神木	魏
5		圜阳一釿			
6		圜阳二釿			
7	禾	禾半釿		禾邑为上郡属县，今地已不详	魏
8		禾一釿			
9		禾二釿			
10	陕	陕半釿		山西平陆	魏
11		陕一釿			

	系列	币文	常见写法	地望	国别
12	甫反	甫反半釿		山西永济	魏
13		甫反一釿			
14	阴晋	阴晋半釿		陕西华阴	魏
15		阴晋一釿			
16	高奴	高半釿		陕西延安	魏
17		高奴一釿			
18	京	京一釿		河南荥阳	魏
19	繁	繁一釿		河南内黄	魏
20	端氏	端氏半釿		山西沁水	魏
21		端氏一釿			
22	共	共半釿		河南辉县	魏
23	卢氏	卢氏半釿		河南卢氏	魏
24	垣	垣釿		山西垣曲	魏
25	山阳	山阳（小型）		河南焦作	魏
26		山阳（中型）			
27		山阳（大型）			

	系列	币文	常见写法	地望	国别
28	安阴	安阴			
29		安阴一		河南清丰	魏
30		安阴二			
31	垂	垂二釿		待考	魏
32	梁	梁半币二百当守			
33		梁正币百当守		河南开封	魏
34		梁充釿百当守			
35		梁充釿五十当守			

半釿布

安邑半釿

共半釿

禾半釿

授氏半釿　　　　　　　　　　　　阴晋半釿

梁半币二百当孚　　　　垣釿　　　　　　　安阳一

二釿布

安邑二釿　　　　山阳　　　　梁充釿五十当孚　　　　梁二釿

一釿布

安邑一釿　　　山阳　　　圁阳一釿　　　阴晋一釿

陕一釿　　　甫反一釿　　　　梁正帀百当寽　　禾一釿

高安一釿　　　　京一釿　　　　安阴二　　梁充釿百当寽

圆足布

离石（大型）　　　　　蔺（大型）

离石（小型）　　　　　蔺（小型）

锐角布

	币文	旧读	常见写法	地望	国别
1	金枭	涅金	涅金	河南新郑	韩
2	卢氏金枭	卢氏涅金	涅金卢氏	河南卢氏	韩
3	舟金枭	洮涅金	涅金舟	河南安阳	韩
4	亳金枭	亳涅金	涅金亳	河南商丘	韩
5	公	—	公	河南濮阳	魏
6	繁	垂	繁	河南内黄	魏
7	共金	—	金共	河南辉县	魏

金枭

亳金枭

卢氏金枭

舟金枭

共金

公

繁

三孔布

	系列	币文	常见写法	地望	国别
1	武阳	武阳·一两		河北易县	赵 / 中山
2	罚	罚·一两		山西五寨	赵 / 中山
3	古邑	古邑·一两		河北灵寿	赵 / 中山
4	石邑	石邑·一两		河北石家庄	赵 / 中山
5	下専	下専·一两		河北深州	赵 / 中山
6	上曲阳	上曲阳·一两		河北曲阳	赵 / 中山
7	家阳	家阳·一两		河北石家庄	赵 / 中山
8	足阳	足阳·一两		河北怀来	赵 / 中山
9	南行唐	南行唐·一两		河北行唐	赵 / 中山
		南行唐·十二朱			
10	牟	牟·一两		河北磁县	赵 / 中山
		牟·十二朱			
11	雁次	雁次·一两		河北廊坊	赵 / 中山
		雁次·十二朱			

系列		币文	常见写法	地望	国别
12	上尃	上尃·一两		河北安平	赵/中山
		上尃·十二朱			
13	平台	平台·一两		河北广宗	赵/中山
		平台·十二朱			
14	下曲阳	下曲阳·一两		河北晋州	赵/中山
		下曲阳·十二朱			
15	辕	辕·一两		河北元氏	赵/中山
		辕·十二朱			
16	权	权·一两		河北大名	赵/中山
		权·十二朱			
17	足与	足与·一两		河北怀来	赵/中山
		足与·十二朱			
18	安阳	安阳·一两		河北保定	赵/中山
		安阳·十二朱			
19	阳泽（湡）	阳泽·一两		河北阳原	赵/中山
		阳泽·十二朱			

	系列	币文	常见写法	地望	国别
20	牟浴	牟浴·一两		河北邯郸	赵/中山
		牟浴·十二朱			
21	北行唐	北行唐·一两		河北行唐	赵/中山
		北行唐·十二朱			
22	柏人邑	柏人邑·一两		河北邢台	赵/中山
		柏人邑·十二朱			
23	新乘	新乘·十二朱		河北新乐	赵/中山
24	北九门	北九门·十二朱		河北藁城	赵/中山
25	上艾	上艾·十二朱		山西阳泉	赵/中山
26	下艾	下艾·十二朱		山西阳泉	赵/中山
27	宋子	宋子·十二朱		河北赵县	赵/中山
28	阿	阿·十二朱		河北高阳	赵/中山
29	安阴	安阴·十二朱		河南清丰	赵/中山

	系列	币文	常见写法	地望	国别
30	五陉	五陉·十二朱		河北井陉	赵 / 中山
31	无终	无终·十二朱		河北涞源	赵 / 中山
32	毛	毛·十二朱		河北涉县	赵 / 中山
33	即阳	即阳·十二朱		河北晋州	赵 / 中山
34	余亡	余亡·十二朱		山西屯留	赵 / 中山
35	戏	戏·十二朱		河南内黄	赵 / 中山
36	封氏	封氏·十二朱		河北赵县	赵 / 中山
37	关	关·十二朱		河北栾城	赵 / 中山
38	阳鄻	阳鄻·十二朱		河北正定	赵 / 中山
39	王诸	王诸·十二朱		河北望都	赵 / 中山
40	夫酉	夫酉·十二朱		河北冀州	赵 / 中山
41	建邑	建邑·十二朱		河北泊头	赵 / 中山
42	榔	榔·十二朱		山西浑源	赵 / 中山
43	范阳	范阳·十二朱		河北保定	赵 / 中山

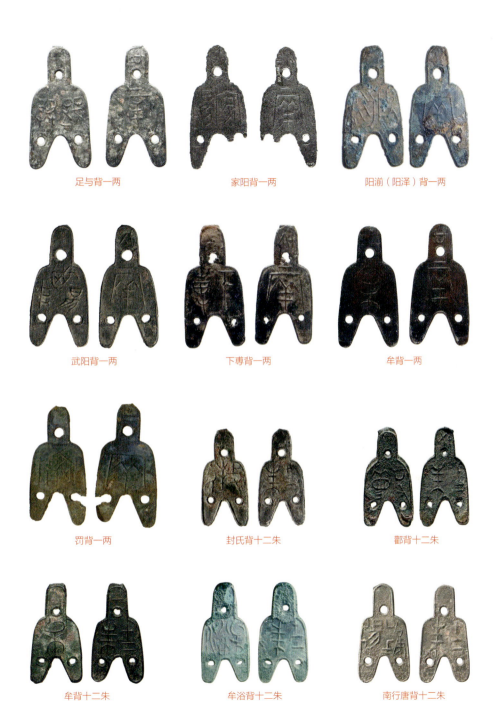

足与背一两　　　　　　家阳背一两　　　　　　阳渝（阳泽）背一两

武阳背一两　　　　　　下専背一两　　　　　　牟背一两

罚背一两　　　　　　　封氏背十二朱　　　　　鄞背十二朱

牟背十二朱　　　　　　牟浴背十二朱　　　　　南行唐背十二朱

平台背十二朱

无终背十二朱

柏人邑

五陉背十二朱

安阳背十二朱

阿背十二朱·廿

安阴背十二朱

上艾背十二朱（或伪）

余亡背十二朱

毛背十二朱

雁次背十二朱

宋子背十二朱

永通万国：货币与历代兴衰

类方足布

	国别	币文	常见写法	地望	固定写法 / 别读
1	赵	大阴		山西霍州	
2		交		山西交城	
3		离石		山西吕梁	
4		寽		山西朔州	
5		虑虒		山西五台	
6		平匋		山西平遥	
7		蘿		河北阳原	
8		涂		山西晋中	
9		于		山西太原	
10		榆次		山西晋中	
11		兹氏		山西汾阳	

大阴　　　　虑虒　　　　　　平匋

榆次

兹氏

类圆足布

	国别	币文	常见写法	地望	固定写法/别读
1	赵	大阴		山西霍州	
2		交		山西交城	
3		晋阳		山西太原	
4		蔺		山西离石	
5		寽		山西朔州	
6		虑虒		山西五台	
7		平匋		山西平遥	
8		蘜		河北阳原	
9		邪山		河北武安	
10		阳曲		山西太谷	
11		于		山西太原	
12		兹氏		山西汾阳	

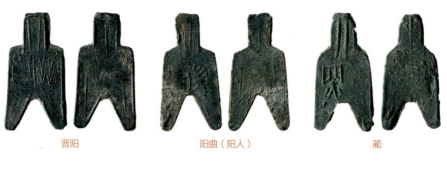

晋阳　　　　　阳曲（阳人）　　　　　蔺

邪山　　　　　兹氏

第三章

楚而问鼎

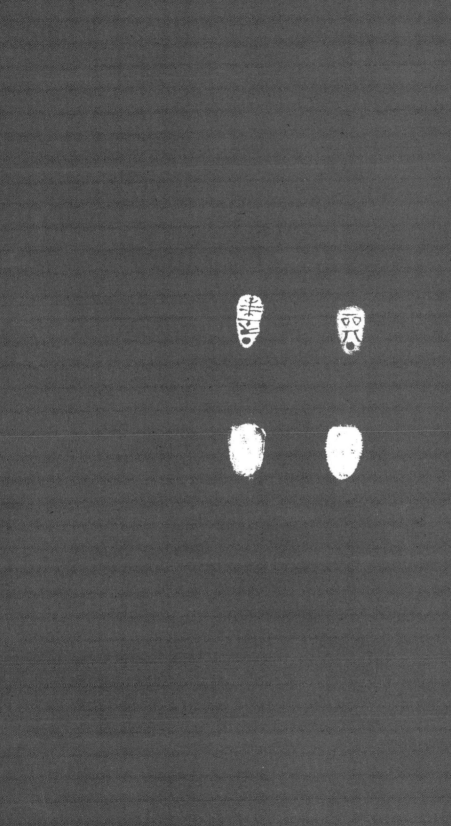

● "楚公"铜戈
湖南省博物院藏

天子之怒，伏尸百万，流血千里。

东夷宾服之后，周昭王决定挟胜逼楚。除了对久不入朝的楚人报以颜色，更让昭王心驰神往的还有灿灿如日的楚地黄金。

黄金是天地大块中掩不住的至宝，她是灿然的饰品、厚值的财富、尊贵的礼物。她被高置于庙堂之上的祭案，昭示着对宇宙、神明、先祖的崇拜和敬畏；她被郑重地装敛在椟匮，贡献给朝廷，代表着对权力的顺从和臣服；她被珍藏、秘藏于世俗的各种空间、角落，希冀着丰饶的资财和财富的累世传承。

我国发现的金器最早制于新石器时代晚期，主要作为人体装饰品。如甘肃玉门火烧沟遗址墓

● 逨钟

● 汉金饼

● 楚金版

地出土的金耳环和鼻饮、内蒙古赤峰市敖汉旗大甸子夏家店下层文化墓葬出土有金耳环。殷商以来，黄金出土渐多，开始脱离纯粹的装饰品，随拥有者下葬黄泉，为逝者之祭品。殷墟遗址有较多的黄金制品出土，四川广汉三星堆出土的金杖、金面罩、金虎形饰，成都金沙遗址出土的金杖、金面罩、金面具、金带、太阳神鸟金饰皆灿烂夺目、瑰丽莫测。西周后，黄金的使用量进一步增多，但仍作为贵族饰品和祭祀之用。

　　黄金作为货币，肇始于东周。《汉书·食货志》记载了姜太公创设的"九府圜法"，以黄金为货币（"太公为周立九府圜法：黄金方寸，而重一斤"），但这毕竟是汉人的想象。信史以来，《左传》中没有黄金的记载（"郑伯始朝于楚，楚子赐之金"中的"金"是指青铜），可见黄金在春秋时亦不常用。黄金作为一般等价物在一定的区间内使用，是在战国时期的楚国。《管子·国蓄篇》说："金起于汝、汉。"《战国策·楚策三》说："黄金……出于楚。"《韩非子·内储说上》谈道："荆南之地、丽水之中生金，人多窃采金。采金之禁，得而辄辜射于市，甚众；壅离其水也，而人窃金不止。"所谓"雍州出玉，荆扬出金"，楚国向来都是先秦声名最著的黄金产区。《战国策》记载，纵横家张仪即将离楚，临行前张仪问楚王："王无求于晋国乎？"楚王回答："黄金珠玑犀象出于楚，寡人无求于晋国。"可见楚金之盛。近现代考古表明，楚地同时也是战国时代使用黄金货币的核心地区。黄金进入出土地的市场，作为直接的劳动产品与另一种价值相同的劳动产品相交换，执行货币的职能，这符合早期货币的一般规律。

不同于汉代常见的饼、马蹄等形状，楚国金币有一种特殊的"版"形，以"爰"字为文，因旧释为"爰"，故又名为"印子金"或"爰金"。爰，可能是楚国的重量单位，一爰即楚制一斤，约 250 克。从出土实物来看，整版的郢爰每件重 250 至 260 克，正面都有排列整齐的"郢爰"印记。因流通时按照需要进行切割，故出土实物大小不一。长沙楚墓出土过楚国的天平和砝码，砝码 10 枚为一套，其中最大一枚重 251.33 克，代表楚制一斤。安徽阜南、六安出土的 5 块金版，平均重 268.8 克，陕西咸阳出土的 8 块"陈爰"金版，平均重 248.38 克，正好是楚制一斤即一爰重。

● 楚金版

在已发现的楚金中，有郢爰、陈爰、盐金、鄟爰、少贞、鄎爰、羕陵、中、陈铸等钤印，"爰"前之字多为地名。"郢爰"系在郢地所造，"郢都"是楚国的都城，除"郢都"外，楚国楚地以"郢"命名的城市很多，它们或为别都，或为重邑，或为楚王驻跸之所。主要的"郢都"有四地：楚文王熊赀元年（前 689 年），始迁都至郢（今湖北荆州北纪南城）；楚平王熊居十年

（前519年），更郢城（今湖北江陵东北郢城）；楚顷襄王二十一年（前278年），秦将白起攻破郢都，楚迁都于陈（今河南淮阳），即陈郢；楚考烈王熊完二十二年（前241年）"东徙都寿春（今安徽淮南寿县），命曰郢"，即寿郢。郢爰多出土于安徽、江苏，可判郢爰或为迁都寿郢后所铸，是楚国晚期金币，这也符合货币发展的规律，即越晚出现的货币面文越统一，存量越大。陈爰为楚顷襄王徙国都于陈后所造，鄟爰可能是楚国占有今山东郯城东北旧郯国地后所造。

● 楚金版

郢爰金版含金量一般都在90%以上，最多者达99%，最少者为82%。以龟版为常见，一般有16个完整的印记，总量通常18至19个印记。此外还有饼状。目前所见最大的两块郢爰是汉朝瓦版，1982年2月10日于江苏盱眙出土。一块长12.2厘米，宽8厘米，重610克，上有54个印记；另一块长10.4厘米，宽7.9厘米，重466.3克，上有35个印记。同时出土的还有汉代马蹄金、金饼、金银重络壶与金兽等，蔚为大观。瓦版源自金版，亦可从中窥知汉朝楚地对楚国葬俗的传承。有一种说法叫"汉承楚制"，在政治、经济、文化等领域，楚人对汉朝尤其是汉朝楚地的影响颇深。陈爰的出土量仅次于郢爰，在河南扶沟、陕西咸阳、安徽寿县等地都有出土，最大一块有17个印记。1974年河南扶沟春秋战国古城址内还出土楚金版392块，大部分为郢爰金版，共170块，有陈爰7块，少贞金版2块以及其他金版2块和金饼、马蹄金197块。同时，还出土了18件铲形银币，战国时期银币实物资料仅此一例。

除楚国外，黄金在列国也充当货币。当时计算黄金的数量或重量，往往以斤、镒等为单位。焦循《孟子正义》根据《孙子算经》《五经算术》等书推算，认为"镒"是 20 两，一说为 24 两。战国的黄金聚集在朝廷、贵族、官僚和富商巨贾手中，多在国际礼聘、游说诸侯、国王赠赏、大宗交易中使用。

据《战国策》和《史记·孟尝君列传》记载，当时千里马、象床、宝剑、狐裘等物都价值千金。人口买卖中，亦有以黄金论价者，《战国策·卫策》说："卫嗣君时，胥靡逃之魏，卫赎之百金，不与。乃请以左氏。"地主的地租收入，有以黄金论价者，《战国策·西周策》载温囿"岁利八十金"。地主、商人的家产估算，有以黄金论者，有"千金之家""万金之家"，以及孟尝君"家富累万金"，宛孔氏"家致富数千金"，"千金之家比一都之君，巨万者乃与王者同乐"等。国君对臣下、官僚贵族间和国家间，用"五十金""百金""黄金三百镒""金五百斤""黄金千镒""黄金千斤"来进行赏赐、馈赠和贿赂的事例，也大量存在。《韩非子》有"楚庄王使使赍金百斤聘北郭先生"的记载。大量事例表明，战国时黄金和铜币一样，在流通领域中居于重要地位。

● 楚衡具

楚金从来都备受列国觊觎，倘若是侵略强夺，楚人免不了以牙还牙；要是诈术巧取，也避不过之后的再三牵扯；索性快意将楚国灭了，却是"楚虽三户，亡秦必楚”的危局了。

此番周昭王南征楚国倒算是“明智”，竟失足溺死于汉江之中，自我了断了。

昭王以降，周室渐衰。周平王东迁洛邑后，昔日“溥天之下，莫非王土。率土之滨，莫非王臣”的周天子，如同倡优一般，为往来的霸主唱喏。

起初是郑庄公，这位周朝卿士封地不大，胆子不小。他把“多行不义必自毙”的弟弟赶到共城，将生母置于“黄泉”之中。天子联军他敢战，五国征讨他能胜，最后他还要走了周天子的儿子当人质，好不威风。幸好这位同宗还算识趣，依样画葫芦地给周天子送去了自己的儿子，史称“周郑互质”。平时的贡品、朝见也都不见少，勉强算是维护了天子的颜面。

接着是位忠臣，谁对天子不尊他就打谁，天子不高兴谁他就讨谁。依靠着这棵大树，周襄王大张天子之威，时不时地还能把几十年不用的天子兵车拉出去遛遛。南方的楚国也被迫送来了“包茅”朝贡，算是了却了周昭王死于征楚的仇怨。周襄王找回了天下共主的感觉，投桃报李，他在葵丘赐给这位忠臣天子胙、彤弓矢以及天子车马，举凡《周礼》所载，能给的尽给了。后来这位忠臣被自己的儿子关了禁闭，活活饿毙，史称齐桓公。

贫者事衰。见辱于诸侯还未止，都城之内，周襄王的亲弟弟也造起了反。周襄王和先祖周平王一样开始逃难。这次襄助周天子夺回洛邑的不是护送周平王的秦人，也不是周襄王的老朋友齐桓公，而是一位长相奇特、肋部连成一整块的远亲，叫姬重耳。此公便是春秋时期的第二个霸主——晋文公。

历经战祸的周王室日渐式微，但还是极尽赏赐，甚至连临近晋国的周地都分封给了晋文公。晋文公没有令周襄王失望。城濮之战后，他不仅将战俘和战车献与周天子，还帮助王室修建宫殿，不久又召集列国朝拜天子，面子、里子一并还了。如此，周襄王与晋文公各自拥着王道与霸业的美梦，含笑九泉了。

周道日衰，在铸币中也体现得分明，最为典型的当属废除子母相权、独行大

● 郢爯

钱一事。

子母相权最早出现于周文王时,《逸周书》记载周文王时"币租轻,乃作母以行其子"。春秋末期,周景王想要废除小钱,专行大钱。周景王的卿士单穆公(单旗)在反对周景王铸大钱时提出:"民患轻,则为作重币以行之,于是乎有母权子而行,民皆得焉。若不堪重,则多作轻而行之,亦不废重,于是乎有子权母而行,小大利之。今王废轻而作重,民失其资,能无匮(乏)乎?"所谓"子权母而行",是指在铸造轻币后,以原来流通的重币作为标准衡量轻币,把轻币作为重币的一定成数来行使;所谓"母权子而行",是指铸造重币后,以原来的轻币为标准,把重币折合成轻币的一定倍数来行使。子母相权即同时流通的两种货币,可以用一种为标准确定对另一种的交换率。货币在流通中不仅同商品发生关系,而且在不同的货币之间也要确定一定关系。"子权母"和"母权子"的说法,表明先秦时人对流通中轻币和重币、小币和大币的相互关系已经有了明确的认识。后来子母相权的含义不断扩大,从流通中两种不同单位足值铜铸币并行的关系,推广至足值铜钱与不足值的虚价铜钱,以及铜钱与纸币、白银与铜钱间的关系,成为中国古代长时期人们论述货币流通与货币制度问题时的一种货币理论。

● 西汉仿楚金版冥币
泥"赐上金再于郢"

单旗的苦谏未能改变天子的意志，周景王使用行政命令专用"大钱"，百姓使用不便，民生凋敝，国势维艰，最后竟到了向列国乞讨的地步。窘迫之际，周景王迁怒近藩同宗，以"数典忘祖"来斥责因忙于应付夷狄而难以资助王室的晋国。如此，赫赫大周不仅威严扫地，连尊严都荡然无存了。

北方的周人苟且着，南方的楚人到底是意难平了。

楚人本是火神祝融之后，却被商人、周人看作茹毛饮血的野人。即使是帮助周人收拾河山，楚人也只换来低微的爵位——"子爵"。他们自己穷得连祭祀用的"太牢"（牛、羊、猪）都凑不齐，仍不惜举全国之力给周天子献上楚地的珍奇之物，却依旧被周天子视作蛮夷，同处地偏远的酋长们一起在殿外看火。后来只因为疏忽了朝贡时间，楚国竟招致周天子屡次三番的征伐。

及至周天子势衰，崛起的霸主们也都头一个拿楚国开刀。每一次的尊王攘夷，背后都是楚人流不尽的血泪。

可是这个氏族，"筚路蓝缕，以启山林"的蛮楚，恰如卧丘猛虎，伏爪忍受。一俟骨子里盗火者的血液波涌翻腾，便于狂风中怒吼：我蛮夷也，不与中国之号谥！

说出这句话的人叫熊渠，中原诸国眼中的卑贱楚子，振兴楚国的一代豪杰。面对强大的周王室，他没有选择逃避，而是趁着周天子讨伐太原之戎的时机，偷偷地蚕食周围小国的土地，使羸弱的荆楚一跃成为江汉流域的霸主。更为

"僭越"的是，他竟然把自己的三个儿子封成王爵。他虽然后来迫于周厉王的威势，将王爵自行废去，但是依旧把不循成法、敢于突破的楚人精神，彰显得淋漓尽致。

一百多年后，楚君熊通即位，他开创两次先河：一是吞并权国后，设置权县，这是中国郡县制的开始；二是通过汉阳诸姬向周天子讨要高等爵位未果后，自立为王，称楚武王（非谥号），开诸侯僭号称王之先河。

楚国不顾中原大国的反对，屡屡吞并周天子分封的小国。在进逼中原的过程中，楚国终于碰到了硬钉子——晋国。当时的楚王是雄主楚成王，可惜他的对手正是春秋五霸之一的晋文公。据说晋文公流亡时曾被楚成王收留，许诺晋楚两国若是开战，晋国必当"退避三舍"。后两国果然发生战争，遂有了以弱胜强的"城濮之战"。

此一役，晋国大胜。晋文公向周襄王献楚俘一千名、兵车四百乘，并被周襄王命为诸侯之长，匡扶江山，不在话下。战败的楚成王从此一蹶不振，最终被儿子商臣逼迫自缢。

● 陈爯、郢爯

国势无常，真正属于楚国的荣耀，还在二十年后。彼时楚成王的孙辈楚庄王继承了楚人的剽悍刚锐精神，率领楚军走向了所向披靡的问鼎中原之路。

楚庄王性本昏聩。《史记》有载，一日，楚庄王左拥郑姬，右揽越女，佐以音律，活色生香。突然大夫伍举（一说伍参）冒死进谏：有鸟止于阜，三年不飞不鸣，是何鸟也？庄王听出了伍大夫的弦外之音，想起自己从政数年，或是飞狗围猎，或是沉湎声色，以致楚国江河日下，内有若敖独断之难，外有晋国蚕食之祸，国亡政息就在眼下。庄王先是沉默，继而思索，终而奋发：三年不飞，飞必冲天；三年不鸣，鸣必惊人！

从立下豪言开始，真正让楚庄王前后判若两人，甚至连轻佻的性格都为之一变的原因应该是楚庄王八年（前606年）的"问鼎中原"事件。

那时楚军饮马黄河，在大周王畿举行阅兵。彼时的大周早已沉睡在齐桓公、晋文公"编织"的太平盛世里。新任天子周定王在惊惧之下，慌忙派出大夫王孙满去犒劳楚军，以探虚实。

只见王孙满华车衣锦，缓步来到楚军营帐前，说道：楚子讨伐"陆浑之戎"，途经我洛邑。天子甚慰，特派外臣来劳师。

未等楚庄王开口，左右便不怿了：我先祖成王时，周天子赐胙，命我大楚镇辅南方，当时楚王就已是"侯伯"之尊。如今阁下见我王不行大礼，称之为"子"，难道符合周礼吗？

王孙满见楚人中计，回道：大人所言不虚，然天子让楚国镇守南境，勿侵中原。如今楚军陈兵王畿，却是谁先失的礼？

王孙满在楚营中口若悬河，将楚人批驳得直喘粗气。只听轰隆一声，楚庄王掀翻案几，将历代楚人的兴衰荣辱狠狠地"宣泄"出来：寡人今日就是想看看，天子的九鼎，能否大过我千里楚地，能否重过我万钧楚兵？

王孙满长叹，揖道："楚王容禀，在德不在鼎。昔时大禹铸九鼎，以承天命。夏桀昏聩，鼎迁于商。商纣暴虐，鼎迁于周。以德配天，鼎再小也重；暴虐昏聩，鼎再大也轻。如今周室衰弱，但是天命未改。江山有多重，九鼎就有多重！"

楚庄王怔住了，本已高高举起的发兵令信，被他缓缓地放下。或许他能扬鞭灭周，以雪前仇，起码也能赚几个鼎再归国。然而强晋在侧，周藩环伺，一时意

● 诸色鬼脸钱

气，奈何存亡。最终王孙满被礼送回洛邑。

自楚庄王三年（前611年）起，楚国先后战胜庸、麇（音同"君"，常误作麋、麾）、宋、舒、郑、陈等国，并于楚庄王十七年（前597年）在邲地大败晋国，成为天下霸主。

根据《左传》记载，邲之战后，潘党建议楚庄王将晋军的尸体筑成"京观"，来彰显武功。京观又称武军、阬，即是将敌军的尸体或者头颅堆叠在道路两旁，用土夯实，形成锥状土丘。

京观是一种非常残酷的虐尸行为。中国传统文化中素有"入土为安"的思想，往古只有惩罚元恶大憝时，才行此酷刑。

白起长平一役，坑杀赵军四十万，流血成川，沸声若雷，号曰"人屠"；秦皇诛戮"文学方术士"四百六十余人，皆坑之咸阳，千载之精粹，百家之鸣刊，尽煨秦火；项羽破釜沉舟，于新安城南坑秦卒三十余万，多少孤妻幼子，枯冢荒烟。此三人者，世称暴虐，其视人命，如艾草菅然。俟后身死国破，各以类至，报应之势，果共轧之。

楚庄王如是答对："所谓武字，止戈为武。晋军为国而战，义胆忠肝，怎可筑成京观？"

悯恤忠义，止戈为武，千载之下，令人神往矣。是所谓：

赫哉庄王，仁德之主。

始不飞鸣，终能张楚。

窥周围宋，声威如虎。

践兹中土，败晋扬武。

虽为荆蛮，桓文为伍！

在问鼎之路上，楚庄王也曾废除小钱铸造大钱（"庄王以为币轻，更以小为大"），果然招致和周景王时一样的困顿局面："百姓不便，皆去其业。"与周景王

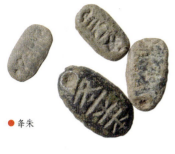

● 夆朱

● 君

● 忻、金、行

● 合背

不同的是，楚庄王善于纳谏。他听从孙叔敖的建议，恢复了旧制。

战国时代，列国的商品交易主要依靠铜钱。首先是以铜钱为价值尺度。战国初年，魏相李悝以钱估算农民每年衣服费用，"人率用钱三百，五人终岁用钱五百"。秦律对官府向官奴发放衣服的费用也以钱为基准，"冬人百一十钱，夏五十五钱；其小者冬七十七钱，夏卅钱。春冬人五十五钱，夏卅四钱；其小者冬卅四钱，夏卅三钱"。其次是以钱为流通手段、支付手段。睡虎地秦墓黑夫家信木牍中，秦国士兵惊与黑夫写信向母亲要求给与五六百钱以备添置衣服。《孟子·滕文公上》篇所谓"以粟易械器"和"以械器易粟"，并非物物交换，而是以粟卖钱后买械器，或以械器卖钱后买粟。楚国的贸易也主要依赖铜币，黄金作为上币，只在大额交易中流通。

楚国是唯一具有金、银、铜三种铸币和版形货币的先秦国家。楚国铜贝是除楚金外，楚国货币体系中的另一支柱。楚国铜贝因面文形似蚂蚁歇于鼻尖，又像是令人瑟缩的可怖鬼脸，故其又被称为蚁鼻钱和鬼脸钱。东晋时期葛洪的《抱朴子》云：

● 巽

● 巽

● 巽

● 巽

● 凹背

"以蚁鼻之缺，捐无价之淳钧。"淳钧是价值连城的宝剑，蚁鼻是说宝剑有细小的缺损，蚁鼻的细小之意，恰与楚贝小巧的形制暗合。楚贝常见的币文是"巽"和"夅朱"。其中"巽"字被初尚龄《吉金所见录》释为"哭"，吴大澂《权衡度量实验考》释为"贝"，还有多种释法，如"晋""咢"等。"巽"原为重量名，楚国借为货币名。随县曾侯乙墓出土的编磬、马王堆汉墓出土的帛书《老子》、银雀山汉墓竹简等楚地文物中都有相近的"巽"字，尤其是《古玺汇编》中"铸巽客玺"和上海博物馆所藏 41427 号印章"右铸巽玺"中的"巽"

与楚国铜贝基本一致，可判为"巽"字无误。"夅朱"字贝有"紊""各六朱"等说法，酓胐盘、陵君豆中都有"夅朱"，夅为降，意减少朱。此外，楚贝还有全、君、行、忻（钚）、安等面文和面无文的样式。

如同其他诸侯国一样，楚国在使用楚贝前，有一个使用无文铜贝（仿生铜贝）的阶段，后来陆续演化成各具本国特色的铜贝，如齐贝、鲁贝和楚贝。1986年底，湖北省云梦县楚王城东周文化层的田野考古发掘中，出土了一批楚贝。其中，第四层（春秋末期至战国中期）中有无文蚁鼻钱、巽字贝、夅朱贝、钚字贝等，第五层（战国中期后）只有巽字贝。可判至迟在春秋末期、战国早期，楚国铜贝从无文铜贝（仿生铜贝）演变为楚贝，且文字多样（也有面无文的蚁鼻钱）。至迟至战国中期后，楚贝和楚金一般，从多样走向统一，只剩下巽字贝。从出土看，巽字贝涵盖了楚国各地，甚至流散到了周边各国；夅朱贝出土于河南南部、安徽地区；而其余楚贝仅出土于河南南部、安徽北部。这也和楚国春秋以来的扩张史是一致的。

除了楚金和楚贝，楚国还有仿三晋的布币，和与黄金兑换的铜钱牌，皆独树一帜。

● 楚大布

楚国布币，形状为平首方足，钱的四周有郭线，通体狭长，钱首上有一圆形穿孔。楚国布币分大、小两种。大者为"楚大布"，通长9.5至10.4厘米。面文"殊布当釿"（桡比当坼），背文"十货"（七俱），面背的释读至今仍有争议。小者形制与楚大布类同，面文、背文合为"四布当釿""四比当坼"，也有一种面文"殊布釿四"（桡比坼四），背文"一货三釿货"（一俱三坼俱）的小布。常见的有两枚"四布当釿"（四比当坼）小布足部相连的形制，称之为"连布"，一般通长8.1至8.3厘米。一枚大布的币值，相当于两个连布或四个小布。

楚国钱牌为铜制、矩形。根据币文可分为三种规格：视金一朱、视金二朱以及视金四朱，重量分别在35克、60克、120克左右。有学者认为视金一朱、视金二朱、视金四朱的含义为"视为黄金一铢、二铢、四铢"，是我国已知最早的黄金兑换券。楚国钱牌地章布满勾连卷云纹，双面纹饰繁缛，线条绕曲流畅，与楚地出土的漆器纹饰类似，蕴有自由随性、浪漫洒脱的楚风楚俗。复杂的铸工、铸纹使楚国钱牌具有一定的防伪效果，足堪与真金相侔。楚国钱牌出土于楚国故地（鄂东南），币文使用楚系文字，且与之同出土的共存器物（青铜箭镞、蚁鼻钱等）均具有战国中晚期楚器的特征，可判其为铸行于战国中晚期的楚币。

特立独行的楚国货币与敢为人先的楚人精神一脉相承。楚庄王的问鼎，与楚国货币所带来的经济繁荣是难以割裂的。从某种程度上来说，楚国的问鼎就是楚币的问鼎。

在诡异莫测的楚金、楚贝、楚布、楚钱牌上，歪歪斜斜地记录了楚国近千年的彷徨与荣耀。如今硝烟散去，行走在湖北武汉的街头，你偶尔还能听见当地人说着古老的方言——"不服周"，恍若隔世。

楚币图释举要

楚布

	币文	旧读	常见写法	地望
1	桡比当釿·七偵	殊布当釿·十货		待考
2	桡比釿四·一偵三釿偵	殊布釿四·一货三釿货		待考
3	四比当釿	四布当釿		待考
4	四比·当釿	四布·当釿		待考

桡比当釿·七偵

桡比釿四·一偵三釿偵

四比当釿

四比·当釿

楚金

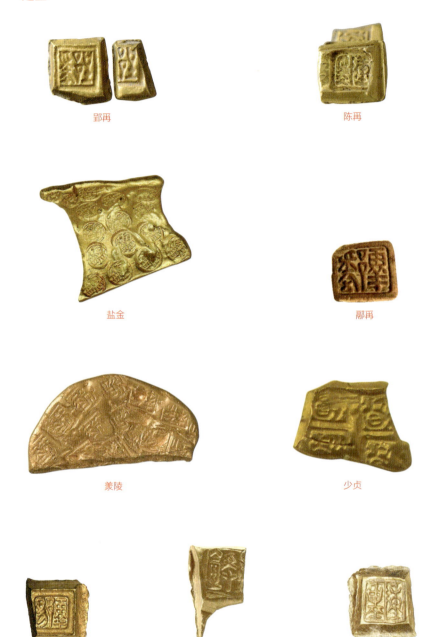

郢再

陈再

盐金

鄗再

羕陵

少贞

鬲阳

郫再

陈铸

楚国有文铜贝

蚁鼻钱铜范

巽

夆朱（各六朱）

全（金）

君

忻（釿）

安

行

"巽"及其异书

钱文字形	实物举例	金文、简帛字形举例
吅吅、吅吅	河南信阳 湖南郴州	上博"右铸巽玺", 曾侯乙编钟·中1.7。
吅吅、吅吅	河南固始 安徽肥西	暂未见同字形。
吅吅	河南固始 安徽肥西	《古玺汇编》"铸巽客玺", 清华简(肆)·《筮法》50。
吅吅	《先秦货币研究》	马王堆帛书·老子甲后415。
吅吅	《安徽历史货币》	《古玺汇编》3023, 《说文解字》, 马王堆帛书·明12.8。
吅吅、闬	《安徽历史货币》 河南固始	暂未见同字形。
旹旹	《安徽历史货币》	暂未见同字形。

楚钱牌

视金一朱

视金二朱

视金四朱

　　本品由陈介祺、袁克文、张叔驯、平尾赞平等递藏。是品"视金四朱"铜钱牌，出土于湖北东南部一带，为战国中晚期楚国铸币。据考证系楚国用来与金版互为兑换的地方性货币。

第四章

刀出文齐燕

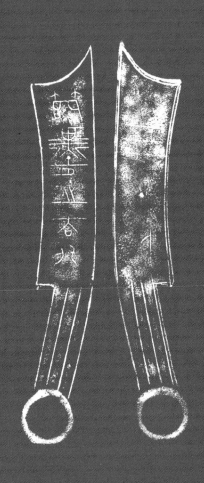

● 削刀

　　古人制作竹简，必须削竹为之，然后放在火上炙烤，沥出竹汗，是谓"杀青"。这剔具名曰"削刀"，先秦时已有，至今还是文房雅器。

　　原来刀具也不尽是肃杀凌厉的，若是兼佩玉具，刻以绣文，就是活脱脱的君子之风了。

　　削刀本是短兵。古人于战场上左持长铍，右执短削，跃马陷战，颇有些血腥气。承平时日，敌我双方互通有无，以物易物，削刀就逐渐演化成了刀币。

　　刀币起源地约有三种说法，即戎狄、燕国与齐国，其中又以戎狄说最为盛行。《史记》有"山戎来侵我，齐桓公救燕"的记载，《水经注》亦说"盖齐桓公霸世，北伐山戎"。应是在春秋战国时，由于三地战事迭发，赀财往来，备极款曲，刀币便如此传诸三地了。

　　刀币按刀首形制可分为尖首（含针首）、圆首、截首和平首，按国别又有鲜

● 鲜虞刀

虞刀、燕刀、齐刀和赵刀之分。诸刀之中，以燕国铸造的"明"刀最为通行，亦曾有人将"明"字释读为"匽""莒""易"等字。除此，厚重精美的齐刀、挺拔刚正的赵刀，都是刀丛中耀眼的门类。

除原始削刀外，现存最早的刀币是鲜虞中山刀。"鲜虞"一名出现于《国语》，"（郑）桓公为司徒……北有卫、燕、狄、鲜虞"。郑桓公在周幽王八年（前774年）任司徒，此即鲜虞国立国的时间下限。鲜虞国第二次出现于史书，已经是二百多年之后的事了，《春秋·昭公十二年》记载，"晋伐鲜虞"。鲜虞为白狄人所建，白狄主要由鲜虞氏、肥氏、鼓氏、仇犹氏四个氏族部落组成。他们集中分布在今山西省东北部的盂县以东至河北省石家庄周围。白狄人所用的一种尖首刀，今人称之为鲜虞刀。周灵王二十六年（前546年），"弭兵之会"召开后，晋楚争霸告一段落。晋国发动了对戎、狄的战争。肥氏、鼓氏相继灭亡，仇犹氏被迫中断了与鲜虞氏的联系，鲜虞部落联盟基本瓦解。周景王十四年（前506年），鲜虞人在中人（今河北唐县西北粟山）建国。因中人城中有山，故曰"中山"，即初期的中山国，周贞定王十四年（前455年），智伯灭仇犹，中山国也受到重创，不久亡国。之后中山国曾短暂地复国。

● 鲜虞刀

　　鲜虞刀可分为四期。第一期为春秋晚期铸，有宽首、窄首两种，皆弧背凹刃，背部弧度大，刀首呈大斜坡状，刀刃无郭，币文复杂；第二期为战国早期铸，即鲜虞国破后，部分为燕国仿铸，形体变小，刀柄变长，刀背弧度变小；第三期为战国中期铸，有针首刀、中山国直刀两种，形如其名；第四期为战国晚期铸，有小尖刀、卤刀（西刀）和圜刀（应为中山残部被赵国迁徙到膚施后铸，膚施即今延安一带，旧称肤施）几种。

　　燕刀，又名燕明刀，为燕国于战国时期所铸，出土量巨大。燕刀面文似一只眼睛，曾有"易""明""眼""匽"等说法，钱币界一般读为燕"明"刀。燕刀可分为三或四期，时间从战国早期至晚期。第一期为类明刀，严格地说是尖首刀的一种，为燕国控制铸权后铸，是改良鲜虞刀而成，面文不是"明"，而是数字符号（倒六为主）；第二期为早期明刀，与第一期类似，面文为"明"，背文多为数字、单字；第三期为中期明刀，又称弧折明刀，刀首窄，刀身上下宽度一致，面文为"明"，背文多为数字、多字、"左"系列、"右"系列、"中"系列（以"左""右"为主，"中"占比较小，在中期偏晚才出现）；第四期为晚期明刀，又称磬折明刀，刀身与刀柄转折如磬、呈钝角，刀背与刀刃失去弧度、呈直线，面文为"明"（扁圆形），背文多在第三期的基础上，增加了"外炉"系列、"蓟"系列、"行"系列、"大"系列、"昌"系列（"昌"属于晚期单字，一般跟"工"一样被归到无首字）。

● 燕刀

齐刀，又名齐大刀，为齐国于战国时期所铸。"大刀"因齐刀面文最后两字得名，又释为"法化"，即法定货币之意。

不同铸造阶段的"明"字	
𠂤 𠂤 𠂤	春秋晚期
𠂤 𠂤 𠂤 𠂤	战国早期
𠂤 𠂤 𠂤 𠂤	战国中期
𠂤 𠂤	战国晚期

何琳仪、王献唐、裘锡圭等人认为倒数第二字"呑"下口为装饰部件，应为"大"字；倒数第一字"刀乇"字的"乇"是"刀"字的注音符号，应为"刀"字，备一说。

齐大刀可分为五期五种。第一期面文为"齐之大刀、即墨之大刀、安阳之大刀"，其中"即墨之大刀"为齐灵公十五年（前567年）灭莱、占即墨后铸，"安阳之大刀"为齐庄公五年（前549年）

● 齐刀

● 齐返邦长大刀

占莒之安阳后铸；第二期是齐大刀、齐返邦长大刀（齐建邦长大刀），齐返邦长大刀为齐康公十九年（前386年）田氏代齐时所铸；第三期是齐大刀，为田齐全胜时期所铸；第四期是即墨大刀、莒大刀，为五国伐齐后，残存的即墨与莒地所铸；第五期是齐大刀（粗字），为齐襄王返国后所铸。

赵刀，又称赵直刀，为赵国于战国中晚期所铸。赵国因与临近的燕、齐、中山国交易，故仿铸中山国直刀，是战国时期最晚铸造的刀币。赵刀铸行后，赵国同时行用布、刀、圜三种形制的货币。赵直刀根据面文可分为邯郸类、柏类、成类和王刀等，邯郸、柏为城名，成、王待解。

在众多刀币中，还有一种特殊的齐明刀，它铸地为齐，铸国为燕。它磊落地叙述着齐燕两国的深切仇怨，是无声的史官。

燕易王十二年（前321年），燕王哙即位，《韩非子》称其为"古之所谓圣王明君"，而司马贞在《史记索隐》中又以"无道"为之盖棺。其实二者并不矛盾，前者说的是他的为政之道，后者指的是他的禅让之策。

燕王哙御国有术，短短两年便一扫燕易王时的积弱之状，成了参与五国伐秦的诸强之一。当是之时，秦国在修鱼大败联军，斩杀韩军主力近十万。看到西隅弱秦倚仗商鞅变法，短短几十年竟称霸列国，燕王哙心下笃志，苦苦探求能够带领燕国变法图强的国士。在经过长达三年的考察后，他最终寄希望于法家名士子之的身上，只是封官赐爵还毋算，竟连王位都禅让给了子之。

燕王哙的灵感应该是源于上古的尧舜禅让，这种儒家口耳相传的仁义之举，却吊诡地成了法家执政的奠基石。可惜燕国还是走了大禹的老路，只是这次轮到伯益逼死夏启了：太子

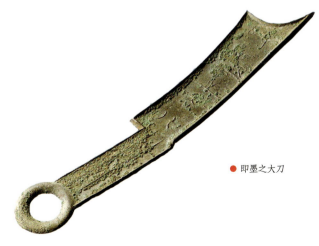

● 即墨之大刀

平举兵造反，兵败身死。一时国家构难数月，死者数万众。燕人恫怨，百姓离意。

在隔岸观火的齐国庙堂上，齐宣王陷入了"天予不取必遭天殃"和"大国交恶"的两难抉择。硕彦名儒孟子以武王伐纣为开脱，百姓箪食壶浆来巧激，力陈伐燕之利。在孟夫子的摇唇鼓舌下，齐宣王舍义取利，命齐将匡章率领五都之兵、北地之众火速入燕。

君臣媒孽，生民倒悬。自是燕都呕破，王哙身死，子之亦身被数百创，零落成泥。

齐兵入燕，本就是趁火打劫的勾当，哪得一人顾从军纪。可怜燕人屋漏逢雨，先是做了太子与子之纷争的蝼蚁，后又成了齐军肆意凌虐的鱼肉。孟夫子口中的齐军，本是解民倒悬的救世主，如今倏忽一变，却成了彻头彻尾的侵略者。

灾难终于在秦赵的干涉下结束了。燕公子职被赵武灵王从韩国迎立，是为燕昭王。

燕昭王即位后，求索能臣而不可得。老臣郭隗献策说，古有国君，欲以千金求千里马。三月后，有臣子以五百金购买马头骨献上，君王大怒。臣子解释道千金买骨，足以体现君王购马之诚，天下人必纷纷献马。燕昭王深觉有理，索性将

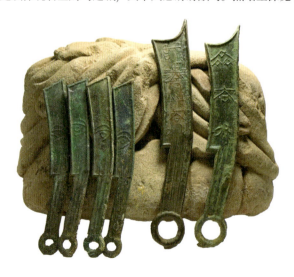

● 燕刀、齐刀

郭隗当作"千里马骨"，加封显官，筑黄金台，以招募贤能。

此举颇见成效，天下士人纷纷入燕，名之最著者当属魏人乐毅。乐毅本在赵国为官，离赵去燕后，被燕昭王委任为亚卿，整饬国政，意在灭齐。

齐国本是姜太公的封国，号曰姜齐。齐桓公任用管仲，九合诸侯，一匡天下。不同于春秋以来列国以人口、土地为财政支撑的重农模式，管仲和管仲学派重视商业活动，通过掌握粮食、掌握货币发行、垄断盐铁、掌控市场的重商模式来调控社会秩序和经济发展（人君操谷、币金衡，而天下可定也），尤其是盐铁专卖、货币借贷和利用市场信息差买卖获利等轻重之术成为历代王朝增加财政收入的不二法门。石璧谋、菁茅谋、衡山谋、齐纨鲁缟等商贸手段，不费一兵一卒，却使齐桓公首霸春秋。

齐桓公死后，姜齐在名相晏子、名将司马穰苴的治理下再次兴盛。又百余年，权臣田和篡齐自立，重赂周天子，得封诸侯，史称"田氏代齐"。

此时的齐国正值霸业的顶峰，齐湣王仗着威、宣二王留下的深厚家底，四面为战："南败楚相唐眜于重丘，西摧三晋于观津，遂与三晋击秦，助赵灭中山，破宋，广地千余里。"

《书车》曰："自致者急，载人者缓。取欲无度，自致而返。"当是之时，秦为西帝，齐为东帝，两国并有包举宇内、宰割天下之心。然秦国张弛有度，攻一国则交一国，占两地而还一地，鲸吞蚕食，游刃有余。齐国如久困乍通，明面上屡胜列国，实则开罪天下，再加上宿敌燕国的暗中离间，国势已是强弩之末。

燕昭王二十八年（前284年），拜乐毅为上将军，率领五国联军攻打齐国。联军迅速攻破齐境，于济西大败齐军主力。乐毅亲率燕军直捣齐都临淄，一举灭齐。

齐湣王败逃莒地，被楚将淖齿骗杀。那齐国的霸业如银花火树，迎天直上，逆空而炽，霎时间昼黑夜红。不几时华彩坠没，便是浊浪滔江，不改长流了。

无尽的废墟里，只余下即墨与莒两城还残存着齐火。在即墨被围困了整整三年后，齐将田单用计离间刚即位的燕惠王与乐毅，再以火牛阵大破燕军，收复齐境。

齐明刀便诞生于燕国灭齐的背景下。齐明刀，又名博山刀，面文为"明"，背文大量出现"莒"字，其形制如同一般的燕明刀，也由刀首、刀身、刀柄和刀环四部分组成，是燕刀中的异类。齐人造此刀，是为了开辟与燕国的贸易，只是战争之际，铸造不免粗疏，刀体轻薄、瘦狭，就连文字也漫漶不清。此外，还有一种于齐地铸造的截首刀，是齐明刀的先声，系使用类明刀的刀型截去首部

● 齐明刀

后，改出来的币型。因为截首刀的存在，可以反推出燕刀中类明刀到中期明刀的过渡时间点，就是乐毅伐齐时期。

先秦异形币的精妙，尤其是刀币与布币的高度成熟，与"模范"的变革息息相关。今人所谓"模

● 即墨之大刀

范", 其实是青铜器的铸具。而用在钱币上, 就是"钱模"与"钱范"。与青铜器的铸造工艺一样, 早期货币的铸造方式也是"模—范—熔液—浇注"的模式, 即先做出阳文的"模", 再用"模"翻铸出阴文的"范", 最后把铜水浇注入"范"中, 冷凝成阳文的钱币。模范的出现, 使铸币趋于规范化和标准化, 模范的铸造理念亦是如今"模范"含义的滥觞。

这种以"模""范"铸钱的方式称为"范铸法", 广泛流行于北朝出现翻砂法之前。早期范铸的材料是石头和黏土, 制成的是石范和陶范。尤其石范具有低成本、不易损毁的特点, 故先秦时的铸币大量使用石范。直到汉武帝元狩年间, 石范依旧是范铸法的重要工具。此外, 战国时期还出现了更为实用的铜范。铜范小巧、易铸, 经过保护性处理后, 理论上可以长久使用。但因为先秦时对货币的需求不旺, 未能激发出技术变革, 故铜范未能成为主流。

秦王政二十年（前227年）, 易水河畔, 一人锦衣仗剑, 拱手立于车边。送行诸人围于车前, 皆着白衣、戴白冠, 内有一人击筑, 其声呜咽。这行人班首名

● 齐大刀陶范

曰荆轲，只见他怒发冲冠、慷慨悲歌：

风萧萧兮易水寒，壮士一去兮不复还。

探虎穴兮入蛟宫，仰天呼气兮成白虹。

一年后，秦军攻陷燕都蓟城，燕王喜与太子丹逃亡辽东。秦将李信追至衍水，燕王喜为图自保，杀丹献首。四年后，王贲攻克辽东，俘燕王喜，燕国遂灭。

始皇帝二十六年（前221年），秦攻齐。齐王建开城投降，被弃之共地，不给衣食。堂堂齐君，活活饿死于松柏之间。

秦并天下后，始皇帝听闻宋子城中有人善击筑，于是传旨召见，原来此人是荆轲昔日好友高渐离。嬴政怜其技艺无双，免死，毁其双目，令其击筑。其声悲怆凄凉，回肠绕曲。一日，高渐离把铅块置于筑中，在始皇帝听得如痴如醉时，突然举筑击之，不中而死。从此，始皇帝终身不复近诸侯之人。

至于那齐燕的恩怨，早已交织在冰冷刺骨的易水中，徒令过客唏嘘、旅人感泣。

刀币图释举要

原始刀

鲜虞尖首刀

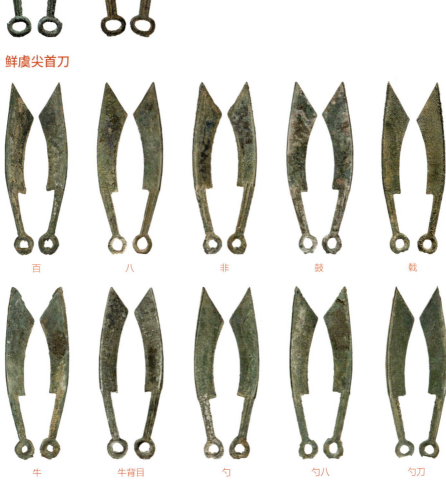

百　　　　八　　　　非　　　　鼓　　　　戟

牛　　牛背目　　勺　　勺八　　勺刀

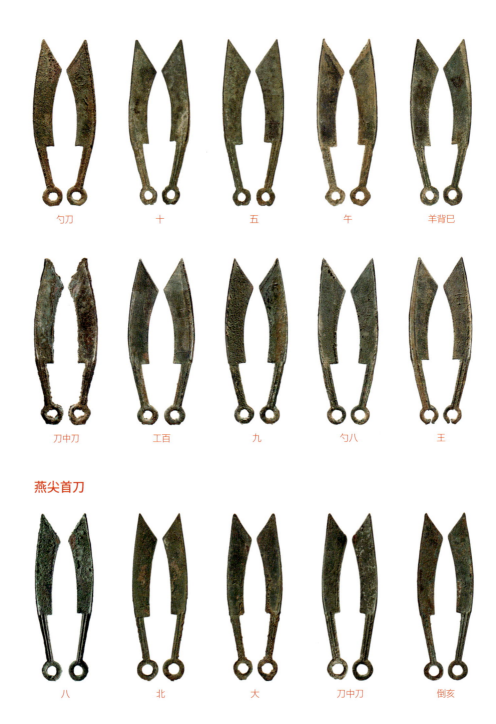

勺刀　　　　十　　　　　五　　　　　午　　　　羊背巳

刀中刀　　　工百　　　　九　　　　勺八　　　　王

燕尖首刀

八　　　　　北　　　　　大　　　　刀中刀　　　倒亥

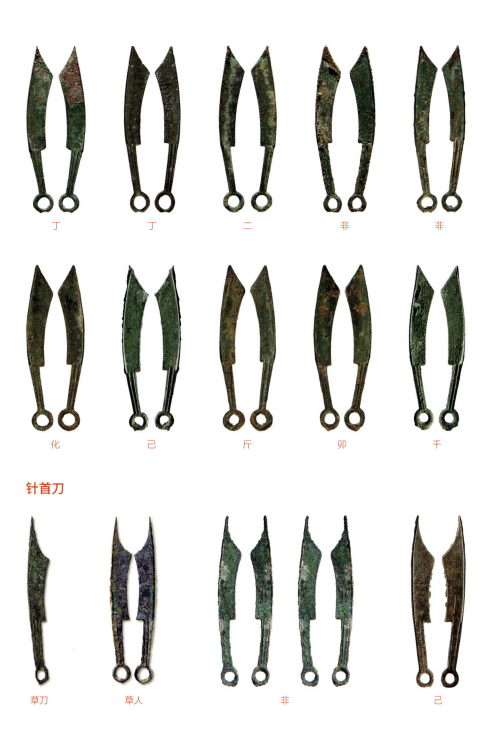

丁　　　丁　　　二　　　非　　　非

化　　　己　　　斤　　　卯　　　千

针首刀

草刀　　　草人　　　　　非　　　　　己

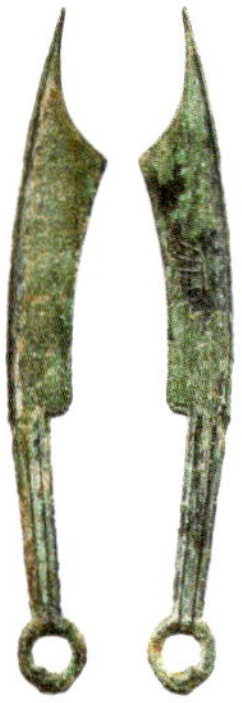
勿

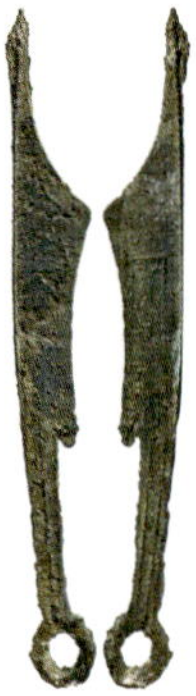
乛

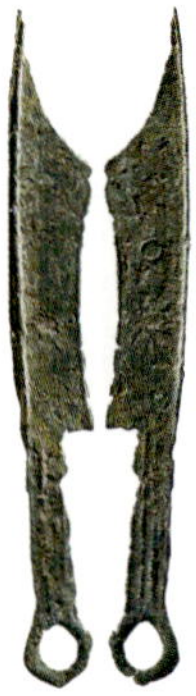
公刀

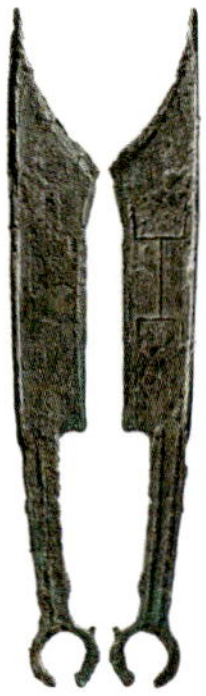
牛

直刀

魏国直刀

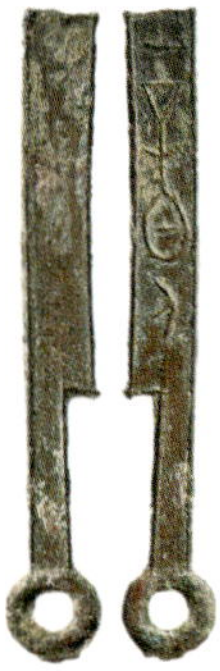
圁刀

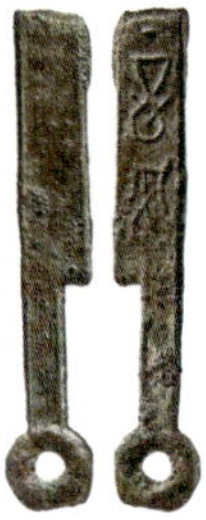
圁半

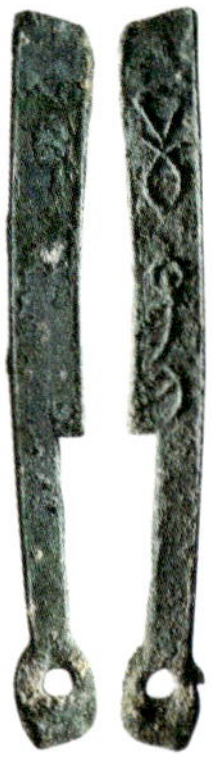
圁阳刀

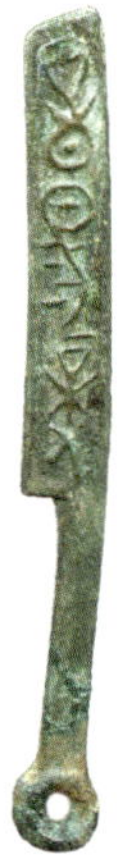
圁阳新刀

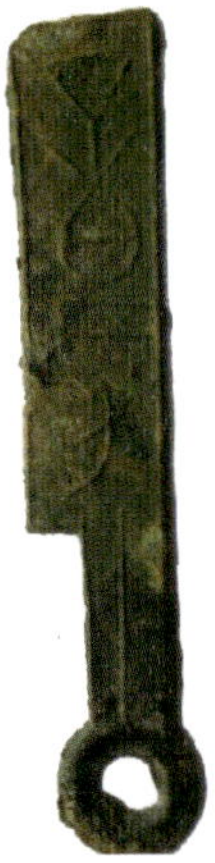
圁二刀

赵刀

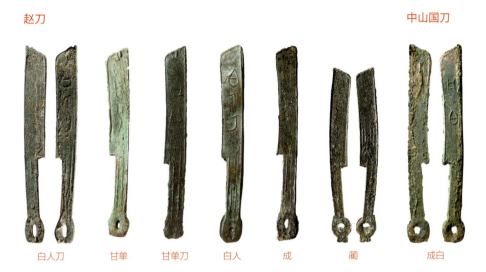

白人刀　甘单　甘单刀　白人　成　蔺　

中山国刀

成白

齐明刀

莒野货　待辨识　莒冶亚

齐刀

齐之大刀

即墨之大刀

安阳之大刀

莒大刀

齐大刀

齐造邦长大刀

明刀

早期

中期

晚期

小尖刀

西刀（卤刀）

西刀（卤刀）

小尖刀

小尖刀

小针刀

截首刀

第五章

孔方之祖

平天下易，定货币难。

直到沙丘暴死的那一年，秦始皇仍未完成货币铸权与形制的统一。

它形状杂肆，大者如拳，小者如豆；它面文无章，有笔锋夺魂，有稚幼失真。它绝非长寿，向前抱愧传之千年而不绝的贝币，向后难比行用七百余载的汉魏五铢。它亦非粹美，君不见那燕刀齐匕的铮铮铁骨，或是鬼脸铲布的朴拙风韵，更

● 战国半两

遑论莽币、徽宗钱币出人意表的精妙情态。但它是遮不住的隐隐青山，断不绝的悠悠绿水。它哺育着秦人从栎阳走到咸阳，使秦国由荒服而践帝祚。其色郁郁，其德巍巍，此后日月所照，风雨所至，皆用秦币，万世而不易。它就是方孔钱的鼻祖、泉林顶峰上

的皇冠——半两。

半两是圜钱的一种。圜钱，又称环钱，与布币、刀币、楚币合为战国的四大货币体系。圜钱起源于魏国，流行于诸国，魏国、秦国、齐国、赵国、韩国、两周等都有圜钱。魏国圜钱多形如圆环，又名圜金；秦国圜钱形制与魏不同，外圆内方，又名圆钱。一般而言，圆孔圜钱早于方孔圜钱，竖读、环读面文早于横读面文。

圜钱有圆足布、玉璧和纺轮等起源说。一般认为，圜钱与布帛、刀币一样，起源于一种生产工具，即纺织用的纺轮。在远古的纺轮之上，经常可见由中心圆孔向外发散而出的神秘纹饰。它们蔓延而幽深，或似太阳之晕，或似斗转星移，或似河中湍流。这圆形是"玄之又玄"的生命起源，是先民对日月阴阳的顶礼膜拜。它附于纺轮，庇护天下寒士，又传于玉璧，聊以敬天法祖，最终衍化成了货

● 垣字圜钱

币，蹶张于神州浩土。

魏国是最早使用圜钱的国家，圜钱种类也最多。出土和见著录的圜钱有"共"系列（共、共屯赤金、共少半钅斤）、"垣"系列（大型垣、小型垣）、"桼垣"系列（桼垣一钅斤、半钅斤、半罡）、"济阴"系列（大型济阴、小型济阴）、"卫钅斤""卫圜"（魏国卫地铸），共五地12种。

魏国圜钱的铸期可与《史记》记载相证。魏文侯占领上郡，魏襄王七年（前312年）失上郡（《史记·魏世家》："魏襄王五年，予秦河西之地。七年，魏尽入上郡于秦。"），桼垣属上郡，"桼垣"系列铸造下限为魏襄王七年之前。魏国桼垣出现圜钱之后，其他的城邑也开始铸造。"昭襄王十五年，大良造白起攻魏，取垣，复与之。十八年，错攻垣。"（《史记·秦始皇本纪》），"垣"系列铸于秦昭王十八年（前289年）之前，即魏昭王之前。魏武侯时期，魏国占领了共邑，至魏景湣王元年（前242年）左右，共邑被秦国占领（《史记·魏世家》："秦拔我二十城，以为秦东郡，二年，秦拔我朝歌，卫徙野王，三年，秦拔我汲。"）。"共"系列铸于此间。魏惠王三十一年（前339年）在济阳筑城，魏景湣王五年（前238年）失去济阳，"济阴"系列铸造于此间。"济阴"圜钱币文为横读，出现时间较晚。魏安釐王二十三年（前254年）灭卫国，魏景湣王四年（前239年）秦国攻占濮阳，卫钅斤铸造于此间。"卫钅斤"币文为横读，时代较晚。

秦国圜钱圆孔、方孔皆有，圆孔有十四·一珠重一两、十二·一珠重一两，方孔有半两、两甾、长安、文信等。十四·一珠重一两、十二·一珠重一两中的"珠"表示珠玉，不是表示重量的"铢""朱"，有人认为此二币有纪念性质，纪念秦孝公十二年（前350年）迁都咸阳、十四年初为赋。半两自秦惠文王始铸，至汉武帝时消亡，一般将半两分为战国半两、秦半两、汉半两，作为圜钱意义的半两是战国半两。两甾即两锱，一锱为六铢，两甾为半两。有人认为无郭两甾系秦国铸，有郭两甾系韩国仿铸，一说有郭两甾应是战国末期秦灭韩后，由两位秦国公子封地于"宛"所铸，有郭两甾出土地点非常集中，即"宛"（南阳）。长安是秦王政之弟长安君成蟜的封号钱。文信是秦相吕不韦的封号钱。

赵国圜钱圆孔、方孔皆有，有蔺、离石等。周圜钱为圆孔钱，有安臧、西周、东周。齐国圜钱为方孔钱，有"賹"系列（賹刀、賹四刀、賹六刀）。賹应为齐国地名。燕国圜钱为方孔钱，有一刀、明刀（易刀、匽刀）、明四（易四、匽四）。诸国晚期出现各类圜钱，正源于秦国在统一战争中对山东六国的影响。

● 离石

● 賹四刀

魏武侯七年（前389年），五万魏军身着重甲，头戴铁胄，腰悬强弩，背荷箭戈，手持利剑，携三日之口粮，日驱百余里，在一个冷飕飕的夜晚赶到河西的阴晋。只见他们擂起战鼓，焚起烈焰，向睡梦中的五十万秦军发起进攻。高地上的大纛下，是西河郡守吴起在沉着指挥。吴起在战前曾经颁布铁律：如果车兵不能俘获战车，骑兵不能俘获战马，步兵不能俘获敌兵，此战即使大胜，也依旧无尺寸之功。

● 半两

更为奇怪的是：这五万魏军都是未建尺寸之功的新卒。对此，吴起曾向魏武侯解释：譬如千人追凶缉盗，却无一人不怕穷途末路的盗贼反扑。如今有五万如强盗般渴求战功的新卒，区区五十万秦军又何在话下。

是夜，魏军强弩齐发。森森的冷箭将黑夜穿出了一道道口子，如同阴司鬼官的判笔，可怖地吞噬着生命。秦军猝然而起，惊恐地张望着从四面八方冲来的"罗刹"。

在战场的一隅，一名魏兵腿伤发作，从疾驰的战车

● 半两

上摔下。战前他也曾心生退意，直到主将吴起亲自为他吮脓血，与他同衣同食，他才终于决意死战。他的母亲听闻此事后哭号三日，她想起了自己的丈夫也曾被吴起如此关切，最终战死沙场，不知这一次儿子的白骨又是何人来收了。

他拼折了战戈，被秦军逼至死地，突而曲腿跳将起来，生生把数十名秦兵喝退，然后不由分说地拔剑冲锋，直直地倾倒在秦军的人海中……

在秦人"彼苍者天，歼我良人"的哀曲里，魏将吴起完成了自己战争生涯的巅峰之作。这场名为"阴晋之战"的屠杀，彻底阻断了秦国东进的步伐。

正当秦国遭此大难、面临亡国之虞时，钱法却为之大变。阴晋之战后，魏赵交恶，无暇西顾，秦国得以喘息。在秦献公与秦孝公的带领下，秦国走上了师法魏国、变法图强之路。一个鲜为人知的细节是秦献公七年（前378年），秦国"初行为市"。彼时秦国开市兴商，老旧的贸易体系受到冲击。流亡魏国近三十年的秦献公，理所当然地开始效法魏国，铸造圜钱。最初的秦国圜钱或许仿造魏制，或许径用魏钱。商鞅变法后，开始出现本土化货币。

秦献公的新政与秦孝公时期的商鞅变法可谓意出同源，其实都是在效仿魏国的李悝变法：李悝废除世卿世禄，秦献公冷落公族，商鞅在废除世卿世禄之余，还鼓励宗室建立军功；李悝废除井田，秦献公继续推行初租禾，商鞅则废井田、开阡陌，重农抑商、奖励耕织；李悝实行法治，颁布《法经》，秦献公户籍相伍，实行连坐，商鞅定秦律，燔诗书而明法令；李悝改革军事，训练"武卒"，秦献公废除人殉，增加兵员，商鞅通过军功爵制，建立起大秦铁军。

在商鞅变法中，有两点尤为后世借鉴。一是重视组织工作。商鞅的两次变法都进行了户籍改革，登记户口（姓名、身份、籍贯、性别、婚姻和体貌年纪）、分类管理（普通民户籍、徒籍、役籍、高爵者籍、私奴籍、宗室籍和市籍），再以户籍为基础，建立起什伍连坐制、军功爵制。二是"重农抑商"的思想。土地生产粮食，粮食事关民生，农民承担兵役，重农抑商本质上是为了保证国家的实物性财政资源（粮食、布帛、人力），进而保证国家的稳定。商鞅因重农而"废井田、开阡陌"、鼓励开荒、重新丈量土地，还颁布了"平斗桶、权衡、丈尺"，这是始皇帝统一度量衡的先声。

在商鞅变法中，有两件大事尤为重要。一是秦孝公十二年（前350年）迁都咸阳。据《史记·秦本纪》曰："十二年作为咸阳，筑冀阙，秦徙都之。"秦国决意迁都咸阳之前，国都在雍（今陕西凤翔西南）。商鞅为了摆脱反对变法的旧

● 战国半两

贵族在雍的保守势力，决意迁都咸阳。咸阳地处秦国的中心，临近渭河，交通便利，物产丰富。迁都咸阳后，有利于争取中原，图谋东进。二是秦孝公十四年（前348年）实行"初为赋"。所谓"初为赋"，就是规定农民除了缴纳实物租之外，还要用货币来缴纳赋税。为此，秦国铸造了十四·一珠重一两、十二·一珠重一两，以示纪念。

商鞅变法后，秦国从偏安西隅的蛮夷之国一跃成为逐鹿天下的虎狼之国。秦都咸阳也成了比肩临淄的商业中心，半两、两甾等圜钱开始流行。秦惠文王二年（前336年），秦廷废除锱鎏，以"外圆内方"的半两为国币。半两正式成为秦国的法定货币。

半两的始铸时间，可谓是众说纷纭。其中以"秦始皇始铸说"和"秦惠文王始铸说"最为盛行。

"秦始皇始铸说"曾经是学界的共识。1954年，考古人员在四川省巴县和昭化的两处战国墓中发现了半两钱，但囿于根深蒂固的传统观念，这一发现并未受到重视。此后考古人员虽在多地的战国墓葬中发现半两钱，但依旧论者寥寥。直到1979年，在四川省青川县郝家坪战国墓群M50发掘现场，与（秦武王）"二年""四年"纪年木牍相伴出土的，赫然有7枚半两钱！考古人员从该墓出土的漆卮、漆奁、双耳长盒和漆耳杯等漆器群的髹漆工艺、器形和纹饰等与西汉同类漆器之差异，判别出该墓为战国晚期墓。这一无可辩驳的历史铁证，彻底粉碎了

● 战国半两

流行两千余年的"秦始皇始铸说"。

"秦惠文王始铸说"源于《史记》中的记载："（秦惠王二年）初行钱。"然而本说亦有疏漏，秦惠文王二年的"初行钱"，确实使半两成为秦国的国币，是秦国中央政府铸造半两之嚆矢。但是在成为秦国国币之前，半两或许已经以私铸的形式开始铸造了。秦惠文王与商鞅素有罅隙，上台后将之车裂。商鞅虽死，其法未败。秦惠文王为了表示与商鞅变法的制度的区别，改铸商鞅变法颁行的"一珠重一两"系列，另铸"半两"钱，亦合乎情理。

《吕氏春秋》说："天道圜，地道方，圣王法之，所以立上下。"所谓混沌初开，乾坤始奠，气之轻清上浮者为天，气之重浊下凝者为地。天上的日月五星周而复始地转动，地上的山峦河岳则经世不变，所以有风雨兴焉，所以能泽被苍生。"外圆内方"所阐释的秩序伦理不仅是王道，更是天道！

这是淼起云合的大争之世，是侧榻难息的无礼之时。历代秦君以法为尊，以诈张势，奋之爪牙，禽猎六国：破韩于伊阙，屠赵于长平，败魏于河西，诛楚于鄢郢，惊燕于易水，弱齐于济西。六国方生方死，捱运度日，皆身诛戮于前，而国灭于后矣。

秦始皇破除七国之畛域，联华夏为一体，抟为大群，以与匈奴、百越一决雌雄，人誉之为"千古一帝"；那半两与贝币、布币、刀币、圜钱、楚币，"度长絜大""比权量力"，以有两千年绳绳相续之方孔钱币，我赞之为"孔方之祖"。而秦国振起天声、廓清玉宇的内在逻辑，不正与半两凭借己身之重量、大小、携带

● 战国半两

● 圜钱、半两

方式、铸造方式同其他先秦货币生存竞争，从而优胜劣败之道理同出一揆吗？

始皇帝二十六年（前 221 年），秦统一了六国，随即统一货币。这是中国历史上第一次统一货币，从此天下皆用方孔钱，至清末而不绝。

秦始皇统一货币，不仅是货币形制和货币文字的统一，还有货币材料、铸造方式和交易方式的统一。实际上，夏商以来，以黄金、珠、玉为代表的贵金属和宝藏承担大宗贸易、赏赐职能，以布、粮为代表的实物承担日常日用的小宗交换，而以铜、铁为代表的贱金属铸币的流通区域、交易规模都很有限。直到战国中期以后，铸币多样的铭文和铸形都走向了统一，如诸种形状的布币基本都演化为面文为"平阳""安阳"的方足布，面文多样的圜钱都演化为魏国的"垣"与秦国的"半两"，各种面文不一的楚国鬼脸钱都演化为面文为"巽"的蚁鼻钱……贱金属的这种统一化变革，表明了区域强权（诸侯国）对它们的重视，将铸造权收归、铸造物统一。从民间到官方，从地方到区域中央，从自铸到官铸，从杂多到统一，这是货币发展的一般规律，后世的纸币、白银概莫能外。至此，贱金属开始在流通领域承担重要功能，它们的流通领域与交易频率也前所未有地扩张和频繁。从这个角度而言，直到战国中后期时，以铜为代表的贱金属货币才在经济生活中有了重要的价值。而由于出土和典籍的记载，一般的货币研究者、钱币藏家将先秦贱金属货币作为先秦货币研究的重心，这其实是一种不适切的错位。

《汉书·食货志》载："秦兼天下，币为二等。黄金以溢为名，上币；铜钱质如周钱，文曰半两，重如其文，而珠玉龟贝银锡之属为器饰宝藏，不为币。"可以看出秦朝统一货币的三点内容。一是以黄金为上币，以一溢（二十两）为计算单位，是称量货币，主要用于上层贵族的聘礼、贡献、赏赐或大宗贸易；二是以"半两"钱为下币，半两重十二铢，"重如其文"，主要用于民间的小额交易；三是珠、玉、龟、贝、银、锡不再作货币流通，结束了春秋战国以来货币形制各异、轻重不等、大小不一的混乱局面。同时，由于战争的休止，铜的供应增多，半两取得主货币地位。

秦始皇统一货币开创了国家介入货币经济的先河，六国贵族、工商业者手中的珠、玉、龟、贝、银、锡被逐出货币之列，流通中的货币量极大减少，货币供给不足，战国时代形成的磅礴市场迅速萎缩，钱贵物贱、农民破产、经济萧条、百业凋敝，财政难以为继，强秦盛极而衰。匮乏与饥饿笼罩着关内的老秦人，"咸阳三百里内不得食其谷"，关中大饥，米斛直万钱，人至相食，大秦从腹地崩溃。终于，中国历史上的第一帝国亡于货币、亡于萧条、亡于民心。

半两钱行用以来，也出现了私铸、减重、铸权分散和流通不畅等问题，这些问题的根源是贱金属铸币本身的缺陷，将考验其后两千多年每一个王朝的货币治理能力。

一是民间私铸。睡虎地秦墓竹简《封诊式》记载："某里士伍甲、乙缚诣男子丙、丁及新钱百一十钱，容（镕）二合，告曰：丙盗铸此钱，丁佐铸，甲、乙捕索其室，而得此钱容（镕），来诣之。"反映出秦国已将铸币权收归至政府，民间不得私铸。同时，私铸问题已经很严重，严酷的秦法也无可奈何。从更深层次，私铸的主体虽然是私人，但背后却是统治集团内部的实权势力，这股势力通过分散铸权与支持私铸，获取暴利。官钱与私铸必然有"汇率"，这巨大的套利空间正是利薮。从这个角度，私铸更是中央与地方，乃至中央集权与地方分权斗争的外化形式。因此，中央权重则私铸轻缓，中央势弱则私铸重频。同时，由于古代中国经济与人口的持续增长，货币量始终处于短缺状态，除了依靠发行纸币、承认白银流通等无奈形式，私铸是古代中国解决货币供应量的重要手段，显示出国家行政能力之外的"市场"的力量。

二是流通不畅。私铸之下，半两钱的质量、重量良莠不齐，优劣各异，必然出现劣币驱逐良币的情况。足重的好钱被囤积、收藏、退出流通，轻薄的劣钱充斥市场，遭到百姓抵制和拒收。秦简《金布律》记载："百姓市用钱，美恶杂之，勿敢异。"《金布律》还规定："贾市居列者及官府之吏，毋敢择行钱布；择行钱布者，列伍长弗告，吏循之不谨，皆有罪。"这是在秦廷无力管控劣钱流行的情况下，以法令的形式确保半两的流通。

三是铸权之争。嬴政继位后，铸权已收归中央，但是权臣会在自己的领地铸造钱币。1955年在河南洛阳西郊河南县城遗址发现了文信钱石范，这是吕不韦铸造"文信"圜钱的实证。此外，秦国还有长安君所铸的"长安"圜钱。这些地方性货币对中央铸权形成分割，冲击中央财政和铸币税。严格来讲，秦始皇对货币的统一，主要是在六国地区行用半两，而中央还没有一统铸权的能力和条件。

四是货币减重问题。私铸必然导致货币减重。秦惠文王"初行钱"以来，半两钱已出现减重现象，到战国晚期，半两钱的重量大多只在八铢左右。《汉书·食货志》记秦始皇统一货币时的情况，"然各随时而轻重无常"。考古发掘中，秦半两的减重更是俯拾皆是。

《史记·六国年表》记载秦始皇三十七年（前210年）"十月，子胡亥立，为二世皇帝……复行钱"。秦惠文王初行钱以来，不闻废钱，何云复行？大概是秦二世继位后，对秦半两流通中所出现的种种问题的再调节、再治理。

秦始皇三十七年（前210年），嬴政开始了自己人生中的最后一次出巡。当驷驾路过东郡时，他突感身体不适，看着月明星稀的寡凉夜空，想起了去年此地天降陨石，荧惑守心。他自知时日无多，传召李斯交代后事：

相邦啊，你说我大秦果真能传之万世吗？

李斯不敢仰视，伏地涕泗：陛下万年啊！

秦始皇看着手中的半两钱，或有此想：就靠这小玩意长生吧。

…………

始皇既没，秦二世下令"复行钱"。以秦二世之颠顶，人头畜鸣，半两钱制的崩堕，可知矣。

当半两钱刚刚流传于大秦帝国的各个角落，刘邦和项羽已经进入咸阳。

● 战国半两

圜钱图释举要

	币文	类型	常见写法	地望	国别
1	共	一釿 / 圆孔		河南辉县	魏
2	共屯赤金	一釿 / 圆孔		河南辉县	魏
3	共少半釿	半釿 / 圆孔		河南辉县	魏
4	垣	一釿 / 圆孔		山西垣曲	魏
5	黍垣一釿	一釿 / 圆孔		陕西铜川	魏
6	半釿	半釿 / 圆孔		陕西铜川	魏
7	半睘	半釿 / 圆孔		待考	魏
8	济阴	一釿 / 圆孔		河南兰考	魏
9	济阴（小型）	半釿 / 圆孔		河南兰考	魏
10	卫釿	一釿 / 圆孔		河南濮阳	魏
11	蔺	一釿 / 圆孔		山西柳林	赵
12	蔺（小型）	半釿 / 圆孔		山西柳林	赵
13	离石	一釿 / 圆孔		山西吕梁	赵
14	封平	一釿 / 圆孔		河北曲周	赵

	币文	类型	常见写法	地望	国别
15	襄阴	半釿 / 方孔		山西定襄	赵
16	安臧	一釿 / 圆孔		河南洛阳	周王室
17	西周	半釿 / 圆孔		河南洛阳	周王室
18	东周	半釿 / 圆孔		河南洛阳	周王室
19	賹刀	方孔		齐国全国性货币	齐
20	賹四刀	方孔		齐国全国性货币	齐
21	賹六刀	方孔		齐国全国性货币	齐
22	一刀	方孔		燕国全国性货币	燕
23	易刀	方孔		燕国全国性货币	燕
24	易四	方孔		燕国全国性货币	燕
25	十二·一珠重一两	一两 / 圆孔		秦国全国性货币	秦
26	十四·一珠重一两	一两 / 圆孔		秦国全国性货币	秦
27	半两	方孔		秦国全国性货币	秦
28	两锱	半两 / 方孔		秦国全国性货币	秦
29	长安	方孔		长安君铸币	秦
30	文信	方孔		文信君铸币	秦

魏国

半釿

垣

共

共少半釿

共屯赤金

济阴

卫釿

桼垣一釿

赵国

封平　　　　　　　　　　　　　　离石

蔺　　　　　　　　　　　　　　一蔺

东周西周

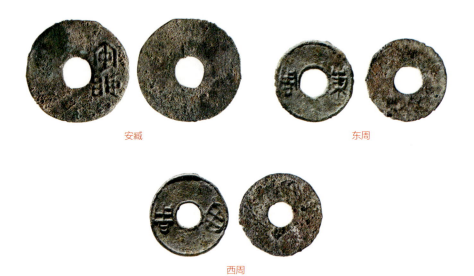

安臧　　　　　　　　　　　　　　东周

西周

齐国

賹刀

賹四刀

賹六刀

燕国

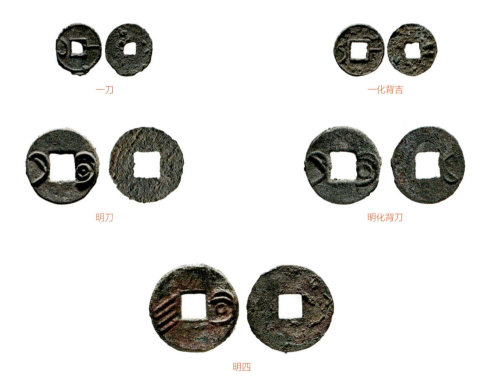

一刀

一化背吉

明刀

明化背刀

明四

秦国

十二·一珠重一两

十四·一珠重一两

半罜

两甾

文信

长安

战国秦半两

战国半两图释举要

	类型	钱径	重量	铸范	钱文特点	时间
1	长字型	30—33 毫米	5—8 克	分流直铸式范	长字	战国中晚期
2	小字型	29—32 毫米	3—5 克	分流直铸式范	字小而缩	战国中晚期
3	放逸型	28—34 毫米	5—20 克	分流直铸式范、单模范	气韵生动，笔画放逸	战国中晚期
4	横向茬口型	28—33 毫米	4—7 克	类似中流散铸式	方正宽阔，隶意内蕴	战国晚期
5	合范型	30—33 毫米	8—20 克	合范		不详
6		22—24 毫米	3—5 克			
7	周正大样型	34—37 毫米	5—15 克	不详	方正宽阔，隶意内蕴	战国晚期至秦
8	中小型	22—24 毫米	2—4 克	中型多分流直铸式		

注：由于半两钱铸造的特殊性，其钱文千变万化，版式错综复杂。为了便于整理出风格近似的"版式"，今特以简御繁，将战国半两分为此七大类。其实长字型也有 10 克出头的，放逸型也有 20 余克的，横向茬口型也有过 10 克的，种种特例，难以尽数。姑且以普遍值为准，以俟参详。

长字型　　　　小字型　　　　放逸型　　　　横向茬口型

合范型　　　　合范型　　　　周正大样型　　　　中小型

秦半两图释举要

	类型	特点
1	大样小篆型	大样钱径多在 30 毫米以上，重量为 6—8 克。大样小篆型钱径多在 30—32 毫米，重量 7—9 克，合乎"径寸二分，重十二铢"的标准
2	中样鱼池村式	与临潼鱼池村秦代遗址出土的秦半两特点类似的秦代半两，钱径约 27—29 毫米，重约 5—6 克，有一个铸口茬
3	中样秦隶体	钱文形态扁宽，有隶书风格。钱径 28 毫米左右，重约 5 克，有一个铸口茬
4	中样三桥范式	与西安三桥出土的秦代铜子范模特点类似的秦代半两，钱径约 27 毫米，穿径约 8 毫米，有一铸口茬，多居下
5	小样	钱径在 25 毫米以下，轻者不足 2 克，重者多达 6 克，几乎合乎"半两"之重，重者常见于小样厚肉

大样小篆型

中样鱼池村式

中样秦隶体

中样三桥范式

小样

青川七钱图释举要

	钱径	孔径	肉厚	重量
1	32 毫米	8 毫米	1.1 毫米	4.3 克
2	32 毫米	背 9.5 毫米，面 7.4 毫米	1.9 毫米	9.8 克
3	31.7 毫米	7.8 毫米	1.1 毫米	6.7 克
4	31.7 毫米	8.3 毫米	1.1 毫米	5.6 克
5	27 毫米	7.7 毫米	0.6 毫米	2 克
6	32.1 毫米	8.6 毫米	0.8 毫米	4.5 克
7	31.4 毫米	8.6 毫米	0.9 毫米	3.9 克

注：《四川省青川县郝家坪战国墓群 M50 发掘简报》的第七枚钱有误。下文的第七枚钱取自蒋若是先生的《秦汉钱币研究》一书。

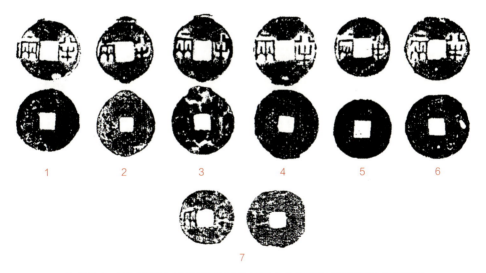

青川七钱（四川省青川县郝家坪古战国墓葬群 M50 中与秦武王纪年木牍共出的七枚半两钱）

第六章

私铸乱政

谪居长沙的第二年，贾谊彻底惹恼了汉文帝。

　　当初他去长沙赴任，过湘江而自伤，写下《吊屈原赋》一文。那时他鹰隼折翼，朝日蒙尘。争奈书生之意气，道尽肺腑之悒郁。是所雄文，为人传抄，并刻之天下。

　　未央宫里的汉文帝，却是五味杂陈的。遥想他即位之初，便将刚过加冠之年

● 西汉黑地彩绘漆棺局部
　湖南博物院藏

● 西汉"君幸酒"
漆耳杯
湖南博物院藏

的贾谊召为博士，不久又超迁为太中大夫。满朝冠盖，举国斯文，一时无出其右者。

贾谊深耻于依靠诗赋、术数优游庙堂，做些教授、课试的闲差，直把腹内的金玉都用在了议政上，倒也颇有些安邦良策。

倘若是议论"诏令"和"典例"，那便是一如《论积贮疏》《过秦论》般的鸿篇巨制，定是诸老咸服，独占风流的。可偏偏奏折所呈，都关乎"改正朔""易服色""定官名""兴礼乐"等国家大政。说来贾谊不过一洛阳少年，却欲一朝之间，尽废成例而行其新策。如此，将把元功勋旧置于何地？

彼时三公发难，诸侯构陷，其谤曰："洛阳之人年少初学，专欲擅权，纷乱诸事。"想那后少帝刘弘，生死全在太尉周勃、丞相陈平之股掌，可怜四载天子，一朝命断。而后周勃亲握天子玺授之文帝，灌婴举兵数十万众，以决刘、吕之雌雄。文帝藩王入嗣，毕竟势单，只能暂且将贾谊贬去长沙，再图打算。

只是此次汉文帝保护性的外派，不但没能得到贾谊的感恩戴德，反而换来天下人竞相传抄的《吊屈原赋》中满溢的牢骚。

你是屈原，朕是楚怀王不成？汉文帝意难自平。

那贾谊身在江湖与庙堂间辗转，如江行舟楫，自是波澜开阖，一波未平，一波乍作。短短一年，他便以在长沙的见闻写成《谏铸钱疏》，直呈九重天子。疏中所述，不仅深入揭橥了朝廷开放货币铸权的弊端，更是将矛头直指汉文帝的禁脔——邓通。

邓通者，蜀郡南安人也。其发迹源于汉文帝对鬼神之说的笃信。当初周勃、灌婴铲除诸吕、恢复刘氏江山后，逡巡再三，决定迎立时任代王的汉文帝刘恒即位。长年生存在吕后阴影下的刘恒不知此行是吉是凶，只得寄命于卜筮，在得到大吉的结果后，才安心赴京继位。

等到天下承平，文帝梦到自己攀登上天，无奈身重力乏，如何都行动不得。正当此时，他身后突然出现了一个头戴黄帽、衣带反穿的船夫，在其奋力扶将之下，文帝终于身登九天。

梦醒后，文帝前往渐台，一眼望见如梦中装束的黄帽船夫，便询问他的名字。得知其姓"邓"名"通"后，文帝大喜道：邓尤登也。如此这般，邓通日后畅达之官途，自不在话下。

汉文帝曾经让国师许负为邓通相面。许负端详后，说：此人会穷困而死。文帝大惊，下令将蜀严道的铜山赐予邓通，并准许他"即山铸钱"。邓通感念之下，铸造了一大批精良的半两钱，号曰"邓通半两"。从此上至公卿，下至走卒，无不以邓通钱为上品。一时"邓氏钱，布天下"。

● 四铢半两
黄头郎君忽有钱，
王侯公卿皆比肩。
尔钱来何路，
乃敢凌豪贤。
古无不崩之铜山，
日中有钱人所羡，
日夕饿死人谁怜。
——清·屈复《邓通钱》

殊为可笑的是邓通惨淡的落幕。汉文帝去世前，身体生出了许多病痈，邓通亲为吸痈。文帝询问邓通：天下谁最爱我？邓通答道：宜莫如太子。等到太子入殿问病时，文帝让其吸痈。太子面露难色，良久才小嘬一口。后来他得知邓通殷勤胜己，惭愧之余，怨恨已生。待其即位后，即惩治邓通。一代佞臣卒竟无一钱之名，寄死人家。

除了汉文帝的宠信外，为邓通大开方便之门的还有汉初准许民间私铸货币的国策。所谓货币的"私铸"，指的是私人或私自铸造的货币。钱币学中，"私铸"与"盗铸"往往混用。严格地说，两者是有区别的。"私铸"是相对于政府铸钱行为而言，西汉时期"私铸"有时是为国家所允许的，如刘邦和汉文帝允许私铸；"盗铸"即偷偷地铸钱，是与国家法律对立的个人行为。一般而言，私铸行为包含合法的与非法的两种，非法即为盗铸。

汉高祖刘邦出身布衣，颇厌儒生。大儒陆贾觐见刘邦时多引儒家经典。刘邦大怒道：马上得天下，要诗书何用？陆贾反讥：马上得天下，岂能马上治天下？

当时秦亡不远，殷鉴在前。秦始皇焚书坑儒，以愚天下之民；赵高指鹿为马，以塞忠谏之路。暴政之下，世道丧乱，人心背离。刘邦深谙此理，面露惭色，向陆贾请教治国之道。

陆贾言必见血：事愈烦而天下愈乱，法愈滋而奸愈炽，兵马愈设而敌人愈多！

刘邦接受陆贾的建议，采取了"休养生息"的国策。这种"与民休息"的为政之道，至汉文帝、汉景帝时被发扬光大，史称"文景之治"。然而在经济领域，刘邦也当起了甩手掌柜，大改秦朝国家垄断铸币权之法（睡虎地秦简《封诊式》中有告捕邻里私自铸钱之事），将铸币权都下放到了民间。

关于刘邦时期的铸币情况，有一段公案为佐。《史记·平准书》记载："秦钱重难用，更令民铸钱。"《汉书·食货志》几乎原文录入："秦钱重难用，更令民铸'荚'钱。"独多"荚"之一字，却有径庭之别。

"荚钱"，又称"榆荚半两"，即指半两的大小如同榆树的种子——榆钱，极言钱币之薄小。《史记》中也有关于"荚钱"的记载，但与《汉书》不同的是，《史记》关于"荚钱"的记载不是在西汉初年的刘邦时期，而是在半个世纪后的汉文帝时期："至孝文时，荚钱益多。"《史记》和《汉书》记载的出入，致使后世对"荚钱"的理解出现了淆乱，甚至连唐代史学家杜佑也不明就里，在《通典》中将南北朝时期的"汉兴钱"误认为是汉初的"荚钱"。宋人郑樵在《通志》中又沿袭《通典》的说法，一讹再讹。直至清人倚仗其考据之能，才大体厘清了"荚钱"之前后沿革。清人蔡云如是说："荚钱如榆荚耳，民间嫌其薄小而呼之，绝非本名。《平准书》不于初铸时著'荚'字，而著之孝文时，可见行之久，而后称是也。"

其实蔡云的论述也有疏漏，根据考古发掘，汉代的半两有两个极为轻薄的时期。第一次是刘邦时期的半两，此类半两多不足两克，钱形不圆，穿孔不方，文字风格颇有秦钱之韵味。第二次是高后六年（前182年）之后（即汉文帝执政初期）铸造的半两，此类半两多不足一克，钱形或小如豆，或窄如环，字体细

● 荚钱

● 半两

如发丝，然文字多周正有法，有隶意。比较之下，当知所谓"荚钱"应是汉文帝执政初年的货币，而刘邦铸造的薄小半两，其重量虽不如秦钱，也不如文景时期的"四铢半两"，却远重于"荚钱"，故称之为"汉初小半两"，或者"刘邦半两"，更为妥帖。

中国古代金属铸币的一个特点是：新王朝建立之初，旧王朝的货币往往可以使用，新王朝颁发货币后，旧钱会与新钱存在一定的兑换率，新、旧钱共同行用。这种新旧混用的模式维护了货币的存量，较少地损伤民众的货币积累，并在一定程度上增加了流通中的货币量，使新王朝的经济迅速恢复，这也是刘邦继续行用秦半两的重要原因。作为早期的封建王朝，刘邦放开铸权、准许私铸是迫于当时低颓的经济形势，也是屈从王侯封国林立、难以统一币权、默许地方与中央分权的政治现实。但从深层次上，刘邦对秦亡进行了彻底的反思，开放铸权，是一种对秦始皇统一货币的调和。事实上，民间私铸影响甚微，对经济造成影响的往往是诸侯和地方豪强的私铸。秦半两法重十二铢，一枚秦半两可购粟一斤余，购布半尺余，币值很高。然而汉初刚刚经历过惨烈的楚汉之争，百业待兴，若以秦之半两为基础货币，则小的物品无法交易，财货难以通畅。所以熔毁大钱，铸为小钱，亦有其合理之处。其实秦末以来，半两早已不足十二铢，此番更多的是对减重"半两"合法性的确认。

刘邦允许民间私铸，虽然有效地增加了货币量，也确实令凋敝的经济渐有起色，但是它造成的货币轻劣、百姓犯禁、农事废弃和诸侯坐大，也是汉朝深入腠理的顽疾。

公元前 186 年，即汉高后吕雉临朝称制第二年，西汉的第二次货币改革正

● 四铢半两

式拉开了大幕。吕后几乎全盘推翻了刘邦的货币政策，不仅禁止民间私铸，严惩盗铸，还一改汉初半两"轻质化"的趋势，重新颁行重钱——八铢半两。企图恢复到秦末"半两钱"重八铢的状况，从而挽救"荚钱"大量贬值的趋势。彼时国家经济依旧困窘，市场上对易于兑换的轻钱有着强烈的需求，盗铸者将大量八铢钱熔化，改铸成三铢重的荚钱。不到四年时间，逆市而出的"八铢半两"，当初是如何明火执仗地颁行天下，如今就又如何灰头土脸地被仓皇废除了。

关于吕后禁止私铸的时间亦有争议。《史记·汉兴以来将相名臣年表》中记载汉文帝前元五年（前175年）"除钱律，民得铸钱"，可推测《钱律》中有禁止私铸的规定。20世纪80年代张家山汉简出土，其中的《二年律令》中即有《钱律》。《二年律令》中有吕宣王（吕后之父吕公）的谥号，可知"二年律令"的"二

年"正是"高后二年"，此即吕后禁止私铸的时间下限。

高后六年（前182年），废"八铢半两"，行"五分钱"。学界对于"五分钱"有诸多争论，但多认为重量介于"汉初小半两"与"四铢半两"之间的广穿半两就是"五分钱"。此外，从高后六年至汉文帝五年（前175年），还出现了一种薄似榆钱的薄小半两，即前文所述的"荚钱"。"五分钱"也好，"荚钱"也好，都是刘邦轻质化货币的借尸还魂，也从侧面反映了民间贸易的日益活跃。其实从汉初"齐民无盖藏"的窘况，到惠帝、高后时"民务稼穑，衣食滋殖"的富足，轻钱、"荚钱"是顺天应人的，它起到了繁荣经济、促进社会生产力发展的积极作用。只要有货币经济，就有足值的"良币"与不足值或者铸造低劣的"劣币"，同时，还会发生"劣币驱逐良币"的现象。其实，在货币供给不足时，劣币填补了缺失的货币空间，在一定程度上稳定了经济，直到良币的再次充足。

汉文帝五年（前175年），下令铸造"四铢半两"。此种半两重如其文，且方圆得宜、薄厚均匀，是半两钱最为成熟的形态。后来"四铢半两"又被汉景帝全盘沿袭，故后人又将其称为"文景四铢半两"。

与"四铢半两"相伴而生的，是汉文帝再一次放开铸权，允许私铸。需要指

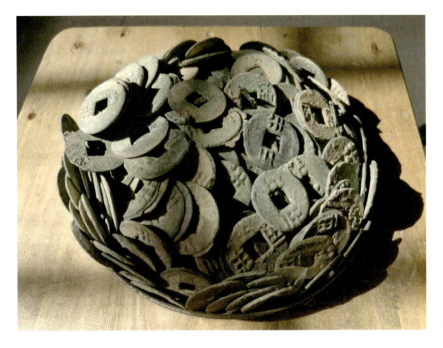

● 四铢半两

出的是，文帝允许私铸的政策不是全然放铸的，其中包含着"法钱"规则：其一，钱的重量要达到四铢。其二，币材是铜锡，不得加铅等杂质（"法使天下公得顾租铸铜锡为钱"）。其三，作伪者重刑（"敢杂以铅铁为它巧者，其罪黥"）。为保证钱的重量，文帝设置了"称"以检验。20世纪70年代，湖北凤凰山168号汉墓中出土了101枚四株半两钱和一件被铭文为"称钱衡"的天平衡杆，墓中竹牍所载时间为汉文帝前元"十三年五月庚辰"，出土中也有大量本不足重，通过添加铜块达到四铢重的半两实物，此即为文帝钱法明证。

文帝私铸政策甫一出台，便引起了轩然大波，朝野之人，纷纷劝谏。远在长沙的贾谊，亦上《谏铸钱疏》一折。他将私铸的危害总结为三点：其一，"法禁数溃"，将铸造权交于民间，诱导民众铤而走险，铸造大量以巧法掺假的钱币，无视法律威严。其二，"钱文大乱"，郡县不同，铸法不同，钱币难以规范，劣币驱逐良币，以致市肆混乱。其三，"农事弃捐"，天下生民，不事农桑，纷纷投身于将正常半两私铸成数个薄小半两的取巧之事中，舍本逐末，国本动摇。如从货币本身的角度讲，文帝放开铸权客观上造成了地方对中央财政、信用和权威的侵夺，正如颍川人贾山所言："钱者，亡用器也，而可以易富贵。富贵者，人主之操柄也。令民为之，是与人主共操柄，不可长也。"

汉朝以来，货币较先秦更深入地参与了经济生活。首先和财政收入方式有关，即"舍地而税人"，秦时田赋为十一税，汉初为"十五税一"，文景时降到"三十税一"，降低田赋，一方面是汲取了秦朝田赋过重的教训，另一方面也源于无法清丈土地而导致的征收困难。基于战国以来户籍制的成熟，西汉赋税以征收人头税（算赋、口赋、更赋等）为主，以征收田税为辅，而人头税的缴纳形式就是货币。其次和减少"徭役"有关，秦朝徭役过重，除兵役外，还有修筑长城、皇陵等力役，客观上影响生产、造成动乱，汉朝降低了这种亲身服役的成本。兵役方面，征发戍边改为"代役金"。力役方面，收取"更赋"，出钱雇人服役，"代役金""更赋"这两种人头税指向的也都是货币征收。最后，百姓为缴纳货币需要出售粮食等实物，国家收取货币后，需要投入市场，购买物资，这导致商业的畸形繁荣，加大了对货币的依赖。

汉文帝不顾群臣反对，执意令民私铸。此举除了对诸侯权贵的笼络外，即是考虑到百姓需要用钱，而扩大货币量。此外，文帝深受"黄老思想"影响，主张清静无为，这表现在铸币上，就是听民放铸了。然而汉文帝此举，不仅助长了邓通这种攀附小人的气焰，更几乎酿成亡国之祸。

《史记·平准书》有载："吴、邓氏钱布天下。"原来除了大夫邓通外，汉文帝的放铸政策还造就了一位富逾天子的诸侯——吴王。

吴王刘濞，刘邦兄长之子，汉朝立国后，先被封为沛侯，不久又晋封为吴王。刘濞携吴地之威，铸钱、煮盐以为军费，用侠任奸以为战力，坐断东南三十余年，势与天子分庭抗礼。

汉景帝年幼时，曾经与吴国太子对弈，一招棋差，遭其嘲弄。景帝盛怒之下，手执棋盘，将吴国太子生生砸毙。刘濞痛失独子，二十年不朝天子。文帝宽忍，依旧优抚之。汉景帝即位后，采用晁错削藩之谋，向天下诸侯开刀。吴王趁机发难，串通楚、赵、济南、淄川、胶西、胶东六王，以"诛晁错、清君侧"为由造反，史称"七国之乱"。

关于诸侯为乱一事，贾谊早在二十年前就已在《治安策》中说得分明："臣窃惟事势，可为痛哭者一，可为流涕者二，可为长太息者六，若其它背理而伤道者，难遍以疏举。"其中最为紧迫的"痛哭之事"就是诸侯王们日益膨胀的野心。他愤慨道："数年之后，诸侯之王，大抵皆冠，血气方刚……此时而欲为治安，虽尧、舜不治。"贾谊甚至准确地预判出先反的定是吴王："臣窃迹前事，大抵强者先反。"

可惜文帝怀仁，未用其策。等到景帝即位后，贾谊之言犹在耳畔，祸乱却已经接踵而至了。

七国之乱爆发后，匈奴趁机劫掠北方。面对此内外交困之局，汉景帝弃车保帅，将晁错腰斩于市，希望借此息事宁人。没料想刘濞反自立为东帝，"甚嚣且尘上矣"。景帝计窘之下，起用周亚夫，决意死战。周太尉不愧周勃亲子，大军甫出，七国之军便瓦解冰泮。那刘濞方逞其能，顷刻便身死东越，传首长安了。

祸乱平定后，汉景帝挟胜之威，下令禁止私铸（"定铸钱伪黄金弃市律"），只准许中央和郡国铸币。汉廷继吕后之后，再一次控制了铸币权。此时的半两钱已是末路余晖，它坎坷地走完了景帝朝，跟跄地跌进了汉武帝的时代。

贾谊如若能看到汉武帝君臣大获全胜的削藩之役，以及为了管控铸权，前后六次、长达数十年的货币改革，或许可以平复他在《吊屈原赋》中的愤懑"嗟苦先生，独离此咎兮"。

● 西汉黑地彩绘棺局部
湖南博物院藏

谪居长沙的第三年，有一只鸟飞入了贾谊的居舍。按照汉俗，此鸟为不祥之物。再与自己身有高世之才，却受遗俗之累、难以见用的飘零相类，贾谊心大不豫，于是作文排遣。那赋名曰《鵩鸟》，文中大抵是"齐生死""等祸福"的老庄之思。至于"命不可说兮，孰知其极"等语，无不透出尘网契阔、君子命蹇的自我解脱。

数年之后，汉文帝久不见贾谊，便召其回京。只是《吊屈原赋》与《谏铸钱疏》二篇，先犯天威，再犯宠臣，文帝怒岂能抑。迎接贾谊满腹国策和一腔热忱的，是未央宫宣室殿内阴森摇曳的烛火。

在那个召见贾谊的深夜，汉文帝打断了他滔滔不绝的激昂陈词，幽幽地说道：这些国家大事你就别操心了，朕此番是想问你一些鬼神图谶的事⋯⋯

又几年，贾谊辅佐的文帝幼子按例入朝，后不幸坠马而死。贾谊伤心无状，常哭泣，不久亦死矣，年仅三十三岁。

西汉半两图释举要

	分类	型制	特点
1	刘邦半两	秦钱版	具有秦钱风格，钱边多不圆，穿口亦多不方
2		汉钱版	具有汉钱风格，为高后五分钱之雏形
3		广穿	穿口阔大，笔画陋劣
4		细流	中流散铸式，口茬细窄
5	高后八铢	大样	肉薄，尤以三茬口为多，钱径约30毫米，重约4.5克
6		小样	肉薄，钱径约27毫米，重约3.3克
7	高后五分钱	正样	广穿，文字规整，较轻
8		蛇目	缘穿内凹，犹如蛇目
9	荚钱	无郭	无郭，似五分钱
10		有郭	有郭，其余与无郭荚钱同
11		窄肉	钱肉细窄
12	文景四铢半两	"双人"两式	两字中间笔画为"双人"
13		"连山"两式	两字中间笔画为"连山"
14		"十"字两式	两字中间笔画为"十"
15		有郭	外缘有郭，少数有穿郭
16		蛇目	缘穿内凹，犹如蛇目
17		星文	钱面有圆点
18		决文	穿孔有角状符号
19		纪数	钱面有铸造或阴刻的数字
20		字符	钱面有字符，多为甲、富、治、安、丁、工等

	分类	型制	特点
21		异书	钱文写法与常规有异
22	文景四铢半两	缺笔	钱文缺笔
23		凸块	钱面、钱背有凸起（一说为邓通半两）
24		有郭	有郭，但比文景四铢肉薄
25	武帝半两	无郭	钱文呆板，直径较小
26		纪数、文	钱面有数字、文字
27		磨边	挫、磨钱边
28	取铢	磨背	挫、磨钱背
29		剪凿	剪切钱体
30		铁半两	铁质
31	异质	铅半两	铅质
32		权钱	形体巨大、规整
33	非流通（非正用）	吉语压胜	钱面上有吉语、压胜语
34		瘗钱	随葬小钱

钱币浇铸的不同方式

直流分铸

中流散铸（卧式叠铸）

分流直铸

直流直铸

分流分铸

刘邦半两

秦钱版

汉钱版

广穿

细流

高后半两

大样

小样

正样

蛇目

无郭

有郭

窄肉

文景半两

"双人"两式

"连山"两式

"十"字两式

有郭

蛇目

星文

纪数

字符

异书

缺笔

凸块（文帝法钱）

武帝半两

有郭

无郭

纪数

取铅

磨边

磨背、面

剪凿

异质

铁半两

铅半两

非流通

半两权钱

压胜钱（"相忘"半两）

瘗钱

第七章

汉武改铢

盐铁会议将要结束时，大司马霍光还是没有出现。

丞相田千秋和御史大夫桑弘羊寒暄了几句，就偷空离开了。偌大的未央宫内，只留下桑弘羊和几个年轻的属官，以及与之相抗的六十余位气势汹汹的"贤良文学"。

在霍光首肯下，由杜延年发起的这次针对"民所疾苦""教化之要"和"前朝得失"的会议，汇聚了朝廷重臣和从天下郡国择选出的"贤良文学"。这本是一次庙堂与江湖共商国是的盛举，只是不知从何时起，却吊诡地变成了批判大会。

甚或只要是武帝朝征和四年（前89年）之前的国策，就会受到"贤良文学"的无情诘难。其意气之盛、面目之憎，像是要把旧政啖进口里，囫囵吞掉般。

一旁的属官也有不忿的，他们有的位在中朝，有的岁食千石，无谁不受汉武帝的拔擢之恩。臣心如水，如今主辱臣怒，他们少不了吹吹胡子、瞪瞪眼珠子，然后"默不对"。

可这些由郡国推选出来的士庶，如茂陵唐生、鲁国万生、汝南朱子伯、中山国刘子雍之流，多是久经辩场的鸿儒，虽不敢和朝廷命官卵石相较，但骨气总还是有的。他们高谈阔论，言语间直诋公卿：今之在位者，见利不虞害，贪得不顾耻，以利易身，以财易死。无仁义之德，而有富贵之禄，若蹈坎阱，食于悬门之下，此李斯之所以伏五刑也。他们每每鼓噪后，都不忘拿出汉武帝的《轮台罪己诏》："朕即位以来，所为狂悖，使天下愁苦，不可追悔。"

属官们缄口了。除了对先帝"罪己诏"的哑口无言外，他们还敏锐地发现："贤良文学"所针对的"盐铁""均输""平准""算缗""告缗""统一货币"等事，全系御史大夫桑弘羊在前朝推行的举措。原来千夫所指的，不是民生之凋敝，而是政治之仇敌。

这本也不是一场稷下辩，而是那霍光设下的鸿门宴。

一杯苦酒，饮之不悦，不饮思渴。汉宣帝的诸位辅臣里，唯有桑弘羊久居要津，最通国策。士庶在左，朝臣在右。他避不得，亦怒不得，只能缓缓坐定，调整鼻息，等待"贤良文学"新一轮的发难。

少顷，汝南儒生说道：大夫容禀，今日专说货币。高祖立国以来，铸权在地方，财货通畅。张汤自戕后，大夫署理经济事宜，收归铸权于中央。吏匠侵利，或不中式，故有薄厚轻重。百姓士族竞相逐利，风俗灭息。

寥寥数语，字字切要。他先是以刘邦为幌子，引出对桑弘羊变更祖制的质疑，稳居道德高地，然后将其和酷吏张汤类比，无视两者铸币思路的迥异，大而化之地将改革和改革者视为洪水猛兽。

桑弘羊只觉得舌敝唇焦，似饮火一般。在数个月的强辩中，"贤良文学"把他推行的经济政策贬得一文不值。朝廷同侪却一个个做出事不关己的样子，或是如丞相田千秋一样和稀泥，或是索性和霍光一样连面都不露。今日"贤良文学"对收回铸权、铸造五铢一事大肆抵牾，这让桑弘羊不由得回忆起汉武帝币制改革的始末来……

汉兴以来，实行轻田租而重赋税的政策，农民除了承担口赋、算赋外，还需缴纳以货币形式征收的劳役代金。文景私铸后，百姓舍本从末，从事冶铁、采铜和铸钱等事，班固叹之"天下大抵无虑皆铸金钱矣"。农民离开土地，对国家财政税收和农业生产造成影响，动摇社会的经济根基。

随着商品经济的发展，一批从事商业活动的商人积累大量财富，成为豪强巨富，"大者倾郡，中者倾县，下者倾乡里者，不可胜数"。由于盐和铁矿等的收紧，文景不抑兼并，金钱投资大量涌入土地，"以末致富，用本守之"，富商变成地主，武帝时出现了"富者田连阡陌，贫者无立锥之地"的局面，造成严重的社会分化、流民问题和赋税亏减。

● 汉金饼

此外，对匈奴、西南夷、南越和羌人的连年征战，军俸难支，"是时财匮，战士颇不得禄矣"。同时，频发的洪水等自然灾害，造成大量流民，发展到"人至相食"的地步，汉廷令郡国倾仓赈济，仍难以为继，"其费以亿计，不可胜数，于是县官大空"。严重的财政危机和统治危机迫使汉廷一改文景时"黄老无为""与民休息"的经济政治政策以及紧缩的财政政策，实行了积极、强力的财政改革。

汉武帝一朝，先后进行了六次货币改革。

● 郡国五铢

第一次是在汉武帝即位第一年，即建元元年（前 140 年）。时值文景之治后，彼时"京师之钱累巨万，贯朽而不可校；太仓之谷陈陈相因，充溢露积于外，至腐败不可食"。如此国富民殷的局面，让汉武帝意气勃发，锐意图治，连颁两道影响深远的诏令：先是令郡国举荐贤良、方正、直言极谏之士。广川郡人董仲舒三答策问，提出天人感应、罢黜百家、独尊儒术，儒学之尊隆由此肇始。再就是停铸半两，改铸三铢钱。

秦汉时期一两合今约为 16 克，所谓半两即 8 克重。然而秦国半两钱较为粗犷，大小、轻重不均，重者达 20 余克，轻者仅为 6 克，与面文标注的"半两"相去甚远。汉初的币重更为混乱：重者有吕后时期的八铢半两（十二铢为一两），

　　　　　　　　　　　　　　　　　　　　永通万国：货币与历代兴衰

轻者有汉文帝时期的榆荚钱，钱币的重量与面文已无关联。

币重与面文的脱离，势必导致不法者磨钱取鋊（音同"欲"，即铜屑）。《汉书》记载："盗铸如云而起，弃市之罪不足以禁矣！"如此情形下，汉武帝下诏铸造重量与面文（名义价值与实际价值）一致的三铢钱。在铜材开采有限的情况下，从四铢钱变为三铢钱，客观上扩大了货币的发行量。此外，三铢钱边缘多铸有一圈凸起的外郭，磨钱时必须先损外郭，这样就能有效地减少盗铸。

但是颁布三铢钱时，汉廷并未禁止四铢半两的流通。两者比较之下，百姓大多选择重量更足的四铢半两，三铢渐被弃用。不到四年时间，汉武帝的第一次货币改革便以失败告终了。

建元五年（前136年），罢三铢钱，行半两钱。武帝半两略轻于文景四铢半两。除此之外，其典型区别还有二：一是武帝半两多减笔，体现在"两"字上尤为明显，"两"内的"从"字简化为"十"字，甚至直接变成"丨"；二是为了防止民间磨钱取鋊，武帝半两还继承了三铢钱的外郭。

● 三铢

元光二年（前133年），军臣单于率领十万匈奴骑兵越过长城，直扑马邑。时值盛夏，马邑水草丰茂、牛羊漫山，却渺无人烟。久居大漠的军臣单于敏锐地嗅出了空气中的杀气。

他亲自审讯刚抓住的哨所小吏。威逼利诱之下，小吏将马邑奇谋和盘托出：三十余万汉兵早已埋伏在马邑周围，只待瓮中捉鳖。军臣单于不禁直冒冷汗，急令撤军。

"马邑之围"是一次失败的军事行动，但是它彻底改变了汉匈战争的形态。

汉武帝终于明白，与其被动地固守长城，岁岁受辱和亲，不如主动出击，歼敌于国门之外。

自元光六年（前129年）起，汉武帝数次派遣卫青、霍去病北击匈奴。君不见卫霍原是侯家奴，却使单于稽首，名王面缚。汉军收复河套，夺取陇西，将大汉王朝祖辈迭传的高姓，挥洒在旗纛上，并肆意地将之插在草原的各个角落。漠北到处都是匈奴人的悲歌："失我祁连山，使我六畜不蕃息；失我焉支山，使我嫁妇无颜色。"

元狩四年（前119年），汉武帝决意发兵扫平漠北，然而连年征伐早已把文景时积蓄的钱谷消耗殆尽。国库空虚，黎民重困，此时若想筹措军费，只有向封君、豪右、富商开刀。同年，汉武帝"初算缗钱"，摧折役财骄溢之商贾、武断乡曲之豪徒。并在张汤和桑弘羊等人的建议之下，颁行皮币与白金三品，又重铸三铢钱，开始了第三次货币改革。

所谓皮币，就是禁苑里面的白鹿皮，一尺见方，边缘绘以彩纹。令人咋舌的是，一块皮币可兑换四十万枚武帝半两，且朝廷规定王侯、宗室朝觐和聘享时必须使用皮币。这种对诸侯的搜敛之术源于管仲的"石璧谋""青茅谋"，齐王称霸后命天下诸侯在朝拜周王室宗庙时，必须出重金购买周王室的"彤弓"、齐国的"石璧"作为入场券，购买周王室的"青茅"作为垫席，从而扩大齐国财力，又解决了"天子之养不足"的窘迫。

白金三品，由银锡合金铸成，可分为值三千钱的圆形龙币、值五百钱的方形马币以及值三百钱的椭形龟币，应和天、地、人，专以搜敛豪强、富商手中之钱，增强中央的财政能力，削弱豪强的势力。张汤之能，由此可窥之。皮币与白金三品都是虚值货币，在战时卓有奇效，一旦战争结束，却非良药。此外，汉武帝"令县官销半两钱，更铸三铢钱，重如其文"。此次严法禁止半两流通，以新币排挤旧币，以获利差。三铢钱"重如其文"，亦是五铢钱法的先声。

● 白金三品

秦汉时铅、锡、银都称为白金，本品实为铅锡合金，或为汉武帝铸造用于与西域通商、享聘之物。西域有用银传统，白金三品初铸后，外表与银无异。白金三品龙币背文为无法释读的希腊字母，是西汉铸匠对希腊打制银币希腊文的仿制。白金三品初铸时间与张骞二次出使西域（联络乌孙进攻匈奴）时间一致，或许，此正是张骞通使西域所携之宝。

　　漠北之战，卫青千里奔袭，犁廷扫穴；霍去病封狼居胥，登临瀚海。眼看外患渐息，汉武帝趁热打铁，接连进行了三次货币改革，最终确立了五铢。

　　元狩三年（前 120 年），关东大雨成灾，百姓饥乏。汉武帝"徙贫民于关西，及充朔方以南新秦中七十余万口"，衣食国家供给。为开源计，张汤"请笼天下盐铁"，官山海，控天地，行管子故智。

● 郡国五铢

　　元狩五年（前118年），汉武帝颁行了"重如其文"的货币——郡国五铢，这是五铢钱制的肇始，亦是货币史上的重彩篇章。郡国五铢，面文为"五铢"，由于乃郡国与中央共铸，故得名。郡国五铢吸取了三铢与武帝半两的优点，"重如其文"且内、外、正、反皆有郭，以杜绝民间私铸。但是，由于中央政府对郡国的控制力有限，郡国五铢规格无法统一，且郡国铸钱侵夺了中央的铸币利润，不久便废。

　　元鼎二年（前115年），汉武帝进行了第五次货币改革，颁行"赤仄五铢"，仄即侧，赤即钱边无毛茬。一说因钱外郭有赤色而得名。同年，"张汤死，而民不思"。货币改革的重担，彻底被交与桑弘羊。

　　赤仄五铢由中央政府的"钟官"铸造。秦始皇时，治粟内史掌管国家度支，铸币机构在其辖内，少府掌管宫廷度支，铸币归属于朝廷财政。元鼎二年（前115年），汉武帝增设水衡都尉，管理皇室财产，属官有上林、均输、御羞、缉、钟官、技巧、六厩、辨铜九宫令、丞等，铸币归属水衡都尉，铸币被纳入皇帝私有经济。"赤仄五铢"是西汉政权中央统一铸权的开始。"赤仄五铢"是虚值货币。汉武帝下令，每一枚赤仄五铢可兑换五枚郡国五铢，并规定缴纳赋税时必须使用赤仄五铢（"赋官用非赤仄不得行"），如此中央便能巧妙地回收郡国五铢，减少

● 面四决五铢（赤仄五铢）
此种五铢，铸造机构为钟官，
有模范为凭。穿郭精修，且
文字风格与背郭不似于郡国
四决和武帝三官，故疑为赤
仄五铢。根据张汤墓和刘胜
墓后室的五铢情况，还有数
种非四决的五铢也可能是赤仄
五铢，待考。

日后制造"三官五铢"的压力。赤仄五铢"以一当五"的巨大利益空间，吸引大
批官民巧法伪造，不便，又废。

大汉以武立国，功勋卓著者，莫过于卫青、霍去病。然而深居庙堂之内、支
撑国家财政运转近四十年的桑弘羊，却鲜人问津。这位在十三岁时凭借"擅长心
算"入赘为侍中，历任大农丞、大农令、大司农的理算能臣，对数百年的沉疴发
动了总攻。

元鼎三年（前 114 年），汉廷"令民告缗者以其半与之"，与更造货币同出的组
合拳法愈炽。

元鼎四年（前 113 年），新上任的大农丞——桑弘羊，在认真总结了历次
币制改革经验教训的基础上，向武帝建议实行第六次币制改革。在桑弘羊的建
议下，武帝下诏禁止郡国铸钱，把用赤仄五铢回收的郡国五铢，统一送交给上
林苑的水衡都尉，南朝宋裴骃在《史记集解》中认为，铸钱的官署为上林苑的
均输（职司运送铜材）、钟官（职司钱币铸造技术）、辨铜（职司原料审查），
三署合称上林三官，所铸之钱为"三官五铢"。三官五铢从武帝始，西汉末止。
亦有学者根据"钟官火丞""钟官钱丞""技巧钱丞""辨铜令丞"的封泥，认
为上林三官为"钟官、技巧、辨铜"。近年又有"技巧火丞""六厩钱丞""六

厩火丞"的封泥出土，党顺民、吴镇烽据此认为上林三官就是钟官、技巧、六厩，三官各有其火丞与钱丞。《汉书》有成帝建始二年（前 31 年）"罢六厩、技巧官"的记载，只留下钟官一署铸钱，反映出此时铸币量已过剩。三官五铢的铸造方法为先刻制阴文反书的母范，再用刻制的母范印制阳文正书的泥范模，入窑烧制成陶范模，再由陶范模浇铸成阴文反书的金属铸范，最后由金属铸范与陶背范合范浇铸成五铢。

本次货币改革不仅实现了铜料国有和铸权国有，还基本解决了汉初以来的盗铸问题，使五铢钱成为最稳定的方孔钱币，行用七百余年，至唐才废。尤可重者，三官五铢的中央铸造、中央运输、地方行用的模式，改变了先秦以来货币的区域循环，重塑了央地财政关系，在政治、文化大一统之外，实现了货币的大一统、市场的大一统。秦皇汉武，煌煌侔尊！

除了货币改革，更为激烈的经济改革还有算缗、告缗，盐铁专卖、均输、平准以及军、民屯垦。

算缗、告缗是打击商人之法，在税收上对生产经营者与非生产性的商贾之人加以区别对待。元狩四年（前 119 年），汉武帝下令"初算缗钱"，有四项规定：一是商人就其所有货物，自行陈报折价计钱，二千钱出一算，课税一百二十钱，即税率 6%；手工业者，从事金属冶炼者，囤积或贩卖有关货物者，其所有物品折价计钱，每四千钱出一算，即税率 3%；其他非商人的财产，仍维持过去的 12%

● 三官五铢

的税率。二是对非三老、北部边境地区骑士之外的私人运输工具征收财产税，一般百姓一部轺车，抽税一算，征一百二十钱，商人征二百四十钱，五丈以上的船只每艘也须缴纳一百二十钱。三是算缗课税范围由钱、物、车扩大到所有田宅、畜产、奴婢和船只等财产。四是对商人土地兼并和蓄奴做出限制，"贾人有市籍者，及其家属，皆无得籍名田，以便农。敢犯令，没入田僮"。诸种严法，旨在"排富商大贾""锄豪强并兼之家"。

为防止商人隐匿不报，汉廷鼓励人们检举、告发，并将没收财产的一半奖予告发之人，即"告缗"。告缗以来，特别是桑弘羊以侍中出任大农丞、再次重申"告缗"后，豪民富商受到灭顶之灾，"商贾中家以上大氐破"，汉廷财政好转，"得民财物以亿计，奴婢以千万数，田大县数百顷，小县百余顷，宅亦如之"。武帝派遣御史和廷尉正、监等分批前往郡国清理处置告缗所没收的民脂民膏，没收的钱财储藏于上林苑内，设水衡都尉主管上林。没收的土地充作公田，公田收入一部分供皇室使用，由水衡、少府掌管。一部分供军队之用，由大农负责。没收的奴婢则主要用于饲养狗马禽兽和在官府担任杂役。元封元年（前110年），桑弘羊行盐铁官营、均输平准之法后，又请令吏得入粟补官及赎罪，山东漕粟一岁增至六百万石，均输帛达五百万匹，财政见好，且告缗带来的商人破产、"不事畜藏之产业"的消极影响凸显，故停止告缗。

盐铁专卖早在元狩三年（前120年）秋就已被"中朝"所定。彼时，东郭咸阳、孔仅为大农丞，领盐铁事；桑弘羊以计算用事、侍中。东郭咸阳，齐之大盐商，孔仅，南阳大铁商，当武帝诏准桑弘羊的盐铁专卖建议后，两位巨富对盐铁专营政策虚与委蛇。见政令迟滞，汉武帝免去了孔仅的大农丞，因其竟与靠捐献家产获官的巨富卜式抨击算缗、盐铁专营之法，卜式被贬为太子太傅后，孔仅也被免去盐铁丞职务。桑弘羊主张财政大权后，盐铁专营之法顺利开展。盐铁专卖主要有三项规定。一是在盐、铁产地设置盐官、铁官，管理盐铁的生产与销售。据《汉书·地理志》所载，汉代在27个郡国的36个县设置了盐官，在39个郡国的48个县设置了铁官，盐、铁官大都由原来煮盐、冶铁致富之家收任，其职责是控制食盐、冶铁的生产与销售，杜绝私盐、私铸，后将专卖的收入及时上缴国家。二是盐专卖采取在官府的监督下由盐民生产，官府定价收购，并由官府运输和销售，即"民制、官收、官运、官卖"。铁专卖采取官府统管铁矿采掘、钢铁冶炼、铁器铸作和销售等一切环节。三是严禁私人煮盐、冶铁。

专卖制度的实施，对解决政府的财政危机起到了明显的功效。桑弘羊任治粟都尉兼大农令并主管盐铁专卖一年后，"太仓、甘泉仓满，边余谷，诸均输帛五百万匹，民不益赋而天下用饶"。此外，"盐铁专卖"的制度实施以后，官府基本垄断了盐铁的生产、销售各环节，通过"寓税于价"的专卖方式，切断盐铁商人的利源，一定程度上缓和了社会矛盾，抑制土地兼并和流民问题。

元鼎年间，与匈奴的征战已毕，汉廷用兵的重点转向西南夷、南越与羌，使用均输、平准之法以保证军需。均输即收取各郡国的贡物，统一折算为当地物美价廉的特产，后运输转卖至价格较高之地。如将蜀地的丹运往江南销售，而将江南的梓运往蜀地销售。元鼎二年（前115年）桑弘羊建议汉武帝试行均输法，在大司农属下置均输令、丞各一人，统一征收、买卖和运输货物。平准即通过抛售或购买物品，以调节该物品的价格，使"万物不得腾跃"。

平准设于京师，吞吐物资、平抑物价，均输之货源于郡国，利用地区间商品的价格差来赚取利润。大司农在京师长安创办"平准"机构，置平准令、丞各一人，主管全国平准事宜。均属所盈利润是平准的资金来源，亦可通过均输直接为平准提供货源，再通过平准在长安的市场上销售。平准上来的货物也可以通过均属在他地销售。二法相辅相成，互相调节。均输法试行后，市场稳定，国库丰盈，汉武帝完成了"连出兵三岁，诛羌，灭两粤、番禺以西至蜀南"的统一大业。元封元年（前110年），桑弘羊将均输法与平准法一并推向全国。

桑弘羊诸策之下，国家财力雄厚，用度有余，奠定了汉武大帝威震百蛮、恢拓土疆、封天禅土、功越百王的经济基础。而桑弘羊摧抑兼并、均济贫乏、变通天下之财的良策，亦传之千载而弘光。

三官五铢流通天下三十余年后，汉武帝遗诏托孤。本已因西域屯田事宜失宠的桑弘羊，赫然在辅政大臣之列，与霍光、田千秋、金日磾和上官桀一同辅佐年幼的汉昭帝。

桑弘羊明白，武帝此番托孤，实是不想人亡政息，让辛苦颁行数十载的经济政策一朝尽废。

● 三官五铢与带钩

桑弘羊于无可如何之境地，抱得未曾有之孤愤。世事纷赜多变，人情众声喧哗。此际他拖着老迈的身子，与六十余位气焰喧天的"贤良文学"争破脸皮。

料他孤身之下，唯有赤胆而已。

盐铁会议两年后，霍光下令族灭桑弘羊。桑氏死，然而除了酒榷外，桑弘羊制定的其他经济政策都照行不废。

西汉五铢图释举要

	年代	种类	型	备注
1	武帝	郡国五铢	无记号	多拙厚，内史郡国相对精美。
2			横文	
3			月文（半星）	
4			三角（反月）	
5			星文	
6			决文	
7		赤仄五铢	四角决文	钟官铸造。
8		三官五铢	无记号	工艺成熟，面文、穿郭规整。
9			穿上横	
10			穿下星	
11	昭帝		无记号	
12			穿上横	
13			穿下星	
14	宣帝		无记号	
15			穿上横	
16			穿下星	
17	元帝		无记号	
18			穿上横	
19			穿下星	

年代	种类	型	备注
20	三官五铢	无记号	工艺成熟，面文、穿郭规整。
21 成帝		穿上横	
22		穿下星	
23 哀帝、平帝		磨郭	磨郭为哀帝、平帝时期，钱币本身的铸期不定。
24	泾阳式（咸阳式）		与王莽布泉风格相近。
25	更始五铢		有更始二年叠铸范盒。
26 两汉之间	孟家村范式		直笔上横五铢。
27	曲笔上横五铢		即更始五铢上横。
28	江浙系		有无记号、面四决、上半星、上杠、下半星等。
29	西南类		钱文多省"金"，形制多广穿，有大、中、小型。
30 非正用品	鸡目		冥币，一说为辅币。
31 异质	铅五铢		质地为铅。
32	铁五铢		质地为铁。

武帝郡国

横文

横文

决文

三角

星文

月文

无记号

赤仄

四角决文

武帝三官

无记号

穿上横

穿下星

昭帝

无记号

穿上横

穿下星

宣帝

无记号

穿上横

穿下星

元帝

无记号

穿上横

穿下星

成帝

无记号

穿上横

穿下星

哀帝、平帝

两汉之间

更始五铢

泾阳式

孟家村范式

江浙系

西南类

曲笔上横

非正用品

鸡目

异质

铅五铢

铁五铢

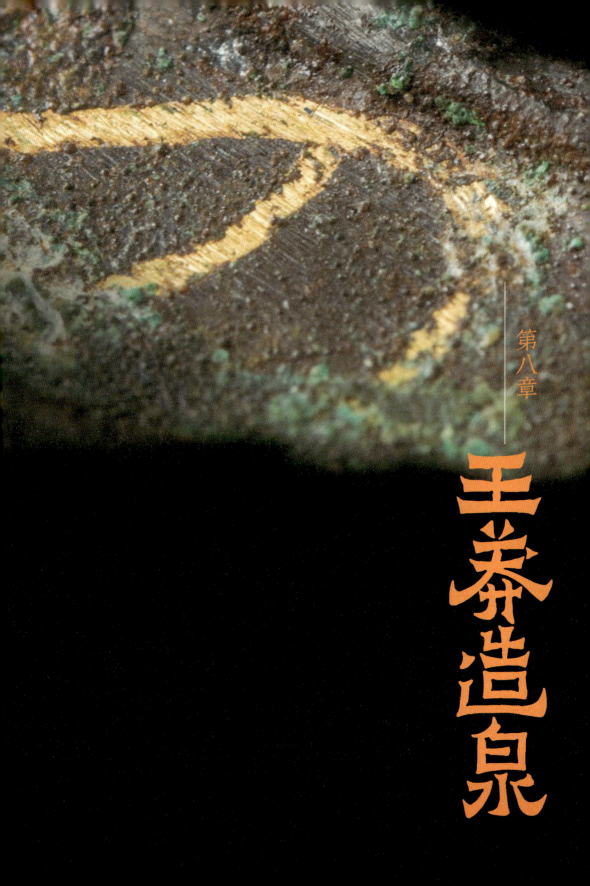

第八章

王莽造泉

元始末年，"大风吹长安城东门屋瓦且尽"。

大内之中，四十八万七千五百七十二份请封王莽的上书，纵横叠摞，直达天衢。狂风穿过天禄阁窗牖的裂隙，把简牍击得噼啪作响，倒像是兵戈相接、鼙鼓迭噪的景况。

未央宫外，王公、列侯、诸生、吏民接肩鳞次，连守阙廷。他们顾盼鼓噪，奋袖呼号：恭请安汉公加九锡！恭请安汉公加九锡！

前殿里传来王莽咚咚的叩头声，只见他泪满襟衫，呜呜哑哑地向太皇太后王政君泣诉：臣不愿受赏……

望着阶下恭顺的亲侄，王政君耳边回响起兄长王凤的嘱托。

前汉末年，侈靡成风。

元帝沉湎声色，奢靡无度；成帝治国无能，荒淫有术；哀帝更是耽于男色，辄赐千万。孟子口："上有好者，下必有甚焉者矣。"章台街上，皇室贵戚锦衣华服，骑着高头大马招摇过市，身旁的恶仆高声呼喝，驱赶着路人，遇有不及躲避的便是一鞭，却发现那不过是一具具冻馁的尸体。

他们驭着森森地嘶叫的怒马，把脚底的血肉踩出一道道深深浅浅的印记来。

在王氏金铺玉户连绵的高屋大楼里，扎眼地夹杂着几间低矮的房屋。身着素衣儒服的王莽侍奉母亲歇息后，又急促促地奔向大司马府。他于途中念想着：要是能缓两日帮好友朱博纳取妻妾，或许就有钱多救济些章台街上的饿殍了。

彼时大司马王凤身染重疾，自知病将不起。平日里备受提携的至亲骨肉都置若罔闻，只有侄儿王莽衣不解带地侍奉在侧。

在弥留之际，王凤深深地担忧家族的命运，想起那些舆马声色的子侄，不禁悲从中来，唯恐自己身后这"五侯当朝"、权倾天下的勋贵家族，会如卫、霍般一夕崩解。在辗转反侧中，王凤突然注意到了身旁蓬头垢面、"折节为恭俭"的王莽，复又忆起他这数月床榻侍疾的事必躬亲、任劳任怨。王凤终于做了决定：他将王莽郑重地托付给王政君，死且瞑目。

"仰之弥高，钻之弥坚"，王莽如汩汩活泉，是罕见的"清流"。他地位愈高时，节操愈谦；受赏愈厚时，推辞愈坚。实在拗不过上命民情，勉强受赏后，他也会尽数捐出，乃至"家无所余"。一如他虽然接受了太傅的官职和安汉公的爵位，却推掉了封地和子孙的继承权。又如一日王莽母亲身体抱恙，王侯公卿登门问询。迎客的妇人身穿粗麻、素面朝天，宾客皆以为是奴仆，不免态度倨慢，后来才知她正是王莽的嫡妻正室。子曰"未若贫而乐，富而好礼"，如是而已。

● 更始五铢

这该是何样纤尘不染的人物，似能出离樊网，独善其身。然而正当王莽想要大施拳脚、匡济天下之时，酒色蚀骨的汉成帝却一病不起了。共赴黄泉的除了成帝昏聩的政名，还有王氏外戚滔天的权柄。

在继位者汉哀帝荒唐挥霍的七年间，王莽寂寥地隐居在封地之内，蜀地新都的老旧宅邸，便已是他的全部脚力。其间他的次子不慎手刃家奴，本是刑不上勋贵，至多罚金、下狱的小罪，竟被王莽逼迫自尽。毕竟失势的猛虎，连利爪都是罪愆。能够被世人遗忘，便已是前朝外戚的上佳结局。

如同伯父汉成帝一样，汉哀帝也因沉湎声色，崩于床笫。久经沉浮、举国激赏的王莽再次掌权。只是经此世变，他永矢弗谖的，除了高耸入云的儒家道德，还多了一条——权力。

本次加封九锡，他习惯地表演着"激发之行"，流涕叩头不愿受赏。不出意料地，群情汹汹，众意难违，他也只得稽首再拜，勉强领受封赏。从此，"九锡"成了篡位的代名词。只寥寥罗列后世加封九锡的几人于下，聊以窥斑：曹操、司马昭、石勒、杨坚、李渊……同样的，汉家天下，如今只在王莽"指顾之间耳"。短短三年，在经过"安汉公""摄皇帝""假皇帝"的缓冲后，王莽已是身受九锡殊礼、屡行揖让虚礼、手执禅让仪文的堂堂天子了。历史上空前绝后的"民选皇帝"，便如此这般地粉墨登场了。

关于王莽篡逆一事，史学大家吕思勉如是说："在从前那种政体之下，一个人有了非常的抱负，要行非常的改革，不做君主，是否能够始终的贯彻？为了贯彻自己的主张的缘故，事实上皇帝又可以取得到手，是否可以取来做一做，以实行自己的主张。还是应该谨守君臣之义，专做一姓一家的奴隶，听凭天下的事情，一切败坏决裂？"

天下者，天下人之天下也。

为了不再出现汉哀帝时他被迫下野的窘境，为了让自己筹谋的复古大业长久留存，在天下兆民的拥戴下，王莽和平地接管了汉家江山。这种"禅让"的心法一直流传到溥仪逊位时。如此，异姓王朝的更迭甚至比正常的父死子继更加平和，亦可谓"仁之至矣"。

终于，这位道德家践履至尊，而天下已是末世之景：郡国并旱，亡有平岁，贼寇横行，百姓流离。每当天地翻覆时，总有人承天立极，担纲国事，他们或是面向未来，变更旧制，或是回到过去，法祖历史。王莽选择回到尧舜之时，回到每个儒学拥趸的精神世界。于是他左手《周礼》，右手《尚书》，在巨儒刘歆的辅佐下，开始建设自己心中的"理想国"。

新莽君臣在古老的文献中艰难地跋涉，他们兢兢业业地考据着《周礼》中语焉不详的名物，然后矢志不渝地将之颁行天下。于是朝堂之上出现了四辅、四将、六监等新奇的官职。郡国的名称也被修改了大半，为压胜、为趋吉、为避讳、为贬抑，总归是名正言顺了。那些被收归国有的田地，倒也不称井田，而称王田，饶有平均地权的意味。奴婢改称为私属，与王田一样不得买卖，希望借此来扩大田赋与人头税。王莽对金融制度也进行了变革，贫民可以申请国家贷款，年息为"十分之一"。至于改郊礼、变庙制、张太学、仇四夷，几乎是臻于三代时的盛景了。"五亩之宅，树之以桑"，"百亩之田，勿夺其时"，这是一场主观意志与客观规律的疯狂搏斗，背后是王莽对土地兼并问题、流民问题、高利贷问题和农业劳动力问题的破解之法。

其中最为重要的，还是佶屈聱牙的五均六筦，此法誓要把豪强的兼并之路扼死，争奈执法之人，尽是豪奢之辈。光是与六筦有着千丝万缕联系的铸币一事，前后更易之频繁，币种之博杂，冠绝今古。

从居摄二年（7 年）到天凤元年（14 年）（一说地皇元年，20 年），短短七年间，王莽四改币制，所造的钱币式样奇绝、文字隽美，号曰"钱绝"。王莽亦因此被清人称为"古今第一铸钱能手"。从钱币学和货币史的角度讲，莽

● 一刀平五千

钱的种类、文字、形制都堪称绝伦。但从货币经济的角度
讲，莽钱不过是两汉货币周期里的一个小周期，王莽的货
币改革不过是为应对人口增长、经济增长导致的通货不
足，这与哀、平以来通过削边减重来扩大货币供给的措施
别无二致。

　　居摄二年（7 年）时，王莽尚未称帝，然而复古改制
的大幕已经拉开。《汉书》记载："王莽居摄，变汉制，以
周钱有子母相权，于是更造大钱……又造契刀、错刀……
与五铢凡四品，并行。"同时规定黄金国有的命令，"禁列
侯以下不得挟黄金，输御府受直，然卒不与直"。汉承秦

● 契刀五百

制，以黄金、铜钱为币，西汉是黄金发挥货币功能的重要时期。总体而言，西
汉铜钱为主，黄金为辅，铜钱普遍用于市场贸易，黄金则用于赏赐、馈赠、贿
赂等大额支付中。王莽施行黄金国有化，强迫民众上缴各类金器、金饰，由政

府半价收买，藏于深宫，以一万两黄金为一匮。出土中有一种名为"国宝金匮直万"的货币，即为王莽黄金政策的实证。王莽的黄金国有政策，掠夺了民间的财富，王莽希望通过铸造一大批虚值大钱，填补黄金的流通空间，由于私铸的挤压和民间对铜材固有的价格惯性，这种虚妄的企图破产，导致严重的通货短缺、经济萧条、农民破产，新莽灭亡。王莽以后，黄金逐渐退出流通，它的职能大部分为实物（谷帛）所替代。

● 国宝金匮直万

由于《周礼》中记载钱币的储放机构为"泉府"，故大钱面文为"大泉五十"。一枚大钱可以兑换五十枚五铢，取"子母相权"之意。然而先秦所谓"子母相权"，货币的作价符合实际重量，如圜钱一釿的重量是半釿的两倍，作价亦是半釿的两倍。莽钱则不然，其名曰"子母相权"，实为"虚值大钱"，如一枚大泉五十只比一枚五铢重两倍余，却是其作价的五十倍。此后王莽屡次币改，虚值大钱仍在。

是故改亦滥，不改亦滥，虚浮的货币名号和造作的货币形制，如何都掩盖不了聚敛的实质。契刀和错刀则尤甚，一枚契刀可兑换五百枚五铢，一枚错刀可兑

● 大泉五十及其
压胜钱

换五千枚五铢，此两品虚币面值极大，庶民难用，专肆搜刮富人、贵胄，这亦与王莽"托古改制"中"齐众庶，抑并兼"的思想一致。

颁行此等虚币虽是诈计，却颇有些富国的功用。第二次币制改革是在始建国元年（9年）正月，即王莽篡汉的前一个月。本次币改原因之荒唐，可谓旷古绝今。原来汉朝国姓为"刘"姓，而"刘"字的繁体字由"卯""金""刀"三字组成，当时流通的货币"契刀""错刀"和"五铢"皆与"刘"字相关，新廷出于厌胜的目的，便将三币罢用。为了彻底排除五铢的流通，严令"诸挟五铢钱，言大钱当罢者，比非井田制，投四裔"。

有汉一朝，符谶极盛。尤其压胜之法，更是大行其道。哀帝时灾变数降，星辰异象连仍。惑于五德始终说，在甘忠一门的蛊惑下，哀帝改元"太初"，自号"陈圣刘太平皇帝"，以"再受命"。两月后又自觉此为"左道"，诛杀术士，结束丑剧。王莽则尤甚，他称帝后曾写《自本》追述世袭，认为王氏乃齐国田氏之后，田氏先祖舜，刘邦自诩为尧后。按照"五德始终""三正""三统"说，尧禅位舜，刘氏禅位王莽似乎是命中注定，天道为之。他还通过压胜之法抹去汉朝的印记，光地名就更易了数百个，如将广汉更易为广信，长陵更易为长平，由于名称淆乱，颁布诏书时又不得不标注旧名，凡此种种，难以尽述。

"契刀""错刀"与"五铢"被废除后，王莽颁行了代替五铢的"小泉直一"，五十枚小泉直一可兑换一枚大泉五十。由于天下钱币不是大泉即是小泉，故而"泉"成为钱币的代名词。钱币为泉，古钱币藏友为泉友，如此便祛除铜臭，殊为雅致。本次货币改革，王莽派谏大夫五十人携带中央钟官（汉成帝建始二年罢技巧、六厩二官，独留钟官铸钱）铸造的钱范至郡国，恢复了武帝前期中央与郡国共铸的模式。之所以不是所有郡国都派遣谏大夫，这与当地的铸钱条件和货币流通量（临近郡国代铸）有关。第一、二次货币改革的铸造技术仍是沿袭上林三官的直流浇铸，谏大夫携带至郡国的也是相对结实的石刻母范。出土中，有大量陶范模上有数字编号，应为郡国编号，如南阳汉宛城为"十一"。此外，从出土钱范铭文可知，第二次货币改革时，钟官被分为了前钟官（钟官前官）和后钟官（钟官后官），二官或有不同职司，亦体现了当时铸币量已不能满足使用之需。

始建国二年（10 年）十二月，最令人费解的第三次币制改革开始实施，新廷颁行黄金一品、银货两品、龟宝四品、贝货五品、泉货六品、布货十品，共计五物、六名、二十八种之多。本次改币，金、银、钱、布、龟、贝无所不包，几

● 小泉直一

乎囊括了中国所有的货币种类与材质，令人眼花缭乱，怕是就连王莽本人也难以 ● 莽布

明晓其间的折算之法。其中龟、贝诸类，其实是汉武帝以来，西汉实物货币思想

的借尸还魂。

　　汉武帝死后，"贤良文学"在与桑弘羊的盐铁辩论中已经提出了以物易物的

交换方式。汉元帝时，大臣贡禹主张废除钱币，使用谷帛，他甚至以开采铜矿会

破坏风水为由，大谈复古之道。汉哀帝时，大司空师丹认为废币可行，后迫于公

卿阻力，仍用五铢。王莽强行龟、贝，致使"农商失业，食货俱废，民泣于市道"，

后纷纷"起为盗贼"。

　　本次币改虽然披着王道复古的外衣，内里却是为了敛凑军费。王莽深受"华

夷之辨""夷夏大防"等儒家观念的影响，不仅呆板地将边民划分为先秦时的蛮、

戎、夷、狄，誓将其填之、厌之、疏之、除之、推之、刈之，更大行压胜之法，

更易地名为厌戎、填戎、平胡等。可惜大兵四出之下，反使四境之外，并入为害，

江海边郡，涤地无类。边患难弭，黄河竟也溃决，数郡泛滥，天下腾然。

　　山河破碎，"再世周公"王莽已经是穷途末路，他双眼凝视着石渠阁中孔子

的画像，口中嘟囔着：天厌予，天厌予……

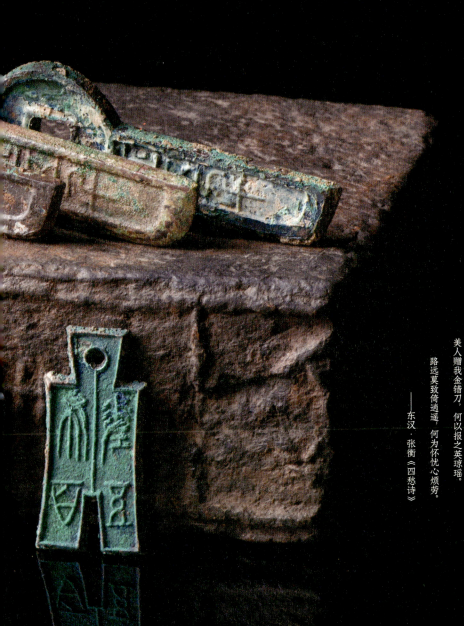

我所思兮在太山。

欲往从之梁父艰，侧身东望涕沾翰。

美人赠我金错刀，何以报之英琼瑶。

路远莫致倚逍遥，何为怀忧心烦劳。

——东汉·张衡《四愁诗》

天凤元年（14年），王莽废除杂乱的宝货制，颁行"货泉"与"货布"，开始了第四次币制改革。货泉与五铢等重，一枚值一钱。货布重约二十五铢，一枚值货泉二十五枚。又准许大泉五十继续行用，只是作价贬为一钱。货泉与货布二品并行，其实是对西汉五铢钱制的恢复。王莽亲自敲响托古改制的丧钟，向更为成熟的汉制妥协，他终于明白，原来"金字塔不能倒砌"。王莽还特意在货布上侧铸造小孔，名曰"圆好"。三代也罢，汉朝也好，只要能够苟延国祚，便是圆好。

● 货布

王莽第三、四次货币改革，还伴随着一次铸造技术变革，即从直流浇铸变为叠铸。从实物出土看，兆伦钟官遗址出土了大量陶范模，有第一次货币改革的一刀平五千、契刀五百，有第二次货币改革和第三次货币改革的大泉五十、小泉直一、幺泉一十、幼泉二十、中泉三十、壮泉四十、小布一百、幺布二百、幼布三百、中布六百、第布八百、次布九百、大布黄千，这之中只有货布为叠铸范模。再结合现今能见到的许多货泉叠铸铜范、大泉五十铜范（第三、四次货币改革的大泉五十），可以判断，王莽的第四次货币改革，货币铸造技术彻底变为叠铸（第三次货币改革，有一些大泉五十也用叠铸，属于两种铸造技术混用期）。

所谓叠铸，即先制作出阳文正书母范再模印出阴文反书陶范模，再浇铸出阳文正书金属范模（叠铸后，谏大夫携带至郡国的即是金属范模），再用金属范模模印出阴文反书泥质范片，最后范片叠压，范片正背相叠，裹草拌泥固定后，形成范包，烘干后从范片中间的浇筑口浇铸铜液铸钱。第四次货币改革完全使用叠铸技术，原因应为以金错刀、契刀、六泉十布为代表的虚值大钱，将各地小钱收敛至中央，各地流通的货币量锐减，为满足商业与生活需求，需要短期铸造大量的钱币，故催生出叠铸技术在全国范围内的应用。

第四次货币铸造的货泉有诸多记号，已发现的有星文、决文、复合记号等共四十余种，这应与第一、二次颁范在范上刻数字表示不同郡国的含义是相同的，也与五十位谏大夫分遣郡国的记载是相符的。从范上的文字，增加到范上钱文的记号，从直流浇铸变为叠铸，以及钟官扩大为前、后钟官，都体现出新莽中央对铸币的重视与加强管理。

● 货泉及其压胜钱

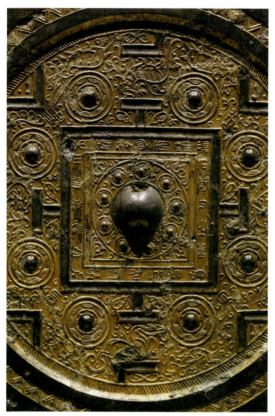

●汉 "长宜子孙"
鎏金博局纹镜

改币同年，缘边大饥，人相食。从四面八方涌入长安的流民达数十万，啼饥号寒之声响彻王莽穷奢壮丽的 "九庙"。王莽煞有介事地设官赈济，遣大夫调者分教黎民煮草木为酪，酪不可食，饥死者十之七八。又枯、旱、蝗虫相因。上自公侯，下至小吏，皆不得俸禄。富者不得自保，贫者无以自存，起为盗贼，天下鼎沸。

从河北燃起的起义之火，蔓延至全国。面对着绿林、赤眉起义军越来越猛的攻势，朝廷军队要么婴城自守，要么溃不成军。计窘之下，王莽派遣风俗大夫司国宪等人分赴各地，宣布废除一切新法，持续十三年的王莽改制彻底失败。豪强无法压服，百姓未能受利，民选天子终为天下人所弃。

王莽患上了重度癔症，噩梦联翩。在恍恍惚惚、半梦半醒中他看到长乐宫中的铜人有五尊起立复活，便遽令工匠刮没铜人身上 "皇帝初兼天下" 的铭文。又看到刘邦谴责他篡汉自立，亟命虎贲武士到高祖庙中拔剑四面击杀，斧石斫毁户牖，桃汤洒浇四壁，并以赤色的鞭子频加抽击。如此犹嫌不足，又命轻车校尉率兵屯驻高帝庙、中军北垒的士卒移屯高帝陵以镇压。为了摆脱尘世烦恼，王莽命工匠造了一个九重的华盖，高八丈一尺，装上四个看不见的轮子，由六匹马牵拉。三百多名身着黄色衣帽的力士簇拥着这个"金瑵羽葆"，华盖上边载着数人，不停地击鼓，驾车的驭手则发疯般地呼喊着：登仙！登仙！……

在生命的最后岁月，王莽身后总是跟随着手持"威斗"的司命官。威斗以五色药石与铜合金制成，长约两尺五寸，状如北斗。威斗会随着时辰的变化旋转，王莽亦随威斗旋转，用以承接天威，压胜敌军。

地皇四年（23 年）秋，"大风吹长安城东门屋瓦且尽"。

起义军进入关中，新朝诸将投降。王莽率领文武百官开始了人生最后一次表演，新朝君臣来到长安南郊，设坛向天哭诉。王莽仰起头颅，沙哑地向苍天呼喊：皇天既命授臣莽，何不殄灭众贼？即令臣莽非是，愿下雷霆诛臣莽！喊罢，六十八岁的王莽捶胸顿足，号啕大哭，直到气尽后复苏。长空湛阔如昨，霞光透过云层，轻徊湖面留影。

十月一日，起义军攻破长安城东北的宣平门。王莽身穿深青透赤的衣服，佩戴着玺韍，手握虞帝匕首，口占符命，随威斗转动。目视漫天烈焰，耳听冲天喊杀，颤颤曰："天生德于予，汉兵其如予何。"

十月十三日晨，群臣拖着王莽经过前殿阁道，出西白虎门，由和新公王揖驾车，逃到池水围绕的渐台。黄昏时分，王莽避于渐台的小屋中，突然起义军潮水般涌入，冲至近前，又近前。王莽讶异地发现，这张张凶恶面孔所属，正是长安巷陌里他曾救助过的饥饿生民。他失魂落魄地跌坐，下意识地周正衣冠。只是不知何处冷剑，将其头颅圙圙割下。王莽血口张合，似说着：

天地之性，人为贵……

两百余年后，西晋的洛阳武库突遭大火，王莽的头颅化为灰烬。随之一同焚毁的还有孔子的木屐和刘邦的斩蛇剑。

据说那斩蛇剑穿屋而飞，莫知所向。

王莽货币图释举要

改革次数		币种	重量（法重）	作价
1	第一次	契刀五百	32 铢	500
2		错刀五千	45 铢	5000
3		大泉五十	12 铢	50
4		五铢	5 铢	1
5	第二次	大泉五十	12 铢	50
6		小泉直一	1 铢	1
7	第三次	小泉直一	1 铢	1
8		幺泉一十	3 铢	10
9		幼泉二十	5 铢	20
10		中泉三十	7 铢	30
11		壮泉四十	9 铢	40
12		大泉五十	12 铢	50
13		小布一百	15 铢	100
14		幺布二百	16 铢	200
15		幼布三百	17 铢	300
16		序布四百	18 铢	400
17		差布五百	19 铢	500
18		中布六百	20 铢	600
19		壮布七百	21 铢	700

续表

改革次数		币种	重量（法重）	作价
20	第三次	第布八百	22 铢	800
21		次布九百	23 铢	900
22		大布黄千	1 两	1000
23	第四次	货布	25 铢	25
24		货泉	5 铢	1
25		大泉五十	12 铢	1
26	其他	布泉		
27		国宝金匮直万		10000

第一次货币改革

一刀平五千

契刀五百

五铢

大泉五十

第二次货币改革

小泉直一

大泉五十

第三次货币改革

六泉

小泉直一

幺泉一十

幼泉二十

中泉三十

壮泉四十

大泉五十

十布

小布一百

幺布二百

幼布三百

序布四百

差布五百

中布六百

壮布七百

第布八百

次布九百

大布黄千

第四次货币改革

货泉

货布

大泉五十

其他

布泉

国宝金匮直万

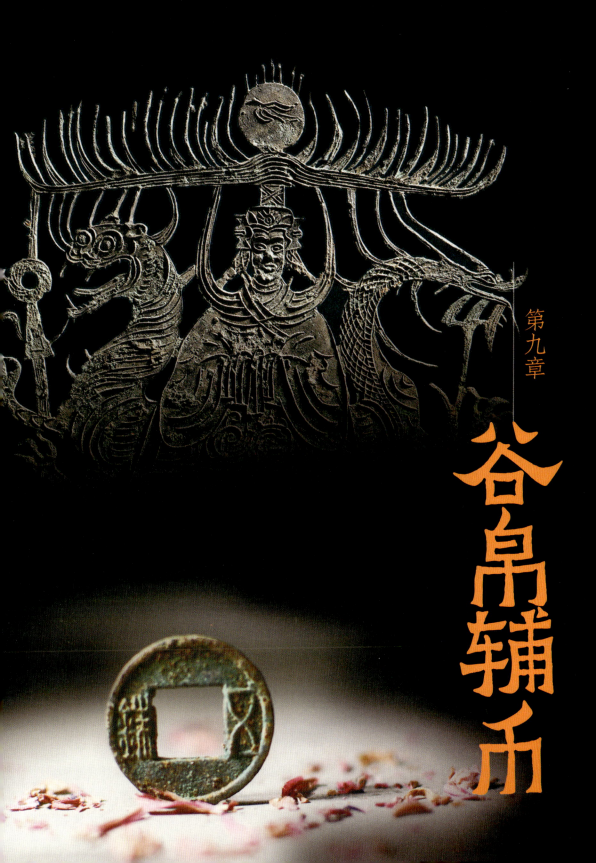

第九章

谷帛辅币

东汉章帝元和年间，财政日窘，谷价腾贵，民不聊生。尚书张林上奏"可尽封钱，一取布帛为租，以通天下之用"，"帝然之"。这是西汉以来铸币的一次重大危机。

当初王莽窃位，尽废汉法。天下连岁灾蝗，中外愤怨，寇盗蜂起，城邑为墟，支体分裂。光武帝起自匹庶，一民尺土，发迹于昆阳，以数千屠百万，讨贼平乱，收拾河山，克复汉业，号称中兴。但大乱甫定，百废待举。于铸币一途，由于王莽一改汉武帝在都城附近铸币的成法，颁钱范于天下，将铸币权分散至各地，如

● 两汉之间江浙系五铢

今只能是放权地方、听民私铸了。而从秦代司职货币的少府脱胎的西汉水衡都尉所辖之上林三官，也衍为无甚实权的"金曹"，仅此一撅却控天下金钱，这与秦并六国、武帝改币以来的集权式钱法别如霄壤。

由于《后汉书》中没有《平准》《食货》，关于铸币的记载只是寥寥，仅有的几笔往往都关乎货币兴废，只能参佐考古发掘，大致勾勒东汉的铸币情况。

东汉初年，中央政府没有铸造货币，"后二年，世祖受命，汤涤烦苛，复五铢钱，与天下更始"。但却听凭地方铸币，《居延汉简》有"建武六年……私铸作钱薄小不如法度""独令县官铸作钱"的记载，铸造的货币主要是货泉。建武六年（30年），割据巴蜀的公孙述废铜钱，置铁官，铸铁钱。这是有记载以来第一次大规模铸造铁钱。当时巴蜀流行一首童谣："黄牛白腹，五铢当复。"王莽称黄，公孙述自号白，五德运行，黄承赤，白继黄，蜀人借此附会公孙述将代莽称帝。虽是鬼神图谶，却也昭示了百姓对复行五铢的期盼。

东汉恢复五铢铸行有着曲折的过程。王朝初立后，光武帝主要精力在收拾河山。建武八年（32年）十月，来歙、盖延攻破落门，隗嚣子隗纯投降，陇西平定。建武十二年（36年）十一月，公孙述重伤死，川蜀平定。一匡天下后，光武帝开始整顿内政。建武十六年（40年），五铢钱制恢复，《后汉书·光武帝纪》载："初，王莽乱后，货币杂用布帛金粟，是岁，始行五铢钱。"复铸五铢，源自马援的上书。《后汉书·马援列传》记载："初，援在陇西上书，言宜如旧铸五铢钱。事下三府，三府奏以为未可许，事遂寝。及援还，从公府求得前奏，难十余条，乃随牒解释，更具表言。帝从之。"恢复五铢需要解决不少疑难，"凡十三难，援一一解之"，最终光武帝准其奏。自此，五铢在东汉王朝开始铸行，"天下赖其便"。

清代乾隆年间，在洛阳出土东汉五铢铜范盒，铜质，长方如盘，四周圆削，内列阳文五铢钱八，面背各四，背刻隶书二行，共27字，文曰："建武十七年三月丙申，太仆监掾苍，考工令通，丞或，令史凤，工周仪造。"此即为建武十六

年后铸行五铢的明证。又可知汉廷在货币管理机构上的变化，西汉初铸币归少府管理，武帝铸五铢后，归属水衡都尉管辖，此范铭刻"太仆"，当为建武年间的铸币管理机构。但此次铸币多有不顺，"时长安铸钱多奸巧"，长安且如此，各地奸巧铸钱只会更严重。后光武帝任命第五伦为督铸钱掾，领长安市。经过一番整顿，铸钱才走上了正轨。

东汉中期，豪强地主经营的田庄日益壮大，这种以大土地所有制为基础的经济模式，根源是秦汉的货币财政形式，以"口赋""算赋""更赋"为代表的人头税都以货币形式征收，平民在天灾、疾病时不得不出售田宅缴纳货币，结果失去土地。朝廷以货币购买实物时，培养出一批基于市场投机、囤积居奇而暴富的豪强。再者，汉武帝的盐铁专营政策后，商人无法涉足盐铁，资金流入土地交易，最终酿成导致西汉灭亡的土地兼并与流民问题。而以刘秀为首的上层集团，都是商人兼地主的豪强出身，官僚、地主、富商成为国家的统治阶级。田庄经济的一大特点就是自给自足，田庄内宗族、奴隶、部曲、徒附的生、老、病、死、衣、食、住、学不用外求，一切都可在田庄内得到解决，而奴隶微薄的收益也无甚消费能

● 钱树枝

● 钱树枝

● 钱树

力，交换经济逐渐衰落，货币流通陷入停滞，物价随之波动。加之两汉的厚葬之风，巨量的货币流入黄泉，变成存量，加剧紧缩。到汉章帝时，已经是"百物皆贵"的局面了。

彼时，尚书张林认为"百物皆贵"的原因是货币购买力的下降。如果"封钱勿出"，使流通中的货币减少，就能达到物价降低的目的。张林提出征收租税（"布帛为租"）和市场交易皆用布帛（先秦以后流通领域的布帛主要是"绢帛"），用布帛代替钱币，以助力减少钱币的投放，但是，他忽略了布帛本身就是一种货币。

三代以来，谷帛这种原始的实物货币，一直或隐或显地参与流通，成为金属货币的重要补充。睡虎地秦简《金布律》记载："钱十一当一布，其出入钱以当金、布，以律。"以布为币，载入煌煌秦法。

从张家山汉简《钱律》和《金布律》看，西汉并未将布纳入货币，但布、帛、缯大行于民间，并在赏赐、支俸等功用上，与金、钱相提并举，成为一种财富表征。东汉以来，私铸盛行，恶钱横生，布帛大行其道，举凡贮藏、资财、赏赐、罚赎、献、赠、聘、贿、酬、债、佣皆用布帛，与金、钱无异。谷物作为货币多是已脱粒未脱壳的粟，虽不如布帛储存时间长，但往往是交换的最终目的，故而在民间畅行。布帛的大兴，是受秦汉以来以农立国的国策影响，尤其是为了扶持男耕女织的小农经济，皇帝与中央多次"劝农桑"的政策导向，致使地方官员致力于倡导耕织，鼓励家庭纺织业的发展。出土中，有大量妇女采桑的壁画。诗赋中，也出现了《陌上桑》等以妇女种桑、养蚕、纺织为主题的创作。张林奏疏中的"布帛为租"，即体现了东汉中后期以来，布帛产量的增大和在交易中的频繁使用。通过劳作和纺织，产生的谷物和布帛，成了一种可以流通的货币。从某种程度上讲，东汉中期以来的"男耕女织"不仅是一种农业行为，也是农民的一种"自铸钱"的经济行为。

章帝时的"物贵钱贱"，代表着流通领域钱币的数量较多。如果按张林的想法，以布帛代替钱币，则减少了钱币回笼的渠道，不仅不能减少货币量，反而由于实物货币的参与，增加了货币总量，加大流通领域的混乱。

据《后汉书·朱晖传》记载，章帝收到张林的奏疏后，诏诸尚书通议，最初章帝在尚书朱晖的反对下没有采纳张林的意见，后来又赞同

● 钱树枝

张林的看法，决定"封钱"。当章帝下诏"封钱"时，朱晖再次强烈反对："布帛为租，则吏多奸盗，诚非明主所当宜行。"章帝大怒，切责诸尚书，朱晖等皆下狱。三日后，章帝下诏令朱晖等人出狱。朱晖称病不再理事。章帝并没有惩罚他，后"帝意解，寝（停止追究）其事，后数日……复赐钱十万，布百匹，衣十领"。

章帝是否"封钱"，史家多有争议。傅筑夫认为：这是正式废止了铜钱，并由政府明文规定布帛为币。许多人据此认为章帝时"封钱"、用布帛，进而得出了东汉以实物货币为主的结论，是所谓"谷帛为币"。其实章帝没有采纳张林的主张，否则何以"复赐钱十万"？

谷帛尤其是布帛与铜钱在东汉社会谁是主导货币？这需要从多个角度判断。首先从统治角度，两汉通过垄断铜矿和铸权，掌握铜钱动向，控制经济生活。而布帛由妇人生产，人身控制难度远大于物的控制。以布帛为主币，不符合国家的统治要求。其次从赋税角度，对于国家而言，实物难于运输、保存，赋税的货币化，尤其是田租与徭役的货币化，简单高效。对于农民而言，赋税的货币化可以减省徭役，减少国家对农民的人身控制。两汉时，更赋、口赋、算赋等，都是由交钱代役而逐步生成的。田租征收的是谷物、刍、稿。刍稿之征以实物和货币并举，并逐渐以货币为主制。最后从出土看，以洛阳烧沟墓为代表的东汉墓葬，基本都是东汉五铢，西汉五铢等旧钱较少，可以看出东汉持续增加的铸币量以及钱币的广泛流通。概言之，东汉铸币在经济社会中广泛流通，为主要交易手段，谷帛只是辅助手段，所谓东汉"谷帛为币"，不若称之为"谷帛辅币"为妥。

虽然没有"封钱"，但是难以遏制货币贬值的趋势，五铢钱持续减重。东汉和帝以后，盐铁专卖政策终于被取消了，政府已允许民间经营盐铁。但此时作为经济主体的田庄主对经营盐铁业获利已失去了西汉时大商人的热切，投资土地成为豪强逐利的主流。终东汉之世，商品经济虽然也有一定程度的恢复，但始终不能达到西汉初期的水平。加之东汉与羌百年战争的不断深入，汉廷靡费达数百

●灵帝五铢

亿，府库空竭，物价飞升。

桓帝时，有人建议铸造虚值大钱，刘陶上书反对，他认为老百姓贫困饥寒的根源不是"货轻浅薄"，而是官吏、权贵豪强的掠夺和欺诈，"吞肌及骨，蚕食天下""竞为虎狼，噬食小人"。桓帝遂作罢。此时市面上流行的主要是"剪轮五铢"和"綖环五铢"，此二种五铢似为一枚五铢被冲凿分割成内外两块，外为綖环，内为剪轮，五铢二字也被分割成两半，说明钱币的购买力已为足值钱的一半。传

●东汉货泉

世有"剪轮五铢"铜范，可知并不都是冲凿，也有铸就。

东汉末年，黄巾起义爆发。为了挽救濒临崩溃的经济，灵帝于中平三年（186年）下令铸四出文钱。此种五铢存世量大，铸造较精。面文为五铢，背有四道从穿角到外郭的阳线。此钱与隋五铢并称为凶钱：前者背有四道，时人讥讽"此钱成，必四道而去"，及京师大乱，钱果流布四海；后者五字接郭，形成"凶"字。两钱皆为亡国之兆。此外，东汉后期还出现一种不满 1 厘米的小"货泉"，系桓帝以来杂钱纷出时民间私铸的货币。此种货泉，不但形体极为轻小，而且质地脆薄，随手易碎。

灵帝嫡长子刘辩即位后，外戚大将军何进为除以十常侍为首的内廷宦官集团，驱狼引虎，诏西凉军阀董卓入京。董卓不扶帝室，行霍光之故事，废立天子，立刘协为帝。后以手中之兵钤，发掘先帝陵寝，逼辱妃嫔，搜刮民脂，焚烧都邑，迁都长安。

从洛阳宫到未央宫，沿途衣冠冻馁，倚死墙壁之间；满目兆庶困穷，生涂草莽之上。董卓又销十二金人（"尽收长安及洛阳铜人飞廉之属，以充鼓铸"），更铸小钱，通胀高企，钱货不行。"谷一斛至数十万"（《资治通鉴》），以至于"人相食啖"（《晋书》）。童谣有谶："虽有千黄金，无如我斗粟，斗粟自可饱，千金何所直（值）。"于是山东义旗，攘袂争起，天下州郡，俱欲诛卓。内部经济崩溃，生民倒悬；外部兵挫于孙坚，气夺于袁绍，董卓集团开始崩溃。初平三年（192年）四月，吕布杀董卓，悬其首、燃其脐，骨肉为灰烬。

《三国志》记载董卓所铸钱，"大五分，无文章，肉好无轮郭，不磨鑢"，钱币学人据此将一种没有文字的小钱断为是钱，这里含有王莽式的鼎革之意。然观董卓行径，只是依附于汉廷的权臣，尚不足到废汉自立的地步，是没有敢于打破钱币固有"五铢"面文的勇决的。又查《晋书·食货志》"钱无轮郭，文章不便"，与《后汉纪》"铸以为钱，皆不成文，更铸五铢钱，文章轮郭不可把持"的记载，只是说董钱铸法下乘，导致钱文隐起，难以辨识。在实际出土中，这种劣钱，也有依稀可以辨别"五铢"残部的，如许昌汉魏故城所出土的大批劣钱中，亦有勉强可辨识者，故董卓钱应称之为"董卓小钱"更切。

董卓被诛后，在长安城外，他精心构筑的郿坞中，除了金二三万斤，银八九万斤，还有锦绮缯縠纨素奇玩，积如丘山。如此，金、钱、谷帛齐备，只是他身在黄泉，再无福消受了。

东汉执政者对铜钱长期性减重，发展到后期，迅速转化为恶性通货膨胀，"剪轮五铢""綖环五铢"和"董卓小钱"加速了民众对钱的废弃。由于经济环境的恶化，实物经济的扩大，以及货币纳税的形式容易导致的农民破产和豪强坐大，汉献帝建安九年（204 年），汉廷正式颁布户调令，将西汉以来的征收货币的人头税（算赋、口赋等），改为收绢、收绵的户调制。以户为单位，使绢绵免于以人为单位的裁切。户调制直接促使布帛币地位上升，布帛逐渐取得"主币"地位。

● 灵帝五铢面阴、阳双星

延康元年（220 年）十月乙卯，曹丕代汉称帝，四百年大汉终究雨打风吹去。次年，曹丕"罢五铢钱，使百姓以谷帛为市"，"谷帛"这一古老而又顽强的实物货币彻底击破金属货币的桎梏，成为唯一的法定货币。西晋少数民族进入中原后，谷帛借边民落后的经济方式大张其道，横亘南北，深入国家收入、赏赐等各层面，导致北朝百年间"钱货无所周流"。一场旷日持久的钱帛争霸战，正暗潮汹涌……

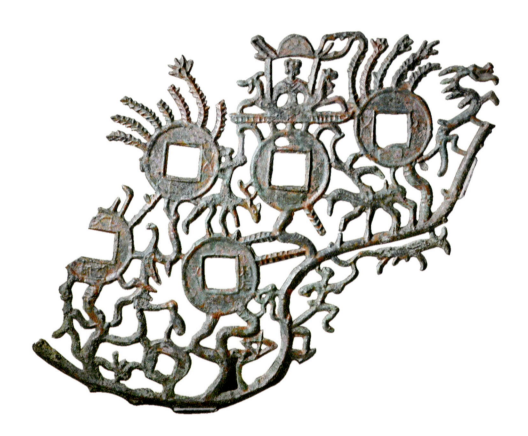

● 钱树，又称摇钱树，由树座、树干和枝叶组成，主要以西王母、瑞兽、佛像等为题材。钱树起源于西汉晚期，兴盛于东汉时期，至西晋时消失。钱树集中发现于西南地区的崖墓中，与当地善于经商、追求财富的民风民俗密不可分。

本品钱树系新津城南宝资山崖墓东汉钱树类型，已格套化。西王母坐于长方形屋中，戴胜、梯几、头顶有华盖，身侧有龙虎座；下有方孔钱六，带芒，五大一小，大钱铸"五利后"，钱之间由马、猴、御马者、羽人和龙连接，中下有人射雀，取射爵之意。去阴得阳，魂归天门，祈求长生，祈求丰产，荫庇子孙，以富相尚。

东汉五铢图释举要

	分类	型制	备注
1	建武以及建武同期其他炉系版式	建武五铢	东汉自光武帝刘秀开铸建武五铢钱开始，货币依然延续五铢钱为本位货币。因为东汉货币的铸造也依然延续西汉及王莽"官营郡铸"的管理方式，加之东汉政权的精英阶层主体由地主豪强构成，从而除官铸货币之外，地方郡县以及这些精英阶层掌控的铸币炉系也有自创版式出现。这样的情况导致东汉五铢钱版式出现异彩纷呈、百花齐放的现象。
2		东汉型更始模	
3		洛阳炉五铢	
4		阔字版	
5		平折方肩版	
6		遒劲版	
7	明帝、章帝时期版式	正字版	东汉明帝刘庄时期鼓铸的官方铸币，是继建武后，东汉鼓铸的第二种官铸版式货币，且影响深远，铸量极大。同期及其后整个东汉货币铸造中，针对正字版式进行广泛的衍化及泛化铸造，产生了非常多的衍生版式。
8		中字版	
9		美制版	
10		长字版	
11		斜阔版	
12		章正版	
13	和帝、安帝时期	和正版	东汉和帝至安帝时期，东汉货币经济产生根本性的转变是在安帝永初元年（107 年）至安帝元初五年（118 年）对羌族长达十二年之久的战事中，《后汉书·西羌传》载共花费 240 余"亿"战费，其后顺帝永和五年（140 年）至汉冲帝永嘉元年（145 年）也进行了长达六年对羌作战，花费 80 余"亿"战费，这两次作战共花费 320 余"亿"战费。二十三年后的汉桓帝永康元年（167 年）至汉灵帝建宁二年（169 年）这三年期间，因为对羌作战又花费了 44"亿"战费。直接的对羌作战导致五铢货币铸造量激增，钱币质量一落千丈，各种记号增多。这一时期的货币粗制滥造，但整体上货币的各项标准尚完全保留。
14		安正版	
15		大五版	
16		筹数版	
17		舞山版	
18		提点版	

分类	型制	备注
19	顺正修字版	
20	桓正磨郭	
21	剪凿五铢	
22	綖环五铢	东汉桓帝至灵帝时期，市面上开始大量剪凿早期东汉五铢，出现大量剪边对文五铢并用于流通支付。并且开始以剪边对文五铢为蓝本制范制模，铸造铸对文五铢钱。桓帝时期，跋扈将军梁冀专朝，连年饥荒，国民经济情况十分糟糕，有人上书提出："人以货轻钱薄，故至贫困，宜改铸大钱。"继而东汉宗室刘陶上书谏言反对铸大钱："愿陛下宽锲薄之禁，后冶铸之议。"加之灵帝时黄巾军起义更是加剧了货币轻量化转变。灵帝在中平三年（186年）"复修玉堂殿，铸铜人四，黄钟四，及天禄，虾蟆，又铸四出文钱"（《后汉书·孝灵帝纪》），这其实是灵帝刘宏为了挽救岌岌可危的东汉货币而做的最后努力。
23	铸对文五铢	
24	灵帝建武模背四出	
25 顺帝、桓帝、灵帝时期	灵帝明正模背四出	
26	灵帝长字模背四出	
27	灵帝章正模背四出	
28	灵帝东更模背四出	
29	灵帝章正面上星模背四出	
30	灵帝章正面下星模背四出	
31	灵帝章正五下竖模背四出	
32	灵帝东更上杠模背四出	
33	董卓有文大样五铢（直径15毫米）	东汉献帝时期，董卓擅政夺权，挟天子西迁后在长安附近大量铸造董卓有文无文五铢钱，经此变故后，东汉皇廷名存实亡，各割据势力林立，纷纷鼓铸自己体系的货币。各割据势力互相兼并攻伐，逐渐形成三个比较稳固的割据势力，三国应运而生。
34 献帝时期（董卓五铢）	董卓有文小样五铢（直径11.5毫米）	
35	董卓无文大样（直径15毫米）	
36	董卓无文小样（直径11.5毫米）	

	分类	型制	备注
37	汉末割据政权	刘焉五铢	多认为系蜀地刘焉、刘璋父子执政时期铸行，时间为东汉末至三国初年。直径较小，五字粗，钱上有阴刻纪数，系蜀钱阴文开端。
38		白钱	汉末至魏晋流行于南方政权的钱币，一说袁术所铸，淮北多出。
39		平五铢	平即法平、平准，即标准之意。
40	阳文记号部分	横文	上杠、下杠。
41		星文	上星、下星、上半星、下半星、上三角、下三角。
42		决文	左上角决、右上角决、右下角决、背四决、上两决、下两决、四决。
43		出文	背四出。
44		复合记号	下半星右上角决、上杠四决、上杠下半星、上星下杠、上下杠。
45	阴刻记号部分	阴文背四出	
46		阴文面四出	
47		阴文背四平文	
48		阴文面四决	
49		阴文背四角双划	
50		阴文背四F	
51		阴文背井文	
52	其他	传形	
53		合背	
54		合面	
55		铸对文	

建武时期

建武五铢

东汉型更始模

洛阳炉五铢

阔字版

平折方肩版

遒劲版

明帝、章帝时期

正字版

中字版

美制版

长字版

斜阔版

章正版

和帝、安帝时期

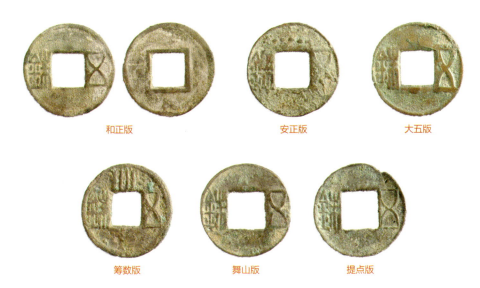

和正版　　　安正版　　　大五版

筹数版　　　舞山版　　　提点版

顺帝、桓帝、灵帝时期

顺正修字版　　　桓正磨郭　　　剪凿五铢

铤环五铢　　　铸对文五铢　　　灵帝建武模背四出

灵帝明正模背四出

灵帝长字模背四出

灵帝章正模背四出

灵帝东更模背四出

灵帝章正面上星模背四出

灵帝章正面下星模背四出

灵帝章正五下竖模背四出

灵帝东更上杠模背四出

献帝时期

董卓有文大样五铢

董卓有文小样五铢

董卓无文大样

董卓无文小样

汉末割据政权

刘焉五铢

五王

五丰

五金

五十

五五

五铢

五子

朱朱

平五铢

东汉阳文记号

上杠

下杠

上星

下星

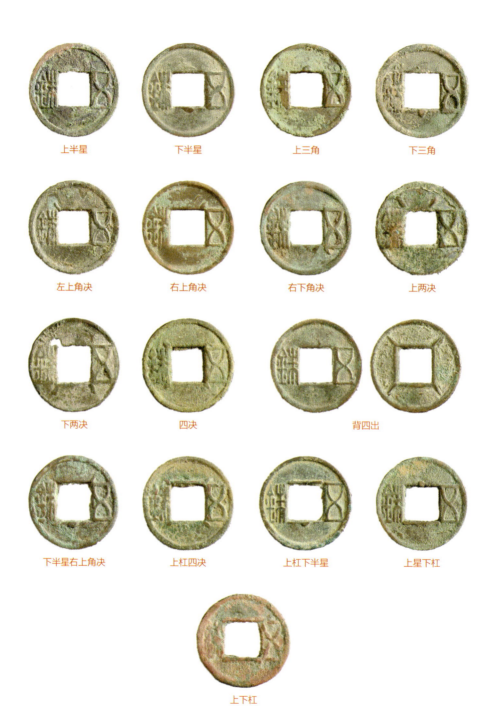

上半星　　　　下半星　　　　上三角　　　　下三角

左上角决　　　右上角决　　　右下角决　　　上两决

下两决　　　　四决　　　　　背四出

下半星右上角决　上杠四决　　上杠下半星　　上星下杠

上下杠

东汉阴刻记号

阴文背四出　　　　　　　　　　　　　阴文面四出

阴文背四平文　　　　　　　　　　　　阴文面四决

阴文背四角双划　　　　　　　　　　　阴文背四 F

阴文背井文

其他

传形章正铢上星　　　　　　　　　　　传形遒劲版

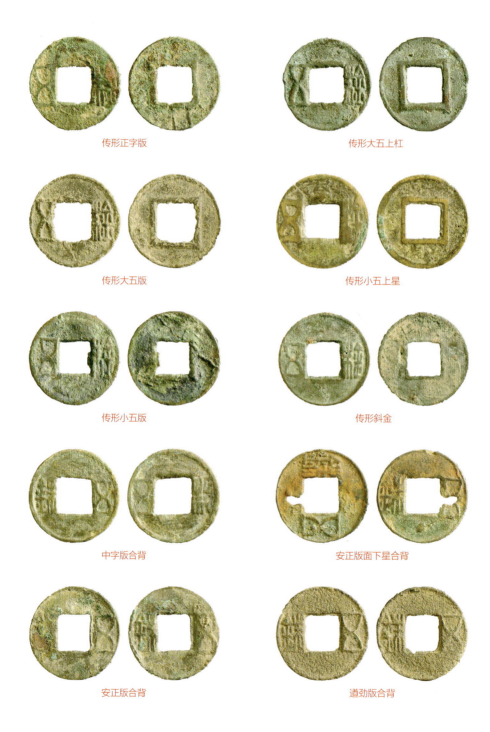

传形正字版　　　　　　　　　　　　　　传形大五上杠

传形大五版　　　　　　　　　　　　　　传形小五上星

传形小五版　　　　　　　　　　　　　　传形斜金

中字版合背　　　　　　　　　　　　　　安正版面下星合背

安正版合背　　　　　　　　　　　　　　遒劲版合背

全字型合背

早期合面

中期合面

晚期合面

铸对文五铢

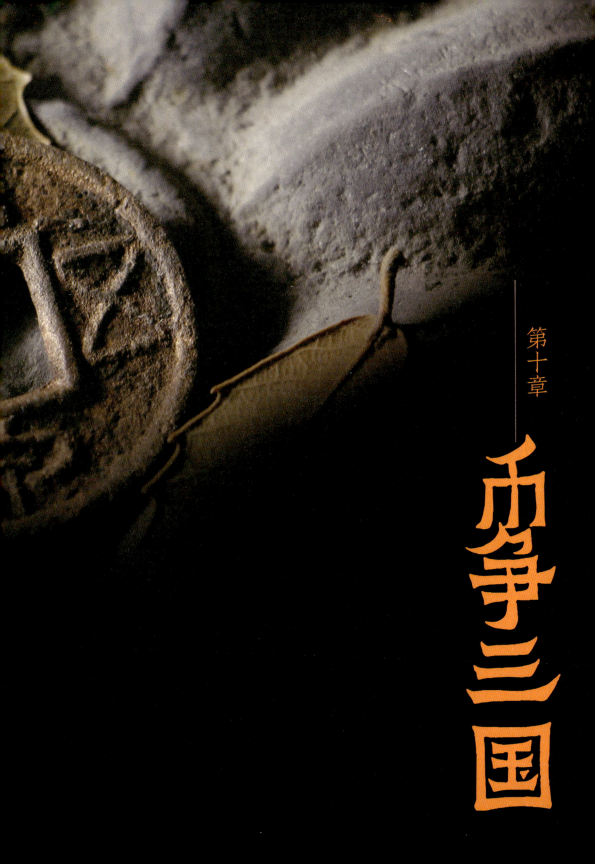

第十章

战争三国

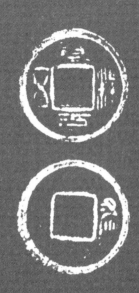

量移夔州后，刘禹锡二十三年弃置于巴山楚水凄凉谪所的生涯业已过泰半，他已不复有被贬朗州、连州时的怨怼，诗语中的讥忿渐淡去。如同所有的久谪宦人，他开始怀念故人，思恋故土，直借与朋友的唱和，以及处所的游历来抒臆骋怀。夔州的风物人情，调和了他积郁的愤懑，所谓"花红易衰似郎意，水流无限似侬愁"，便是怨而有度、哀而不伤的。

他曾去过夔州的蜀先主庙凭吊，料他应记得李纯刚任太子时，上峰王叔文满面愁容、不敢言事，只是失魂吟诵"出师未捷身先死，长使英雄泪满襟"数句。后来顺宗内禅，太子登基，"永贞革新"派果被清算，王叔文被赐死，王伾病亡，他与柳宗元等八人被贬为远州司马，去了边地苦境，天涯海角，再难翻身。如今，此地此景，往事唏嘘，于目历历，百般滋味。他一番沉吟，啸成名句：

天下英雄气，千秋尚凛然。

势分三足鼎，业复五铢钱。

"永贞革新"时，王叔文担任过度支副使、盐铁副使，刘禹锡也被擢为屯田员外郎、判度支盐铁案，经济天下，谙悉盐铁，明晰币制，故此诗有五铢之比。只是刘禹锡毕竟不识币铢小物，原来"业复五铢"的，不是蜀汉，却是曹魏。

董卓乱政后，关东诸侯推袁绍为盟主，起兵伐董。袁术部将孙策攻入洛阳，获传国玉玺，联盟解散。袁绍驱逐韩馥，击溃公孙瓒，先后据冀、青、并、幽四州，后于建安五年（200年）官渡大败于曹操，两年后忧惧病逝；袁术一败于袁绍，再败于曹操，奔九江，占扬州苟安，于建安二年（197年）首先称帝，僭号"仲氏"，部众离心，呕血而亡。

有一种钱币大量出土于江淮地区，铜制发白，重约二铢，文曰"五朱"，近年来，有人发现一种面文有"将主袁公"文字的劣钱，或为袁术所铸。袁术称帝后有"置公卿，祠南北郊"的科仪，料他之铸币，除了供给"荒侈滋甚，后宫数百皆服绮毅，余粱肉"的侈靡物用外，还有昭示天命的压胜之意。

●五子白钱

●将主袁公白钱

二袁已殁，天下之真英雄、大豪杰毕现。先是讨董卓、降黄巾、败袁术、灭吕布、挟天子、逐袁绍、斩乌桓、平辽东，鞭挞宇内，一统北域，神武干略之雄杰曹操；再是承父兄余烈，尊礼英贤，抚纳豪右，以有江东六郡之俊杰孙权；再是宽厚弘毅、崎岖征战、仗信履义、伯豫君徐、克胤汉祚之贤杰刘备。此三人的第一次正式交锋，以孙刘联盟大破曹操于赤壁而告终。自此，曹魏以广袤的版图、丰盈的户口、强大的兵力、充足的钱粮，雄踞中土；东吴仰仗江河天堑和江东才俊，亦守东南半壁；蜀汉大张绍继汉室的旗号，占据政治道义的高地，又拓荆益天府之域，以与群雄共逐其鹿。三国鼎立的格局底定。

赤壁之战是三国历史的节点，也是三国铸币史的开端。为稳定经济、保证军需，受侍中荀悦的影响，曹操于建安十三年（208年）、赤壁之战前停罢了流通十七年之久的董卓小钱，"还用五铢"，使用两汉旧钱，以稳定经济、筹措军费。

赤壁之战后，孙刘集团势力不断扩张，周瑜和刘备联手夺取荆州，孙权则于扬州进攻合肥，占领江北的历阳、濡须、皖城等要地，终以刘备入蜀，取汉中、上庸而达到高潮。

刘备入蜀前，益州已被刘焉、刘璋父子占据二十余载，刘焉本是汉朝宗室，被朝廷派往益州整饬吏治。据蜀地后，刘焉命五斗米道系师张鲁征讨汉中，张鲁获胜后截断斜谷道，盘踞汉中，斩杀汉使，益州因而处于半独立的状态。刘焉"造作乘舆车具千乘"，有称帝之志，后被刘表举发乃止。刘焉去世后，其子刘璋又据蜀二十载。与烽火连天的中原不同的是，蜀地在刘焉父子治下，"户口百万，四

● 蜀钱

部兵马，所出必具，宝货无求于外"，根据出土时间（东汉末的墓葬）和地点（蜀地），可判刘焉父子铸造一种文字漫漶、面无内郭，重在 2.2—2.8 克的五铢，钱币学界称之为"刘焉五铢"，此亦与刘焉僭越之志暗和。

建安十九年（214 年），刘备包围成都，刘璋投降。按照战前约定，刘备部众皆"弃干戈"，赴库内夺取财物，府库被搬空。支付下场战争和维持军队日常开销的军用严重不足，于是在刘巴的建议下，刘备铸造"直百钱"（面文为"直百五铢"，即一枚"直百五铢"值"五铢"一百枚），利用超发货币回笼资金，以府充实库之效，"平诸物贾""令吏为官市"，以行政手段为"直百钱"作保，借以回购粮食、布匹等军用物资。

● 直百五铢

当是时，北方的曹操挟佐的汉廷未铸新币，以谷帛为主、铜币为辅，市面上使用的是汉朝旧钱和以董卓小钱为代表的劣钱，江南的孙吴尚未称帝建制，币制尚在汉廷框架内。当直百钱这种虚值货币流入市场时，"劣币驱逐良币"的情况便出现了。仍以旧汉五铢为铜币系统的天下各郡众民都不得不使用这种实际价值较低的劣币，而足值的五铢要么退出流通市场被藏匿，要么通过"国际"贸易流转到蜀汉。"直百钱"成为三国争霸中的一颗重磅炸弹，刘备之"直百钱"通过聘使贸易、边境互市，依靠"蜀锦""马"等强势"商品"背书，涌入吴境，掠夺了江东的货币与物资，并通过魏、吴的贡、市，以及魏、蜀的走私等渠道对曹魏的经济造成影响。在这一轮货币战中，蜀汉大获全胜，为争雄天下奠定基础。

蜀汉的"直百钱"有两种类型：一种面文为"直百五铢"，一种面文为"直百"。前者"直百五铢"，直径为 27—29 毫米，重 7—10 克，后期虽然经过多次减重，仍在 3 克以上，背多有阴刻纪数。尤值一提的是，有一种直百五铢背面带有"爲（为）"字的钱币，"为"是地名，指益州犍为郡，应是刘备占据犍为后铸造。后者"直百"，直径不足 20 毫米，重量在 3 克以下，应为后主时期铸，原因有三：一是出土实物中，有直百五铢常与东汉五铢伴出的情况，可知直百五铢早于直百钱；二是刘备在称帝前，奉献帝为正朔，应不会在钱币面文上去掉五铢；三是直百五铢远重于直百，符合货币减重规律，故应为蜀汉晚期铸币。因此，刘巴建议刘备所铸的"直百钱"就是"直百五铢"。此外，还有世平百钱、太平百钱、定平百钱和直一钱等铜币，多与两种直百钱同出，出土地多为蜀地，且有背阴刻的铸造特点，故亦可判之为蜀汉铸币。

● 大平百钱

从钱币学的角度讲，按照三国蜀钱重量、面文和出土等信息，可以将三国蜀钱分为六个阶段。一是刘备入蜀前，刘焉父子铸造的"刘焉五铢"，开创了蜀钱背阴文的铸造特点。二是蜀汉建国前，于建安十九年（214 年）铸造的初铸"直百五铢"。直百五铢（直径 27—29 毫米、重 7—10 克）后期虽然经过多次减重，仍在 3 克以上，背多有阴刻纪数。三是蜀汉建国早期铸造的大平百钱、太平百钱、世平百钱。大平百钱、太平百钱、世平百钱有一同出土的记录（重庆忠县涂井蜀汉墓），1980年成都还出土过太平百钱和大平百钱合范铜母范，且三种钱都有篆、隶两种书体，可知三种钱铸期相近，铸主相同。此外，1955年发掘的武昌任家湾墓葬中，有直百五铢和太平百钱的减重钱，该墓的下葬年代为黄武六年（227年），刘备称帝的时间为章武元年（221年），故此三种钱可能为刘备建国时所颁行的配套纪念性质的行用钱，铸造时间应该稍晚于直百五铢初铸钱。与初铸的直百五铢一样，此三种钱都属于铸造厚重、精良的大钱，重量多在5—7克。从存世量看，太平百钱和世平百钱应为大平百钱的别种。四是蜀汉中期铸造的直百五铢减重钱和大平百钱减重钱，连年征战导致蜀汉财政出现危机，国力下滑，开始依靠减重来收取更高昂的"铸币税"。五是蜀汉后期铸造的定平一百、直百、直一和大平百金，这几种钱都属于小钱、薄钱。定平一百即法定平值一百，重1克左右，重量只有直百五铢和大平百钱的九分之一至七分之一。吴将朱然墓出土过定平一百，可知定平一百铸造期在朱然下葬前（249年）。1990年鄂州钢铁饮料厂一号墓出土过七枚直百钱，该墓年代是赤乌十二年（249年），可知直百钱铸期的下限。2003年，新庙茅草村六朝墓出土过92枚直一钱，该墓年代为赤乌十三年（250年），可知直一钱铸期的下限。直一钱应是与直百钱并行的配套子钱。但直一钱铸造极为粗率，或为地方私铸。大平百金是大平百钱的后期减重钱。六是蜀汉末期铸造的直百、定平一百等进一步的减重劣钱，此时甚至出现了铅钱、铁钱混用的情况，极为混乱。

概言之，蜀汉的铸币一直未脱离"直百钱"（直百五铢）的影响。直百五铢之后蜀汉一直有两条货币发展理路：一条是更张面文，无论是大平百钱系列、直百直一系列，还是定平一百系列，都是对市场上大量烂劣的仿铸、私铸币的再治理，当大平百钱系列颁行时，意味着蜀汉对直百五铢系统的崩溃已束手无策，只能更张面文、推倒重来，此后，直百、直一和定平一百系统颁行的逻辑亦是如此。

另一条是持续减重，无论是直百五铢系统、大平百钱系统，抑或是本身就极小的直白直一、定平一百，都在持续减重，而官铸的直百直一、定平一百本身就是对原有百钱系统的减重，私铸领域的减重更为严重，这表明蜀汉遭遇了严重的财政危机，需要通过减重来加强搜敛。货币的持续混乱和减重，导致蜀汉钱在"国际"货币市场（包括魏、蜀、吴和西域、鲜卑、乌桓、高句丽、西南夷等周边少数民族，以及三韩、倭国、盘越、天竺、大秦等外域）上的疲软，进一步加重国内的聚敛。长此以往，蜀汉钱日益贬值，劣钱泛滥，物价暴涨，市场崩溃，乃至财力匮竭，政权灭亡。直百五铢是蜀汉政权的兴奋剂，它使蜀汉财政迅速充盈，并通过"国际贸易"赚足利差，助推蜀汉迅速崛起，与魏、吴势成鼎立。但重且虚的大钱严重透支了经济，又极难治理，最终变为薄且虚的劣钱，加速了蜀汉的崩溃。

为了应对"直百钱"的冲击，孙吴与曹魏采取了不同的策略。

先是曹魏稳健的货币政策。赤壁之战以来，曹操的屯田政策大见成效，仅一年便"得谷百万斛"。屯田所需劳力解决流民问题，屯田所得以供军需、民用、士用。此外，早在建安九年（204 年），当曹操占有邺城后，便一改两汉推行将近四百年的赋税制度，将以征收货币为主的赋税改为全部征收实物：田租由三十税一的分成制改为亩收四升（一说四斗）的定额制；昔日征收货币的人头税算赋口赋，改为按户征收，且征收实物，"户出绢二匹，绵二斤"。此次改革演化的田租户调制，直至两税法实施后才退出历史舞台。屯田与税改，将耕、战、守有机地结合，大量的钱谷充塞国库，这些是曹魏征伐四方、克平天下的根基。为了防止蜀汉"以无用之钱，市我有用之物"，曹操政权仍以布帛为贸易和税收的主要方式，布帛运输成本高、储存周期短，能有效防止资本外溢。

此外，长期以来被钱币学界忽视的是：赤壁之战以后，曹操命与益州、荆州以及东南孙吴接壤的广大边境百姓内迁，至其建安二十五年（220 年）去世前，构筑了一条横贯江淮平原、江北平原、秦岭、陇南的无人地带，这既有断绝敌军物资来源的考虑，也有经济、货币层面的考量。

曹丕代汉后，三国间战略相持，热战只在局部。由于魏国久不铸币，流通中的货币量少，故形成"钱贵谷贱"的局面，曹丕重申五铢钱的重要性，但由于天灾等影响，当年稻谷的收成较少，又形成"钱贱谷贵"的情况。仅七个月后，曹丕不得不"罢五铢钱，使百姓以谷帛为市"，铜币在魏国彻底退出流通。此次曹丕废除了自汉武帝以来通行全国的五铢钱，诏令民间以谷帛为市。谷帛代替货币，具备了价格尺度的功能。这两个变革都有着深远的历史影响。虽然曹叡在太和元年（227年）又恢复了五铢钱，也铸了一些钱，但税收与市场布帛流行之势沛然莫御，"用钱之处不为贫，用谷之处不为富"，货币、谷帛杂用的状况，一直延续到隋唐、五代时期。可以说，曹丕此次废除货币，其在货币史上的影响不亚于五铢钱制的创立。

废除钱币的言论古已有之，譬如文帝时晁错提出"贵五谷而贱金玉"的思想，认为"珠玉金银，饥不可食，寒不可衣"，而粟米布帛，"一日弗得而饥寒至"。所以"粟者，王者大用，政之本务"。他提出了"以粟为赏罚"的措施。武帝死后的盐铁会议上，"贤良文学"也有废除货币的建议。元帝时，土地兼并日益严重，政治腐败，勋贵倾轧，经济衰退，谷物减产，百物昂贵，甚至出现了人相食的场景。御史大夫贡禹提出废钱用谷帛的建议，他认为铸钱有四大危害：一是妨碍农业生产；二是开采铜矿、砍伐森林会破坏风水、引起水旱灾；三是盗铸导致大量百姓受刑；四是钱币导致百姓舍本逐末，增加贫富差距，危害社会稳定。当贡禹去世四十多年后，汉哀帝时，又有人上书说"古者以龟贝为货，今以钱易之，民以故贫，宜可改币"。大司空师丹也认为"可改"，后因"章下有司议，皆以为行钱以来久，难卒变易"，师丹才"忘其前语，后从公卿议"。直至此次曹丕废除货币，专用谷帛，不仅平抑了物价，更直接切断了蜀汉"直百钱"掠夺的根基，客观上进一步扩大了蜀汉虚值大钱带来的通胀。此后，刘备与诸葛武侯的数次出关北伐，便都有争夺人资、物资，解决货币短缺问题的考量。

　　谷帛为市后，魏国市场上渐渐出现了新的"伪币"——湿谷、薄绢，即将谷物浸湿以增重，将绢帛造薄以厚值。与金属货币不同的是，这种实物货币的作伪，不仅会在经济层面上造成"通胀"，更会使实物丧失使用价值，使谷难以下咽，布难以裹身，这也是数千年前用金属为币的重要原因。针对这种情况，司马

● 魏五铢

芝等举朝大议，提出了铸币的三大优势："国丰""刑省""事便"，即通过增加财政收入、减少犯罪、方便货物流通来发展经济、缓解社会矛盾，魏明帝曹叡纳谏，于太和元年（227年），"夏四月乙亥，行五铢钱"，曹魏五铢开始铸造，"钱物并行"。此种"五铢"文字的边缘被钱郭线盖住，钱币学界称之为"压五压金"，重1.5—2.5克之间，直径20毫米左右，制作粗率，可相比董卓小钱、蜀汉减重虚值钱、吴国虚值大钱，已属"足值"良币。此种五铢一直沿用到晋朝，"至晋用之，不闻有所改创"，堪称三国中最稳定的货币。

　　再是孙吴的虚值大钱。三国之中，孙吴铸币最晚，主要依靠谷帛等实物货

● 吴钱

● 大泉五百、大泉当千

币。除了关羽死后，孙刘在荆州争夺上爆发的短暂战争外，总体上，两个政权都处于联盟状态，直至三国归晋。因此蜀汉"直百钱"对孙吴的冲击也最重。以至孙吴左大司马朱然墓中多是蜀钱。为了应对蜀钱之患，孙吴于曹魏五铢发行十年后，铸行了"大泉五百"，"（嘉禾）五年春，铸大钱，一当五百。诏使吏民输铜，计铜畀直。设盗铸之科"，又在两年后，铸行"大泉当千"，"（赤乌元年）春正月，侍御史谢宏奏更铸大钱，一当千，以广货，帝许之"。此外，出土实物中，还存在"大泉二千""大泉五千"。此四种虚值货币去实际重量甚远，短期内可以敛财、抵御蜀汉"直百钱"的冲击，但蜀汉有"蜀锦"这种国际贸易的硬通货，在货币流向中占据主动，反观孙吴地广人稀，生产力落后，连铸币的技术都是他国业已淘汰的"一钱一范""单层范（四钱）"，超大面值的虚币导致了通货膨胀、物价上涨，"时用大钱，物贵，百姓不便"，孙权下诏"息铸大钱"，"今闻民意不以为便，其省息之，铸为器物，官勿复出也"，这也标示着孙吴货币政策的彻底失败。

总体来讲，曹魏的货币政策是根据经济现状，尊重市场规律的，从一开始的实物货币与铜币的相互侧重，到后期稳定的曹魏五铢币制，一扫汉末以来货币铸造、流通的混乱状态，呈现出繁荣、稳定的气象。反观东吴、蜀汉，货币政策要么是因循固守、刻舟求剑式的，无能也无力改变匮乏的现状；要么是军事优先、不循规律的，长期的虚币政策初期有敛财的速效，日久毕竟不便，只能走向减重、更张面文的乱局。而曹魏、西晋一统宇内的压倒性国力、军力优势，背后则是先进的经济与货币政策，是适切的货币铸造、发行与流通。

正始十年（249 年），司马懿趁曹爽陪幼帝曹芳离开洛阳至高平陵扫墓，起兵发动政变夺取政权。当初赤壁的大火彻底激醒了曹操，他组织士兵和经过军事

● 诸色三国钱币

化编制的流民开垦荒地，稳定民心，广积粮草；又不拘一格、推诚待士，是有荀彧、郭嘉、荀攸、高柔、贾诩、辛毗、刘晔、孙资之徒为之佐；汲取汉亡殷鉴，辖制宦官，"制宦者官不得过诸署令"，遏制外戚，"后家不得辅政"，是以曹丕、曹叡等才智中人的继任者能与孙权、诸葛周旋数十载而不落下乘。而曹丕不顾曹操"司马懿非人臣也，必预汝家事"之诫，诏命司马懿辅政，曹叡又将司马懿定为托孤重臣的昏招，终酿成司马懿篡除曹爽、辖制孱君、胁迫群臣，猎取相国九锡之命的亡局，后其子孙继世而登天位，成一统之业。

司马氏挟曹魏屯田、铸币之力，拉开三国归晋的序幕。公元 263 年，司马懿之子司马昭令三路大军伐蜀，钟会攻汉中，邓艾赴甘松，诸葛绪入武都郡，不到三月，蜀后主刘禅投降，蜀汉亡。公元 265 年，司马懿之孙司马炎行王莽故事，迫魏帝曹奂"禅让"，晋朝建立。公元 280 年，司马炎发兵二十余万，席卷江东，吴主孙皓自缚请降。

三国已殁，那蜀汉的直百钱，东吴的大泉也随之俱往矣，只留下"五铢"这种汉家遗物，还将继续沿用三百余年。至此，历史仿佛进入了一个怪圈，凡是结束乱世、凝一天下的，都将是"业复五铢钱"的政权。

三国钱币图释举要

	国家	始铸情况	种类	备注
1	魏	文帝曹丕于黄初二年（221年）铸	五铢	有无记号，背四出，单柱，双柱，四柱，六柱等型。
2	蜀	先主刘备于建安十九年（214年）铸	直百五铢	有光背，背阴刻，背为等型，早期多厚重，后期减重薄小。
3		蜀汉时期	大平百钱	有隶书、篆书两种，背有水波纹，阴刻等，或省字为"大平百金"。
4			太平百钱	有隶书、篆书两种，背有水波纹、阴刻等。
5			世平百钱	形制与太平百钱雷同，背有水波纹。
6			定平一百	钱体薄小，有大样、小样，背有阴刻文者。
7			直百	直百有大样、小样，钱体薄小，背有阴刻文者。
8			直一	蜀汉所铸最小面额铸币，形制类似直百，背有阴刻文者。
9	吴	大帝孙权于嘉禾五年（236年）铸	大泉五百	孙权赤乌元年至九年（238—246年）所铸大钱。其中"大泉五千"，一当五铢五千，传世极少，为中国古钱"五十名珍"之一，是继王莽"国宝金匮直万"后最大的虚值钱。
10		大帝孙权于赤乌元年（238年）铸	大泉当千	
11		三嗣主时期	大泉两千	

魏

无记号

双柱

蜀

直百五铢

太平百钱（羊角百）

世平百钱

太平百钱

大平百钱

大平百钱

直一

定平一百

直百

吴

大泉五百

大泉当千

大泉两千

大泉两千小字

大泉两千大字

大泉五千

第十一章

金谷俦愁

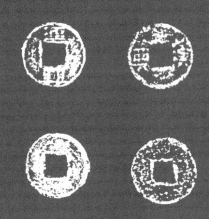

在河南县界金谷涧中，有一别业，因山形水势，筑园建馆、挖湖开塘，楼观亭阁，高下错落，金谷水萦绕穿流其间，阔能使船。凡清泉茂林、众果、竹柏、药草、水碓、鱼池、土窟毕备，号曰：金谷园。

园主石崇是西晋开国元勋石苞之子，厚荫高禄，自是任侠放诞。任职荆州时，常劫掠远使客商，以致巨富。官拜太仆后，造有金谷别馆，并与贵戚王恺、羊琇以奢靡相尚。

王恺以饴糖洗锅，石崇便以烛烧饭；王恺以紫丝布作幛，长四十里，石崇便以锦绣为幛，长至五十里以匹敌；石崇以椒涂屋，王恺便以赤石脂敷壁。为在斗富中不落下乘，晋武帝司马炎常襄助其舅王恺，曾将一株二尺来高的珊瑚树赐之，用以夸耀。石崇见后，执铁如意将珊瑚砸碎，又让仆人搬出三四尺高的珊瑚树六七株，条干绝俗，光彩耀日，供王恺任选。王恺怅然自失。

除此，王恺还以三事为恨。一是豆粥难熟，可石崇盼咐后，须臾便有热粥盛出；二是冬日石家还能吃到过季的韭菜碎末儿；三是石崇与王恺出游时，石家之牛迅若飞禽。王恺以重金贿赂石崇帐下，方知原来是将熟豆粉投入白粥、将韭菜根捣碎掺入麦苗、驾牛者放任牛奔之故。王恺照做后，果然均势。石崇知情后，怒杀告密者。

石王之争，实是皇族与士族之争。晋武帝时常用赐爵赏钱等手段，居中制衡，捭阖朝局。"晋氏不铸钱"（《资治通鉴》）、"魏明帝乃更立五铢钱，至晋用之，不闻有所改创"（《晋书》），西晋未曾铸钱，朝野多用汉魏旧钱，兼用谷帛。故晋武帝赏赐臣下的钱币量有限：如石苞死时，赐钱30万；羊琇死时，赐钱30万，与两汉帝王动辄赐亿万的豪气不可同日而语。

在出土实物中，有一种面文为"五铢"的钱币，或为西晋初年所造。此种五铢面文篆书"五铢"二字，背多阴刻数字，直径约21毫米，重2—2.5克，面背皆有内郭，故称为"内郭小五铢"。由于多出土于蜀地，"五铢"二字与直百五铢相似，背阴文的特征与直百五铢也一致，且梁人顾烜在《钱谱》中将之归于蜀汉，故千年以来皆认为是蜀汉所铸，几成定论。但此种五铢在三国窖藏中未有发现，却广泛出土于两晋以来的墓葬（最早见江苏句容西晋墓，系西晋元康四年墓），出土地为甘肃、江苏、湖北、河南、陕西等广袤区域，出土量大，可知其铸期在蜀汉之后、流通范围广、铸造规模大，应为西晋初年所铸（有人认为此种五铢应为晋初益州刺史王濬所铸），称之为西晋五铢为妥。饶是如此，亦只是短暂一次铸币，与西晋几乎不铸币的史料相符。

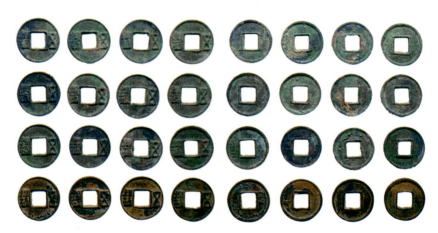

● 西晋五铢

　　　　　　　　　　　　　　　　　　　　　　永通万国：货币与历代兴衰

金谷园里最尊贵的客人，当属贾后外甥贾谧了，此人生父"美姿貌，善容止"，有"韩寿偷香"的逸典，料谧亦倜傥非常。与贾谧并称"金谷二十四友"的，除了巨富石崇，还有三张（张载、张协、张亢）、二陆（陆机、陆云）、两潘（潘岳、潘尼）、一左（左思）等诸人，他们在"金谷宴集"中"遂各赋诗，以叙中怀，或不能者，罚酒三斗"，其中以俊男子潘岳为石崇所作的"投分寄石友，白首同所归"，最能体现出诸人死生相与的友谊。

"金谷二十四友"一同构成了贾后的文官智囊，在他们多方筹谋、多所诡设下，诛杀了晋武帝指定的辅政大臣汝南王司马亮（司马懿第四子）、太傅杨骏。贾氏挟持惠帝，独揽大权，正式拉开了八王之乱的序幕。

金谷园里的厕所豪侈非常，石崇令十余位衣着华贵的婢女侍列，客人如厕后，婢女手捧甲煎粉、沉香汁，供客清洁，后以新衣换客旧衣，方能出厕。（《世说新语·汰侈》）刘寔出身寒苦，拜访石崇如厕时，见有"绛纱帐大床，茵蓐甚丽，两婢持锦香囊"，惊遽退出，对石崇说：我错进了你的内室。石崇讥讽说：那是

厕所！刘寔再次入厕，难以适应，又对石崇说"贫士不得如此厕"，后去他厕。（《语林》）

等到刘寔再出现在《晋书》上时，已经是八王之乱的下半场了。八王之乱历时十六年，可分为六大阶段，第一阶段是在赵王司马伦逼杀贾后，篡权称帝。第二阶段，齐王司马冏和成都王司马颖、河间王司马颙起兵攻打赵王司马伦，赵王兵败自杀，晋惠帝复位，齐王司马冏独掌大权。第三阶段，齐王司马冏、长沙王司马乂、成都王司马颖、河间王司马颙、东海王司马越，五王混战，长沙王和齐王战死，成都王司马颖掌权。刘寔即在这次混战中被军人劫掠，潜归乡里。第四阶段，东海王司马越讨伐成都王司马颖兵败，司马颖攻进洛阳城，俘获晋惠帝至邺城。第五阶段，幽州刺史王浚联合鲜卑攻打成都王司马颖，司马颖兵败，逼迫晋惠帝西逃长安。第六阶段，成都王司马颖、河间王司马颙和东海王司马越混战，东海王司马越获胜。司马越毒死了晋惠帝，另立晋惠帝的弟弟司马炽为帝，是为晋怀帝。晋惠帝去世后，刘寔亲赴山陵，朝廷以为"大臣之节备矣"，被晋怀帝授为太尉。

作为石崇的座上宾，西晋"太康之治"的见证者，位极人臣的刘寔无疑是幸运的。虽然历经八王之乱的波折，但在他亡故后，中原大地才真正迎来了未有之劫难。

金谷园中最负盛名的表演当属石崇创作的歌舞《王明（昭）君辞》，表演者是石崇的宠妾绿珠。虽不免枉杀延寿、环珮空归的俗套，但其中"行行日已远，遂造匈奴城。延我于穹庐，加我阏氏名。殊类非所安，虽贵非所荣……昔为匣中玉，今为粪上英……传语后世人，远嫁难为情"诸句，在长期质任京洛的"蛮夷胡客"耳中，不免有些刺耳。譬如匈奴名王之后的刘渊，他虽无法跻身石崇的燕乐雅集，又不甚熟稔高士玄奥的清谈，但数十年羁旅，耳闻匈奴五部的兵争和金谷园轻胡的歌声，料他积郁愤懑，心中所想，无非"出塞"二字耳。

晋室八王争鼎时，刘渊趁机回到左国城，号大单于，定都离石，坐观其主司马颖之溃败。八王之乱后，虚弱的晋朝无法辖制归化的胡夷，正旦元会方国、质子称贺的盛景再不复还。公元308年，刘渊称帝，志在灭晋。公元313年，晋都洛阳陷落，晋怀帝被俘，西晋旧臣拥立武帝之孙司

● 丰货

马邺为帝，都于长安，是为晋愍帝。公元316年，长安被围，晋愍帝出降，西晋灭亡。

而以刘渊为代表的匈奴、鲜卑、羯、羌、氐等部族趁势而起，在中国北方和西南先后建立了数十个国家政权，其中以前凉、成汉、前赵、后赵、前燕、前秦、后燕、后秦、西秦、后凉、南凉、西凉、北凉、南燕、北燕、夏等十六国国祚较长、影响较大。

十六国中第一个铸钱的是羯族石勒建立的后赵，"置挈壶署，铸丰货钱"，"丰货"钱突破了秦汉以来的"两""铢"制，有大字、小字两种，均为篆书。丰货钱因钱文壮实丰满，传说妇女佩之可以生男，故称"男钱"。

巴氐人李特于西晋惠帝时自立，其子李雄攻占成都称帝，国号大成。李雄侄李寿改国号为汉，史称成汉。李寿于"汉兴"年间铸造了"汉兴"钱，有直读、横读两种形制，是我国最早的年号钱。

前凉张轨所铸之钱，仅见史书，不见实物，可以确认的是，张轨钱面文为"五铢"

● 汉兴

二字（"宜复五铢以济通变之会，轨纳之"）。

匈奴人沮渠蒙逊统一凉州后，铸造"凉造新泉"，以区别前凉旧钱。凉造新泉的铸主一直有争议。大致有王莽说、张轨说、吕光说（后凉）、鲜卑秃发乌孤说（南凉）、沮渠蒙逊说（北凉）和李暠说（西凉）。凉造新泉的窖藏系十六国时期，可排除王莽说；张轨所铸为"五铢"；后凉、南凉、西凉政权土地狭小，国祚短促，亦可排除。唯沮渠蒙逊一统全凉，且有"得铜数万""散钱以赐百姓"等记载，可证。

● 凉造新泉

前秦苻坚有"毁二（十二铜人）为钱"的记载，应有铸造，不见实物。

还有一种面文为"大夏真兴"的钱币，出土地内蒙古乌审旗南部与陕西省交界处，正位于大夏国都统万城的地理范围之内，且"真兴"为大夏年号，应为大夏赫连勃勃铸。但史无记载，出土绝少，面有鎏银，或为赏赐所用。此系首次将国号与年号结合之钱。

金谷园中，多有美人。石崇常命美人口含异香，行而语笑，香借口气从风中而飏。又将香粉布撒在象床上，命美人践床，如无足迹，则赐"真珠百琲"，如有足迹，则命其节食轻身。魏晋豪士好药及酒，石崇每每邀客燕集，令美婢侍酒，如遇客人饮之不尽，便命手下交斩美人。王敦与王导曾谒见石崇，王导不胜酒力，不忍美人见杀，饮至沉醉。王敦坚持不饮，石崇先后斩三人，王敦面色如故。王导劝饮，王敦冷漠道："自杀伊家人，何预卿事？（他杀家婢，与你何干）"王导之仁厚，王敦之狠厉，可见一斑。

八王之乱后，王导、王敦辅佐琅琊王司马睿迁镇建康。司马睿藉由当地名士顾荣、贺循为引，获得吴地世族的拥护。公元 317 年，司马睿在建康称帝，国号为晋，史称"东晋"。

司马睿重用王、谢士族，安抚吴地大姓，在江南立稳脚跟，足保区区之江左，却实无规取中原之心。元帝末年，王敦起兵反晋，遭到王导与朝臣的抵抗而未能成功，其后桓温也曾觊觎帝位，又被王、谢家族抵制而未遂。

东晋未曾铸币。史载"元帝过江，用孙氏旧钱，轻重杂行，大者谓之比轮，中者谓之四文"。吴兴沈充又铸小钱，谓之"沈郎钱"。在东晋墓葬中，除了孙吴旧钱，还有秦汉以来的各类旧钱。而所谓比轮，大抵是指大泉当千、大泉五百、直百五铢之类的虚值大钱。四文则近于旧汉五铢、货泉之类的足值钱。此外，王敦叛晋时，其部将沈充还铸造过一种重约三铢半的五铢——沈郎钱，钱币界一般将一种省去金字旁的五铢判为沈郎钱，但如同邓通五铢一般，只是一种附会和臆测，三国墓中也有此类钱币的出土。关于这种劣钱，诗人王建讥讽"绿榆枝散沈郎钱"，李商隐亦有砭言"谢家轻絮沈郎钱"，最为妙绝的还属李贺的"榆荚相催不知数，沈郎青钱夹城路"。说来这沈郎钱本只短暂地铸行于数县之地，不想却在后世文人的揶揄中饶有声名。

公元 385 年，东晋重臣谢安病故，这位指挥"淝水之战"，却苻坚百万雄兵，负海宇重望的江表伟才薨逝后，东晋颓靡不可救矣。孝武帝不理朝政，将大权交给其弟司马道子，为扬州总禄，朝廷又加道子之子司马元显为录尚书事，父子二人共同把持朝政。"时谓道子为东禄，元显为西禄。"公元 398 年，桓温之子桓玄联合王恭、虞楷等人起兵反晋。一年后，孙恩趁民心骚动率众起义，后被谢琰、刘牢之击溃而逃至海岛之上。桓玄乘乱攻占建康，废晋安帝，自立为帝。刘裕勤王定难，大破桓玄，匡辅晋室。公元 420 年，刘裕废晋恭帝，建立宋朝，史称南朝宋。太延五年（439年），北魏太武帝拓跋焘统一北方，十六国的混战宣告结束。自此，东晋与十六国在百余年的互峙与攻伐中双双走向末路，中国历史进入了相对稳定的南北朝时期。

两晋十六国极少铸币，寥寥数次，也仅是数城、数县之小国、小域。究其原因，大抵有五。

其一，人口骤减。据《晋书·地理志》记载，东汉桓帝时，全国人口为5648万；到太康元年晋武帝平吴后，全国人口为1616万；再到八王之乱、北方少数民族入主中原后，人口又再次锐减。而市场上流通的汉、魏、吴、蜀旧钱并未减少，即便是加上损耗和藏匿，也足堪用。

其二，谷帛畅行。东汉以来，谷帛趁劣币潮代之而起，成为市场交易的重要补充。两晋以来，官方久不铸币，谷帛的货币性显著增强，乃至物品的价值、赏赐的尺度，都以匹、升计。尤其在东晋十六国时期，多地废钱，专用缣布，少数铸钱的十六国政权也都是谷帛为主，钱币为辅。

其三，庄园经济。东汉以来，大都名城夷为平地，坞堡壁垒等军事化的庄园普遍化，庄园内是自给自足的配给制，商品经济的比重逐渐下降，钱币的铸造与流通丧失了必要性。

其四，战争频仍。八王之乱、永嘉之乱以来，生产凋敝，城市丘墟，州郡空域，粮食匮乏，生民变死骨，自由民变成依附民，生产力、购买力大幅下降，商品经济趋于停滞。

其五，北人传统。十六国时期，北方少数民族大量内迁，以游牧为代表、落后的生产关系因素占据北方主流，降低了对商品经济的需要。后期的汉化虽恢复了一定体量的商品经济，但本质上，还是统治者的一种统治手段和特权保护，自然经济模式仍据主流。

与铸币极少情况相悖的是两晋以来势族的奢靡、尚富之风。西晋开国功臣何曾尚奢豪，务在华侈，"帷帐车服，穷极绮丽，厨膳滋味，过于王者"。他觉宫廷之食难以下咽，"每燕见，不食太官所设，帝辄命取其食"。其子何劭豪奢尤过其父，一顿饭花去一万钱，仍觉没有地方下筷子（"一食万钱，犹云无可下箸处"）。王恺、羊琇又侈过何劭，至元康中，夸恣成俗，转相高尚，终以石崇为最。

"洛中朱衣""当途之士""京邑衣冠"服散食酒、竞相夸富，皇室、贵戚、

● 兴铢

● 仇池

官僚、地主、商人疯狂聚敛，政风腐败，官箴尽失，以成"魏晋风度"。只是，良家子在门阀士族的兼并狂潮中沦为佃客部曲，又在激烈的胡汉冲突中，失其所与，变成营户、屯户、牧户、隶户、罗縠户、细茧户、绫罗户、僧祇户等丧失自由的"百杂之户"，更有甚者，成了漏户、匿户、逃户、隐户等半人半鬼的奴仆。路有饿殍，径满死骨。如此，当权者只是淡淡一问：何不食肉糜？终于，在这个中国历史上最混乱的时代，喋血红日的两晋十六国，产生了最为炽烈的货币拜物教。

彼时，高平王沈作《释时论》，南阳鲁褒作《钱神论》，庐江杜嵩作《任子春秋》，以讽刺虚浮的世风与钱币崇拜。其中以西晋人鲁褒《钱神论》最为辛刻。

"大矣哉！钱之为体，有乾有坤，内则其方，外则其圆。其积如山，其流如川。动静有时，行藏有节，市井便易，不患耗折。难朽象寿，不匮象道，故能长久，为世神宝。亲爱如兄，字曰孔方……无远不往，无深不至……"

"其积如山，其流如川"这是钱币具有储藏手段和流通手段的职能；"无远不往，无深不至"，这是钱币作为一般等价物的被接受性。"亲爱如兄，字曰孔方"，这是世人对钱币的亲重。

在鲁褒所处的西晋，钱币除了货币职能外，还有三大功用：一、获得政治地位，"官尊名显，皆钱所致"，"无位而尊，无势而热，排朱门，入紫闼"。二、获得司法豁免，"钱之所在，危可使安，死可使活"，"忿诤辩讼，非钱不胜"。三、获得富贵，"何必读书，然后富贵"，"吾以死生无命，富贵在钱"。

鲁褒谓钱是"神物""教主"，本质上还是两晋时期钱币量少、通货紧缩的缘故。物以稀为贵，钱币越是短缺，购买力越是高企，特权阶层对于财富的追逐越是畸形，贫富差距越是加剧，"富贵之家""势位之士"更能够肆其豪奢之欲。政治上的黑暗，吏治上的昏聩，更打通了权钱置换的方便之门，公平性失其准轴，对权力、权势的崇拜都变态成对金钱的崇尚，形成全社会层面的对获取金钱的狂热。空缺的铸币，极少的币量，又将这种狂热转变为一种神化，钱币有了通神使鬼的大能。

钱者，其积如山，其流如川。彼者群黎，或倥偬于豪右之手，或折屈于奴仆之勤。人为物役，纵是石崇般高若云霓的膏腴华胄，也只是钱的过手客。就在赵王司马伦得势后，其亲信孙秀出身细族，素与石崇有隙，强要石崇爱妾绿珠不得，寻衅将石崇送市问斩，一同斩首的还有潘岳。刑场上，石潘二人相视而笑，到底是"白首同所归"了。

嗟夫，豪华实非耐久，富贵一定无情。铺陈炫目的金谷别业，只是寂寥。

● 西晋青瓷骑马俑

两晋十六国货币图释举要

	时期	国家	始铸情况	种类	备注
1	两晋	西晋	晋初至西晋元康四年	内郭小五铢	多出于蜀地，旧称蜀五铢。据考古发现，这种五铢铸造下限为西晋元康四年（294年），或为西晋益州刺史王濬铸。
2		东晋	孝元帝时期	沈郎五铢	钱文为五朱，为减重省文钱。一说为汉末白钱的一种。
3	十六国	前凉	北凉·沮渠蒙逊	凉造新泉	该钱是以国号为名的第一例方孔圆钱。
4		后赵	后赵·石勒	丰货	有篆书两种，即有内郭和无内郭两种。
5		成汉	成汉·李寿	汉兴	我国最早的年号钱。有横汉兴、竖汉兴两种。
6		夏	夏·赫连勃勃	大夏真兴	"大夏"为国号，"真兴"为年号，历史上国号年号合璧，此为首例。

两晋

西晋五铢

沈郎五铢

十六国

凉造新泉

凉造新泉（背四出）

大夏真兴

丰货

汉兴

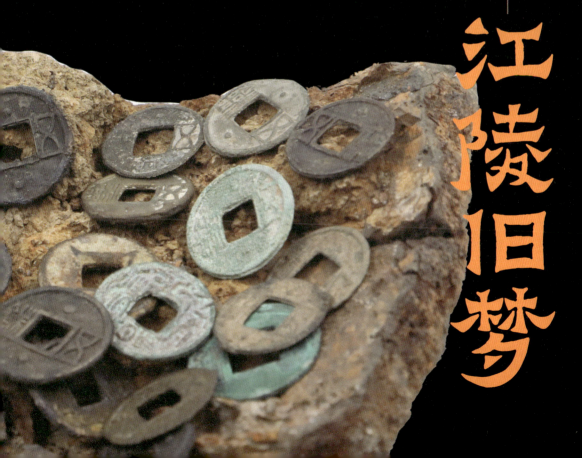

第十二章

江陵旧梦

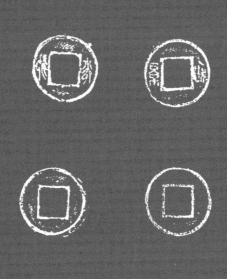

文武之道，今夜尽矣！

梁元帝承圣三年十一月甲寅（555年1月10日）夜，西魏大军攻破江陵。时冰雪交积，冻死者填满沟堑。

梁元帝萧绎见大势已去，趋入东阁竹殿，命舍人高善宝焚毁宫中所藏古今图书，凡一十四万卷。

所焚之书，其来有自。

秦火以来，学者窜逃山林，三代经典口耳以传。刘邦诛除秦、项，命叔孙通定礼仪，其后张苍治律历，陆贾撰《新语》，曹参荐盖公言黄老。汉惠帝除挟书之律，儒者得以从业，然而彼时经籍散逸，简札错乱，《书经》有二，《诗经》有三，《论语》有齐、鲁之殊，《春秋》有数家之传。汉武帝置太史公，开献书之路，

● 四铢凤、凰纹砖
常州博物馆藏

● 四铢龙纹砖
常州博物馆藏

置藏书之府。司马谈、司马迁父子依靠宫廷藏书，作《史记》一百三十篇。汉成帝时，秘藏之书多有流失，派陈农于民间集书，命刘向校经传诸子诗赋。刘向去世后，汉哀帝命刘歆继承其父之业，在天禄阁中整理出三万三千九十卷书籍，分为七类，编为《七略》。

王莽败亡，天禄阁藏书多为焚烬。汉光武帝、汉明帝、汉章帝重视儒学，天下儒生竞相献书，宫廷藏书的石室藏书满溢。后将新书藏在东观和仁寿阁中，命班固、傅毅依照《七略》分类整理，编为《汉书·艺文志》。董卓挟持汉献帝西迁长安，洛阳皇宫内的图籍遭厄，用缣帛所书的图籍被军人当作帷帐和包袱。剩下的七十余车图籍运往长安。董卓身死后，长安大乱，图籍扫地皆尽。

曹魏代汉，收集亡遗的图籍，命秘书郎郑默，制《中经》，命秘书监荀勖根据《中经》，编成《新簿》，将二万九千九百四十五卷藏书分为甲、乙、丙、丁四部。西晋八王之乱、永嘉之乱后，京华荡覆，所藏图籍，靡有孑遗。

晋室南渡，收集遗留的图籍只剩下三千零一十四卷。北方的西晋遗书逐渐流至南朝。到宋元嘉八年（431年），谢灵运造《四部目录》，著录有一万四千五百八十二卷。宋元徽元年（473年），秘书丞王俭又造《目录》，大凡一万五千七百零四卷。齐永明中，秘书丞王亮、秘书监谢朏，又造《四部书目》，大凡一万八千一十卷。齐末兵火，延烧秘阁，经籍遗散。梁朝初年，秘书监任昉躬于文德殿整理图书，不算佛经，共有书二万三千一百零六卷。梁武帝四十余年经营文教，藏书大盛。梁元帝克平侯景之乱后，将文德殿藏书和首都建康公私所藏经籍共七万卷运往江陵，加上江陵本有的七万卷，便成一十四万卷之规模。济济焉！洋洋焉！自古未有若斯之盛也。

如此千载、百代经营，可知此番命火之恸。火起之时，萧绎欲亲身蹈火，与之俱灭。左右宫人奋身牵拽劝止。目视耳听，烈焰滔天，鼙鼓动地，人间何世。萧绎发狠抽剑，斫柱令折，梁楹崩殆。久之，虎口难耐，长铗击地，硁吰刺耳，间有轻叹："萧世诚（萧绎字）遂至于此！文武之道，今夜尽矣！"

大火燔炽的，是梁朝以来，几代人收聚、庋藏、整理、编目图籍的心血；是南朝以来，崇学校，定雅乐，儒释斯理、文轨傍通的风华；更是六朝以来，筑城通渠，铸币开市，乃至商贩千艘，货丰巨万，经济天下，所得一统全域的底气。

一域内书籍的数量与商品流通的体量相关涉，亦与货币铸造的数量、质量相匹配。六朝以来，特别是永嘉南渡后，以建康为都的南朝政权虽然前后有晋、宋、齐、梁、陈四次更迭，但多为统治集团内部的权力再分配，社会整体稳定，文化传承连续，民族交融平稳，门阀政治崛起，农业、手工业、商业勃发。尤其是士族门阀、吴地豪族等私有庄园经济的强盛，导致国有经济衰弱。为平衡财政支出，稳固财政收入，对商业采取积极开放的政策，区间贸易、南北贸易、海外贸易频繁，商业都会迭立，货币经济活跃。商品发展促进农工业的发展，进而促进南方经济整体发展，为全国经济重心的南移奠定稳固基础。

货币经济是商品经济的一面镜子，南朝以来，南方政权前后大规模铸币十余次，甚至出现了"通货膨胀""钱滥""钱荒"等问题，这与三国两晋时的通货紧缩呈现出明显的区别。"用弥广而货愈狭"，流通领域钱的短缺、钱的购买力的趋

● 梁双柱五铢

弱，正表明了商品经济对钱的依赖加大，货币经济的昂扬发展。

在财政税收上，南朝形成以耕地为基础的谷物（田租）、以家庭为基础的纺织品（户调）和以贸易为基础的关市税，谷帛和钱币共同组成了南朝经济的基石。商品流通用钱，赋税征收用钱，百官俸禄用钱，抚恤、赏赐用钱，宗教布施用钱，乃至菩萨皇帝梁武帝几次舍身同泰寺，都需百官公卿"以钱一亿万奉赎"。而与之相对的，则是北朝因生产力落后，战争频繁，导致长期"钱货无所周流"，过度依赖谷帛，商品经济疲软的景况，甚可用"南币北布"来代表此一阶段南朝与北朝货币经济发展的不同。

从钱币学、货币史的角度，可将南朝铸币依照宋、齐、梁、陈的国别，分为四个阶段。

南朝宋是南朝中存在时间最久、疆域最大、国力最盛的王朝，是魏晋南北朝中第一个由寒门庶族建立的朝代，共传四世，历经十帝，享国六十载。宋武帝刘裕自幼家贫，后投身北府军为将，对内平定孙恩起义，消灭桓楚、西蜀及卢循、刘毅、司马休之等割据、反抗势力，一统南方；对外消灭南燕、后秦等国，降服仇池，收复淮北、山东、河南、关中等地，光复洛阳、长安两都。总揽军政，官拜相国，进封宋王，位极人臣。元熙二年（420年），刘裕代晋自立，建立南朝宋，历行改革，实施土断法，打击豪强士族；整顿吏治，重用寒门。刘裕死后，宋文帝刘义隆秉承父政，励精图治，以有"元嘉之治"。宋后期陷入内斗，朝政混乱，帝王更迭频繁。479年权臣萧道成篡宋，建立南朝齐。

● 四铢

南朝宋的货币略有六种。一是宋文帝元嘉七年（430年），"立钱署，铸四铢钱"，"文曰四铢，重如其文"，背为光背，这是一种足值货币（多在1.5—3

克之间），面文创新，难以通过剪凿旧钱盗铸。二是由于未废除旧钱，市场上私铸、剪凿的五铢钱对足值的四铢形成冲击，元嘉二十四年（447 年）六月，江夏王刘义恭提出"以一大钱当两"的建议，即一枚新铸的四铢钱可以兑换两枚剪凿钱，借以压缩剪凿钱的利润空间。宋文帝采纳了建议，"制大钱一当两"，可以想见，由于四铢钱购买力增大，对于四铢钱的盗铸开始增多，一年后便废止此策。三是孝建元年（454 年）正月，朝廷"更铸四铢钱"，与之前四铢不同的是，此种钱币面文为"四铢"，背文为"孝建"，可称为"孝建四铢"，发行一段时间后，去掉"四铢"二字，只留下"孝建"，可称为"孝建钱"。其中"孝建"二字为薤叶篆书体。单从面文正面"四铢"、背"孝建"变为只留下"孝建"，可以看出钱币的减重情况，朝廷隐去"四铢"以自欺。从出土实物看，"孝建四铢"重量尚在0.4—2 克之间，而"孝建钱"重量只在 1 克左右。货币减重，势必带来盗铸益甚、物价踊贵的结果。四是宋孝武帝在大明年间铸造过一种面文为"大明"、背文为"四铢"的钱币，即"大明四铢"，重约 2 克，不见史载，出土极少，不赘。五是前废帝刘子业铸造二铢钱，先是于"永光元年春二月庚寅，铸二铢钱"（《通

● 南齐五铢

典》），再是几个月后，改元"景和"，并于"景和元年，铸二铢钱，文曰景和"（《通典》）。就出土实物看，只发现景和钱，未发现二铢钱，但有面文为"两铢""永光""景和"的光背钱同出，重皆约两铢（1克多），光背无文，且"永光"为刘子业年号，可判断"两铢""永光""景和"为前废帝于"永光""景和"年间铸造之钱。

六是私铸劣钱，官铸"两铢钱"虽然重如其文，但是导致私铸之钱越发薄小，有"耒子""鹅眼""綖环""荇叶"之称，所谓"入水不沉，随手破碎""十万钱不盈一掬，斗米一万"，可知其之滥。

南朝齐是最短命的南朝政权，共历七帝二十四年。齐高帝萧道成出身军旅世家，素有军功，后于南朝宋内斗中崛起。公元479年，萧道成迫使宋顺帝刘准禅位，自立为帝。践位以来，务存简约，减免百姓逋租宿债，宽简刑罚，三年后，因病驾崩。公元502年，齐和帝被迫禅位于起兵夺位的将领萧衍，南齐覆灭。

南朝齐的货币略有一种。萧道成未代宋称帝前，位列宰执，本有意铸币，时值"禅让之际"，未及施行。后齐高帝建元四年（482年），孔觊奏请铸造五铢钱，众臣附议，"时议者多以钱货转少，宜更广铸，重其铢两，以防民奸"，可惜萧道成晏驾，事遂寝。齐武帝永明八年（490年），益州刺史刘悛上书请求铸钱，并且建议在自己主政的益州（四川地区）铸造，齐武帝遂"遣使入蜀铸钱，得千余万，功费多，乃止"，仅有的这一次铸币，迷雾重重，由于先前孔觊所奏未成的铸币"钱重五铢"，故钱币学界臆测刘悛此次铸币应同为"五铢"，称之为"南齐五铢"。"南齐五铢"实物为何，多有争议，据杜维善先生《南齐五铢初探》，原载于宋洪遵《泉志》，迭录入丁福保《古钱大辞典》、平尾聚泉《昭和泉谱》，且近年多出土于蜀地的一种"铢"字"金"字旁异写五铢钱，或为"南齐五铢"。此种五铢，重在1克以下，"铢"字"金"字旁弯曲，几近"泉"字，薄小者，更只留下"五金"二字，钱币界称之为"五泉"。

南朝梁享国五十五载，江左最盛。梁武帝萧衍代齐即位后改革朝政，既扶植宗室，也优容甲族；既任用寒士，也保障旧门，国势颇盛，史称"梁武中兴"。萧衍后皈依佛乘，优假士大夫，在上下清谈玄想中政事废弛。再后接纳北朝降将侯景，终致酿成了赫然的侯景之乱。侯景之乱后，南梁皇室为争帝位，招引北齐和西魏为援，以国土为赂，梁国力急剧衰败，奠定了南弱北强的态势。太平二年

● 南朝梁钱

（557 年），陈霸先废帝自立，建立南朝陈。

南朝梁的货币略有八种。南朝钱币，梁币最为繁复，争议也最大。由于南朝齐谷帛的大行，梁初天下二十三州，仅有扬、荆、郢、江、湘、梁、益七州用钱，交、广用金银，余州杂以谷帛交易。梁武帝首先解决钱币流通全国的问题，铸造了天监五铢和公式女钱，铸行二十余年后，商品经济高度发展，流通中的铜钱难

以满足财政支持、商品交换、南北战争、朝聘礼佛所需，故于普通四年（523 年）"尽罢铜钱，更铸铁钱"。这是中国历史上，第一次大规模使用铁钱。铁钱易于伪铸，且铸量过大，购买力越来越小，"钱如丘山"，买东西到了要用大车拉上一整车钱的地步，"通胀"到了如此局面，出现了短陌的现象。梁武帝末年侯景之乱爆发前，曾短暂地铸行过一种铜钱"太清丰乐"，民间的铜钱私铸又开始抬头，铁钱逐渐退出流通领域。梁武帝身死后，继位的梁元帝和攻克侯景、镇守建康的军阀王僧辩分别于江陵和建康铸行虚值钱双柱钱，以一当十。梁元帝去世后，陈霸先拥立的梁敬帝铸行四柱钱，以一当二十。梁末，货币经济崩溃，市场上的谷帛又重归流通。此外，还有近些年发现、不见史籍记载的梁内郭五铢和一些劣钱。下详述之。

一、天监五铢。《隋书·食货志》载："武帝乃铸钱，肉好周郭，文曰五铢，重如其文。"《通典·食货》载："武帝乃铸钱，肉好周郭，文曰五铢，重四铢三参（絫）二黍，其百文则重一斤二两。"顾烜《钱谱》载："天监元年铸，径一寸，文曰五铢，重四铢三参二黍，每百枚重一斤二两。"可知，天监元年（502 年），梁武帝曾铸造过一种五铢，钱币界称之为"天监五铢""梁五铢"，此种五铢"文曰五铢""肉好周郭""重四铢三参二黍"（重如其文）。其中最难理解的是"肉好周郭"，《唐六典》载"梁武帝置二种钱，内有周郭"，乾嘉金石学家翁树培认为，"肉好周郭"即钱面背的内外皆有郭，即可能为西晋五铢或北周五铢，清末以来因袭此说。可出土实物中，西晋五铢出土在晋墓，北周五铢出土在北朝故地（多见陕西、四川北部、河南），皆可排除。如果排除"面背的内外皆有郭"的思路，沿着货币发行演化的逻辑看，自汉武帝铸五铢以来，两汉五铢钱背内穿和面背外缘都有郭，以防止盗铜。东汉以来，除西晋五铢外，少有面有内郭之五铢，尤其是宋之四铢、齐之五泉，皆面无内郭、有外郭，背内外皆有郭，故紧随其后的南朝梁所铸之天监五铢或为面无内郭、有外郭，背内外皆有郭的形制。从

● 公式女钱面鱼

出土实物看，近十数年来，南京老门东地区常出土一种双面叠铸陶范残片，此范
与南朝齐"四铢钱"陶范铸法相似，径在 24—25 毫米，五字交笔缓曲，铢字三
角金，"朱"内曲折，似"东汉五铢"，实物中，有一种四川出土的"五铢"与该
范相符。此种五铢直径较多，其中大者在 24 毫米以上，或可判为天监五铢。唯
此种五铢出土地多在四川，或为发行梁铁五铢，搜尽天下铜钱，而川蜀因地属边
远执行不如建康彻底之故。

　　二、公式女钱。《隋书·食货志》："而又别铸，除其（天监五铢）肉郭，
谓之女钱，二品并行。"《通典·食货》载："又别铸，除其（天监五铢）肉郭，
谓之公式女钱，径一寸，文曰五铢，重如新铸五铢，二品并行。"顾烜《钱谱》
载："天监元年铸公式女钱，径一寸，文曰五铢，称两如新铸五铢，但边无轮
郭，未行用，又听民间私铸，以一万二千易取上库古钱一万。以此为率，普
通三年（522 年）始兴新铸五铢，并行用，断民间私铸。"可知，公式女钱文
曰"五铢"，边无外郭。所谓女钱，一般指没有外郭（或铸造或减边）的劣钱，

两汉时已有。而"公式女钱"则专指梁武帝于天监元年所铸之"女钱"。千载以来，公式女钱众说纷纭，清末民国的钱谱多引用东汉剪边五铢的拓片，讹传至今。

1997 年，江苏镇江市区医政路金田工地发现一处萧梁铸钱遗址，出土大量陶质碎范片，钱范片有四种形制：一为带有轮郭的五铢，应为梁铁五铢范；二为面无内外郭，背有内郭无外郭的五铢范，据范片看，所铸之钱系与东汉五铢相似的女钱，可称之为"镇江公式女钱范"；三、四为不规则的劣钱范。1998 年，南京东八府塘的建筑工地出土了大量五铢钱范，均为细腻红砂土质，钱模圆形方穿，面无内外郭，背无外郭而有内郭，面穿反书阴刻"五铢"二字。此批范片，大体有两种形制：前者制作粗率，数量较少，与"镇江公式女钱范"基本一致；后者制作规范精整，数量较多，钱文宽扁，铢字"金"头小，"朱"字上面圆折外撇，"五"字宽矮，此范所铸之钱，一般称之为"南京公式女钱范"。镇江范实物较多，南京范偶在南京土场散出，秘不可得。2018 年 1 月 11 日，南京瓦官寺出土了一口残铁锅，铁锅之上黏着钱山，重十斤，略有太清丰乐反书光背 3 枚、永安五铢 5 枚、大泉五十 2 枚（一大一小）、太平百钱背水波纹 1 枚、孝建钱 1 枚、镇江版公式女钱若干、小样剪边五铢若干、剪边五铢、无文钱若干，以及 20 余枚女钱，与"南京公式女钱范"一致，且面文除五铢外，多有算筹阴刻，更有一枚鱼纹阴刻和一枚"大吉"字样的阴刻。自此，南京公式女钱、镇江公式女钱终

● 南朝梁钱

永通万国：货币与历代兴衰

得解。

为何会有两种公式女钱？南京文物专家邵磊据 1998 年，南京东八府塘五铢钱范认为前者（镇江版范）铸造粗率，后者（南京版范）精整，铸期不同。前者与天监五铢相类，铸期较早，后者穿径与梁铁五铢一致，铸期靠后。并据顾烜《钱谱》推测，镇江版公式女钱铸期为天监元年，与天监五铢同铸，"未行用"（事实上，在出土中南京版多无使用痕迹），南京版公式女钱为二十年后的普通三年（522 年）铸。据此亦可知，瓦官寺所出土之铁锅，或为普通三年之物。

三是梁铁五铢。据顾烜《钱谱》的记载，萧梁此次所发行的铁钱共有四种类型：其一为五铢钱，直径一寸一分，背面多带有四出文，较常见；此外，另有大吉五铢、大通五铢、大富五铢三种铁钱，这四种钱币大小轻重相仿，钱背多带有四出文。1935 年，江南铁路公司在南京通济门草场圩发现一处萧梁铸钱遗存，其中就出土有大吉大通大富五铢钱范，该范现收藏于上海博物馆。出土中可以看到面文为大吉五铢的铜钱，应为六朝时期私铸，至于大通五铢、大富五铢仅见其范了。值得一提的是，梁武帝四次舍身同泰寺，公卿每次以"一亿万"钱（即一亿钱）奉赎，此钱即为梁铁五铢。铁钱发行后，由于材料廉价，"人以铁贱易得，并皆私铸"，流通中的铁钱积如丘山，购买力不断下降，导致"物价腾贵。交易者以车载钱，不复计数，而唯论贯"。

四是太清丰乐钱。此种钱币钱文为四字篆书，"丰乐"二字分居左右，"太清"自上及下，向右横书，"太"字中有两点，上有一横笔，背面多见有四出文，亦有反书传世。直径 24 毫米，

● 太清丰乐

重 2.5 克，铸造精美。太清为梁武帝晚期年号，故此钱应为梁武帝末年钱，根据出土伴随情况（大量出土在江苏，伴随有梁钱）亦可得证。

五是两柱钱。今谓梁"双柱五铢"。《资治通鉴》载："梁末有两柱钱及鹅眼钱，时人杂用，其价同，但两柱重，鹅眼轻。"清末以来，误将曹魏五铢面双星认作两柱钱，有一种大量出土于南京与荆州、襄阳的五铢，面有双星，文字与北周五铢略同，应为梁双柱五铢。其中荆襄版直径 23—25 毫米，南京版直径在 20—22 毫米或更小。据《北史·姚僧垣传》："梁元帝大喜。时初铸钱，一当十，乃赐钱十万，实百万也。"荆州版或为梁元帝承圣元年（552 年）于新都江陵铸，直径较大，以一当十。而南京版或为元帝破灭前后，王僧辩平定侯景之乱，镇守建康至被陈霸先俘获期间铸。南京版梁双柱五铢根据内郭不同可分为全内郭和双竖两种，全内郭较少。

六是四柱钱。今谓梁四柱五铢。《梁书·敬帝纪》："己卯，铸四柱钱，一准二十……壬辰，改四柱钱一准十。"《资治通鉴》载："至是铸四柱钱，一当细钱二十。"清末以来，误将曹魏五铢面双星背双星认作四柱钱。近年出土于南京地区的一种面文与双柱钱同、与北周五铢略同的五铢钱，背有四星，大小在 23 毫米左右五铢钱，或为梁四柱五铢钱，为梁敬帝禅位陈霸先前所铸。

七是内郭五铢。今谓梁内郭五铢。有一种出土于长沙等湖南地区的全内郭五铢，直径在 23 毫米以上，面文与南京版梁双柱五铢同、与北周五铢略同的五铢，不见史载，或为梁元帝晚期至陈朝建立前，湘州刺史王琳割据长沙地区四年期间所铸。

八是劣钱。据《隋书·食货志》载："梁末有两柱钱及鹅眼钱，时人杂用，其价同，但两柱重，鹅眼轻。……丙申，复闭细钱。闭者，闭绝不行使。细钱，民间私铸者也。时私钱细小，交易以车载钱，不复计数。"其中鹅眼、细钱为梁末细钱。1997 年，江苏镇江市区医政路金田工地四种钱范中，便有两种劣钱范，

● 南朝陈钱

其中方形劣钱即为鹅眼钱。

此外，梁武帝时期还出现了短陌现象。《隋书·食货志》载："至普通中，乃议尽罢铜钱，更铸铁钱……所在铁钱，遂如丘山，物价腾贵。交易者以车载钱，不复计数，而唯论贯。"铁钱量大价贱，交易中已无人再精算一贯钱到底是八十枚还是七十枚，"商旅奸诈，因之以求利，自破岭以东，八十为百，名曰东钱。江、郢已上，七十为百，名曰西钱。京师以九十为百，名曰长钱"。虽然梁武帝下诏禁止，然短陌现象越发严重，"中大同元年，天子乃诏通用足陌。诏下而人不从，钱陌益少。至于（梁武帝）末年，遂以三十五为百云"。"取人长钱，还人短陌"，这种现象历代诸种材质货币都会出现，但如梁铁钱般差值之剧，甚罕。

南朝陈在南朝诸国中国土最小，仅能控制江陵以东、长江以南、交趾以北的地区。传五帝，共历三十二年。陈武帝陈霸先"少倜傥有大志"，南平交趾，北除侯景，诛王僧辩，大败北齐，以不世之功，禅梁称帝，在位三年后病逝。其侄陈文帝陈蒨大力革除奢侈之风，促成"天嘉之治"。陈宣帝陈顼即位，继续实行轻徭薄赋之策，江南经济逐渐恢复。太建十年（578年），陈朝进攻北周，一度占领淮南之地。后为北周所败，尽丧江北州郡。后主陈叔宝继位后，不问政事，荒于酒色，陈朝国势江河日下。祯明三年（589年），隋军攻陷建康，陈朝灭亡。

南朝陈的货币略有两种。一是天嘉五铢，又名陈五铢。此种五铢直径约24毫米，重3.4克左右。面无内郭而有外郭，背俱内外郭，重2.6克左右。以一当梁末劣钱鹅眼、剪边小钱十。天嘉五铢的铸期多有争议，《陈书》卷三《世祖纪》云，天嘉三年（562年），"闰二月甲子，改铸五铢钱"。《南史》沿袭《陈书》铸期。《隋书·食货志》曰："至文帝天嘉五年，改铸五铢。"《通典》与《资治通鉴》沿袭《隋书》铸期。《陈书》成书较早，且作者姚察、姚思廉父子都入仕陈朝，姚察更是官拜陈朝吏部尚书，并曾任职掌管图籍资料的秘书监，其说更确。二是太货六铢。太建十一年（579年），陈宣帝始铸太货六铢钱。钱文篆书直读，为"太货六铢"四字，重如其文，一枚当陈五铢十枚，制作精整，居六朝钱币之冠。与陈五铢并行流通，后改成当一钱。民间因使用不便，谶言其有不利于皇帝的征兆，"六"字似又腰哭天子。此后，陈朝未再铸币。

南朝的铸币在货币流通中基本居于重要地位，有力地促进了商品经济的发展和国家财政的收支。但是东汉末以来铜币量不足、通货紧缩的情况始终未被解决，加之因国势、战争的影响，频繁更迭的货币政策，以及货币减重、货币私铸等痼疾，造成流通领域的混乱，从而加重了社会经济层面的崩溃，直至亡于北隋。

萧绎被俘后，西魏征梁帅首、柱国常山郡公于谨派使者强逼他写手书劝降王僧辩，萧绎不允。使者怒斥："王今岂得自由？"萧绎无奈："我既不自由，僧辩亦不由我。"于谨也知道，王僧辩镇守建康，依违于梁与北齐之间，同西魏不两立，断无投降之理。便将萧绎交给了西魏扶持的傀儡梁帝萧詧。

萧詧与其叔萧绎有不共戴天之仇。当初侯景作乱，梁武帝坐困建康台城。萧梁皇族起兵勤王，以湘东王萧绎、武陵王萧纪、河东王萧誉以及萧誉三弟岳阳王萧詧兵权最重。河东王萧誉不听节制，萧绎派王僧辩征讨，萧誉兵败身死，传首江陵。梁武帝和梁简文帝相继驾崩后。萧纪先于益州称帝，得知侯景被王僧辩攻灭，转为讨伐称帝的萧绎。萧绎派兵迎战，并请求西魏出兵袭取益州。在西魏大将韦孝宽和梁元帝的讨伐下，萧纪兵败身死，益州被西魏占领。自此，富庶的益州成为西魏、北周铸币的要区。

萧纪战败后，萧绎以梁王之尊，要求西魏按照旧图重新划定疆界。宇文泰震怒，遣于谨攻江陵，萧詧出兵会合，故有此番之难。萧绎投降于谨后，被萧詧以土袋闷死。于谨俘虏了南梁男女十多万人，收缴了府库中的珍宝，并将得到的南朝宋的浑天仪，南梁的日晷铜表，曹魏的相风乌、铜蟠螭趺、直径四尺周长七尺的大玉及诸舆辇法物皆献于朝廷。

江陵陷落后，梁元帝第九子晋安王萧方智在建康被王僧辩和陈霸先立为梁王。不久，北齐乘虚而入，欲像西魏般侵夺梁土。王僧辩屈从于北齐压力，迎立北齐傀儡萧渊明入建康为帝，改元天成，立梁王为太子。陈霸先苦争无效，与徐度、侯安都水陆并进突袭石头城，绞杀王僧辩。萧渊明退位。十月，萧方智即皇帝位，改元绍泰，是为梁敬帝。太平二年（557 年）陈霸先废帝自立。西魏宇文泰则立萧詧为梁主，命辖江陵一州之地。萧詧在襄阳统辖的地盘，尽归西魏。萧詧在江陵称帝，年号大定，史称西梁、后梁。依附宇文泰嫡长子宇文觉建立的北周与陈霸先建立的陈朝相持。

西梁大定八年（562 年）二月，萧詧忧愤成疾，背发毒疮，驾崩于前殿。太子萧岿即位，立年号"天保"，在位二十三年。后萧岿太子萧琮即位，年号"广运"。西梁广运二年（587 年），隋文帝杨坚征召萧琮入朝，封莒国公，西梁覆灭。

萧琮侄萧铣，于隋恭帝义宁二年（618 年）称帝，署百官，一用梁故事。全盛时统治西至三峡，南到交趾，北距汉水的南土，兵力达到四十万。

唐武德元年（618 年），萧铣迁都江陵，修复先祖园庙。唐武德四年（621 年），萧铣兵败被执，斩于都市。

萧梁一系，雅爱图籍。

萧绎之父梁武帝萧衍为臣时便跻身文佐皇子的"竟陵八友"。起兵造反后，即命吕僧珍率兵封府库及图籍。甫登皇位，便颁征书令，求天下遗书。

萧绎长兄萧统，博涉典籍，读书数行并下，过目皆忆。收罗古今图书三万余卷，总纂了我国现存最早的诗文总集《昭明文选》。

萧绎三兄简文帝萧纲，弘纳文学之士，雅好赋诗，大扬轻靡侧艳、风格绮蔓的文风，号曰"宫体"。

萧绎五岁能诵《曲礼》，既长好学，博综群书，下笔成章，出言为论，才辩

● 南朝飞仙纹砖
常州博物馆藏

敏速，冠绝一时。江陵大火所焚之古今图籍，料有萧绎所著绘之《孝德传》三十卷，《忠臣传》三十卷，《丹阳尹传》十卷，《注汉书》一百一十五卷，《周易讲疏》十卷，《内典博要》一百卷，《连山》三十卷，《洞林》三卷，《玉韬》十卷，《补阙子》十卷，《老子讲疏》四卷，《全德志》《怀旧志》《荆南志》《江州记》《贡职图》，《古今同姓名录》一卷，《筮经》十二卷，《式赞》三卷，文集五十卷等。

萧詧笃好文学，所著文集十五卷，内典（佛经）《华严》《般若》《法华》《金光明义疏》三十六卷，并行于世。

萧岿著有文集及《孝经》《周易义记》《大小乘幽微》十四卷，流传于世。

萧琮著有文集七卷。今存诗《奉和御制夜观星示百僚诗》一首，文《与释智颛书》一篇。

萧铣早年以佣书为生，终奉"图籍"归唐。

当初江陵城破之日，于谨曾遣使询问萧绎：何意焚书？

绎凄然道：读书万卷，犹有今日，故焚之！

南朝货币图释举要

	朝代	始铸情况	种类	备注
1		文帝刘义隆于元嘉七年（430年）铸	四铢	四铢为南朝第一种铸币。
2	宋	孝武帝刘骏于孝建元年（454年）铸	孝建四铢	"孝建四铢"四字作薤叶篆，常见合背，重文、倒书者，版式颇多。中国最早年号记重钱。
3		孝武帝刘骏于孝建年间铸	孝建	光背，字、形如孝建四铢，字文多平夷漫漶。
4		孝武帝刘骏于大明元年（457年）铸	大明四铢	该钱铸期不足三个月。
5		前废帝刘子业于永光元年（465年）铸	两铢	永光元年春二月庚寅铸。
6			永光	钱体薄小。
7		前废帝刘子业于景和元年（465年）铸	景和	
8	齐	武帝萧赜于永明八年（490年）铸	南齐五铢	有大样小样，常省笔为五金（金类泉，俗称"五泉"），常见无文，偶见内郭、合背、合面、背单决。
9		武帝萧衍于天监元年（502年）铸	天监五铢	有陶范存世，并有与范相合之钱，出土于四川。
10			公式女钱	面无内外郭，易与剪边五铢混淆，有南京版、镇江版。
11	梁	武帝萧衍于普通四年（523年）铸	铁五铢	铁质，背四出文，是我国首次大批量铸造的铁钱。有五内星，上下星等记号，亦有传形。
12		武帝萧衍于太清年间铸	太清丰乐	背四出文，偶见光背，光背钱文"丰乐"二字与正品相反。
13		元帝萧绎于承圣年间铸	双柱五铢	有荆襄版、南京版，南京版有全内郭和双竖郭两种。
14		敬帝萧方智于太平二年（557年）铸	四柱五铢	面内郭，背、上、下、左、右四星柱。

	朝代	始铸情况	种类	备注
15	陈	文帝陈蒨于天嘉三年（562年）铸	天嘉五铢	即陈五铢，分大五和长金小五等版。
16		宣帝陈顼于太建十一年（579年）铸	太货六铢	面文"太货六铢"为玉箸篆，俗谑为"叉腰哭天子"。
17		待考	续铢	断代有争议，或为非行用钱。

南朝宋

四铢

孝建四铢

孝建光背

大明四铢

两铢

永光

景和

南朝齐

五铢

南朝梁

天监五铢

公式女钱（镇江）　　公式女钱（南京）

铁五铢

太清丰乐

太清丰乐 - 反书光背

双柱五铢

永通万国：货币与历代兴衰

四柱五铢

小内郭五铢

南朝陈

天嘉五铢

太货六铢

续铢

第十三章

观我之生

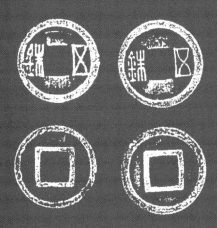

● 北魏鎏金佛音像

太和十七年（493年）八月，孝文帝拜辞了冯太后的永固陵墓后，率领群从百官，步骑百余万从平城出发南伐。

九月，北魏大军抵达洛阳。阴雨绵绵，一派萧瑟。

帝细览汉晋宫殿旧址，感慨系之：晋德不修，早倾宗祀，荒毁至此，用伤朕怀。在残破的殿基前，这位年轻的鲜卑帝王一如汉家天子，涕咏《黍离》之诗。

知我者，谓我心忧，

不知我者，谓我何求。

…………

随行的任城王拓跋澄亦有所恸，他虽不若孝文帝般有堪比曹魏父子、萧梁父子的才情，但其音韵遒雅，风仪秀逸，曾震惊南齐使臣庾荜，有"今魏任城乃以文见美也"之令誉。今见名都王城之衰圮，又知帝欲迁都的内情，敢无所伤？

接着，帝观洛桥，幸太学，观《石经》。

不久，谜底终于揭开。帝戎服执鞭，御马而出。经过长途行军，群臣已疲惫不堪，纷纷跪于御马之前，磕头泣谏，请停南伐。尚书李冲、安定王休等人更是哭谏、死谏。眼看火候到了，帝假意大怒：本次兴动不小，动而无成，何以示后？如不南征，索性迁都于此，诸位以为如何？诸臣奈何，唯齐呼"万岁"而已。至于平城留下的鲜卑旧部，便交由拓跋澄晓谕。

晋室南渡以来，北魏据中国，宋齐受符玺，互相夷虏，自谓正统。在南北争朔的大背景下，作为汉魏晋旧都的洛阳无疑成了南北政权的政治归宿和正统表征。永嘉南渡以来，桓温畏敌不敢都洛，刘裕逡巡不敢迁洛，只有孝文帝有敢于京洛的气魄。

太和十九年（495 年）九月，北魏"定鼎嵩洛"。之后，孝文帝在冬至日亲祀委粟山圆丘，大行华夏郊天礼，发出了大魏作为汉、魏、晋继任者的强音。其实，孝文帝所顾念的不是南征，也不是迁都，而是大膺天命以为华夏正统的政治诉求，尽破夷夏大防以为九州共主的政治伟业。这是北朝最终得以一统全域所蕴含之政治自信的滥觞。

洛阳城里的君臣以久违的《周礼》、汉魏故事、郑玄礼说为凭，开始了轰轰烈烈的汉化运动，废胡语、废胡服、废胡姓、与汉联姻、用汉礼乐、尊儒学、兴学校、统一度量衡……这之中，还包括鲜被提及的铸币一事。孝文帝依《周礼》故事，用太公九府圜法，造钱币、用铢两、通财货。于是，北魏立国百年之后，终于结束了"钱货无所周流"的零铸币时代。可以说，北朝铸币的开端，不仅是一种经济自觉，更是一种政治宣示。

● 太和五铢

太和十九年，京洛冶铸粗备，孝文帝便急不可耐地推行了北朝的第一种铸币"太和五铢"。在布帛畅行百年的强大压力下，孝文帝使用行政手段推行钱币，如"始诏天下用钱""诏京师及诸州镇皆通行之"，又如内外百官禄从绢变为钱，规定一匹绢兑钱二百。由于原材料的缺乏和铸力的紧缺，孝文帝沿袭汉文帝的旧法，在各地广设钱炉，准许百姓按照官方要求，持铜私铸，"民有欲铸，听就铸之，铜必精练，无所和杂"。

由于布帛畅行已久，且从绢钱比值看，太和五铢是一种高购买力的虚值货币，加之市场上大量接近实值的汉魏古钱，故未达到畅行的目的。史载："虽利于京邑之肆，而不入徐扬之市。土货既殊，贸鬻亦异，便于荆郢之邦者，则碍于兖豫之域。"

太和五铢虽然发行失败，但对中国货币史和北朝铸币史产生了重要的影响。

先是对中国货币史的积极影响。中国古代铸钱大抵可分为范铸法和翻砂法两种工艺。范铸法肇始于先秦，铸造精良，但铸量有限；翻砂法广泛流行于唐宋及其后，铸造虽不如范铸精整，需要磨面，但铸量有了明显提升。翻砂法的开端一直是未解之谜，今人杨槐从《魏书》中记载的北魏大臣高恭之的上书中，发现了"沙"作为铸币材料，且在这次上书后，魏廷"用杨侃计，铸永安五铢钱"，可知翻砂法应在永安五铢之前。而整个北朝在永安五铢之前只铸造过"太和五铢"和"永平五铢"。今人杨君和周卫荣在太和五铢和永平五铢上都发现了一种为清理砂

● 北朝造像碑

型钱腔而"拨砂"过深，导致钱边形成小片状流铜的铸造缺陷，故将翻砂法的上限提前到"太和五铢"之时。而南朝首次出现这种"拨砂"痕迹的陈五铢，则是六七十年以后了。

翻砂铸钱出现在经济、铸造工艺相对落后的北朝，应与孝文帝允许官民共铸有关。民间私铸为了获取铸币利润，大胆改革，终于发现了这种更有效率的铸造方式。事实上，无论是铜币的范铸、翻砂，纸币的出现，金银的打制，甚至近现代的一些货币的起源性因素，都有浓厚的民间色彩。

再是对北朝铸币的影响。太和五铢的铸行，揭开了北朝铸币的五组矛盾，即钱与布帛的矛盾、旧钱与新钱的矛盾、官铸与私铸的矛盾、虚值货币与足值货币的矛盾、劣钱与良钱的矛盾，以及全域流通与区域流通的矛盾。之后北朝的多次铸币和隋五铢的铸造，都将围绕这些矛盾展开。

十几年后，孝文帝之子宣武帝元恪于永平三年开始第二次铸币，"又铸五铢钱"，又严令"敕不行之钱，虽有常禁，其先用之处，权可听行，至来年末悉令断之"。给鸡眼、鋬凿等劣钱这种不行之钱短暂的流通时间，来年末即禁止。这是为了解决劣钱与良钱的矛盾，避免劣币驱逐良币，结果是"肃宗初，京师及诸州镇或铸或否，或有止用古钱，不行新铸，致商货不通，贸迁颇隔"。

● 永平五铢

永平五铢铸行情况应与太和五铢无甚区别，首先是一种政府确定比价的虚值钱（这一点从几年后元澄要求钱币"依乡价"的奏书可以得证）；其次还是在有限的区域内艰难地流通；最后，由于孝文帝开放民铸，私铸的劣币至此时已充斥市场，加深了贸易混乱。同时，随着多年的钱币铸行和开禁，市场上流通的货币量应有所增加，铸币在经济生活中的地位有所提高。

关于永平五铢的种类，钱币界素有争议。今人林染、王泰初等人从西魏侯义墓和一些出土资料中，以判定民国王荫嘉、彭信威所辨别的一种写法与太和五铢、永安五铢相近的五铢即为永平五铢，论证清晰，不赘。

孝明帝熙平初年，三朝元老、尚书令、任城王元澄（拓跋澄）见两次行钱的滞塞景况，不忍见孝文帝行钱之策付之流水，故两次上书陈奏，以期解决钱币流通不畅的问题。

元澄之论大抵有四点内容：一是钱币优于布帛，钱币"收利遍于天下"，而用"单丝之缣""疏缕之布""裂匹为尺"的布帛交易，造成浪费。二是新旧钱可并用，"今之太和与新铸五铢，及诸古钱方俗所便用者，虽有大小之异，并得通行"。三是合理化太和五铢和永平五铢购买力，"贵贱之差，自依乡价"。四是打击劣钱，"其不行之钱，及盗铸毁大为小，巧伪不如法者，据律罪之"。元澄上书获准后，原先那种全国性的钱币滞塞，有所改善，只剩个别地域还有钱货不畅的情况。钱币的复用、官民共铸的模式，势必导致私铸者与官炉勾结，乃至自造炉，私铸货币的减重速度快于官铸速度，以获得官方的铸币税和通货膨胀税，从私铸演化为违法的盗铸。于是北朝货币政策的重心便从扩大流通，转为限制私铸、打击盗铸。

孝明帝孝昌三年（527年），春正月"甲申，诏峻铸钱之制"。铸钱都将长吏高谦之上书提出铸造三铢钱。这亦是汉武帝解决文景四铢半两私铸的法子。既然市场上的劣钱兑换了足值的太和五铢和永平五铢，不如官方发行轻薄的三铢钱，以反制私铸的劣钱、节省铜料。短期看，发行三铢有其合理性，但不废止官民共铸模式，民间将会铸造更为薄小的钱币以获利。彼时刘宋王朝灭亡前所铸之二铢钱的乱局犹在眼前，且高谦之被胡太后赐死，三铢之事无疾而终。

武泰元年（528年），孝明帝不满胡太后专权，密诏岳父尔朱荣进京勤王。密诏外泄，遭到胡太后毒杀，年仅十九岁。尔朱荣在高欢等人的怂恿下，拥立长乐王元子攸为帝，是为孝庄帝。尔朱荣兴兵攻入洛阳，将胡太后和幼主元钊沉入黄河，于京郊河阴纵兵围杀宗室大臣两千多人，史称"河阴之变"。后高欢劝尔朱荣称帝，但在贺拔岳的强烈反对下，尔朱荣知事不成，复迎元子攸入洛即位，改元建义。

孝庄帝元子攸帝途坎坷，先是受制于权臣尔朱荣，尔朱荣返回老巢晋阳后，又被投靠梁武帝萧衍的伪主元颢逼出洛阳，后不得不再请尔朱荣援洛。

永安二年（529 年）六月，天柱大将军尔朱荣挟甲百万，拥卫孝庄帝元子攸扑向洛阳。尔朱荣依杨侃计，绕过陈庆之所部的梁军，进而大败元颢。

魏都光复后，尔朱荣返回晋阳，操控朝局。元子攸则在忠于帝室的杨侃和高恭之的辅佐下，主要做了两件事。一是铸币，二是诛杀尔朱荣。

高恭之是高谦之的胞弟，但是二人的货币思想却不相同。高恭之认为，私铸钱获利极大，"在市铜价，八十一文得铜一斤，私造薄钱，斤余二百"，故难以禁止。如果改铸大钱，钱文写上年号，铜一斤成钱七十六文（"宜改铸大钱，文载年号，以记其始，则一斤所成七十六文"《通典》），则私铸再无利润，可解决市场中的私铸劣钱。杨侃也请奏五铢钱，并建议官民同铸，"听人与官并铸五铢钱"。两位肱骨所请，元子攸诏从之。虽然"旨下尚书，八座不许"，元子攸还是坚持铸币。

● 永安五铢

永安二年（529 年）秋，诏更改铸，文曰"永安五铢"，官自立炉，起自九月至三年正月而止。同时，"诏诸有公私债负，一钱以上巨万以还，悉皆禁断，不得征责"。这是最早的一条关于放免公私债负的记载。

此次铸币处于洛阳复得之后，彼时中原丧乱，尔朱辖制，萧梁北窥，仓促铸币，有收敛财货的考量，更有以膺天命、传天子年号于四海的暗意，故在币文上书年号"永安"二字。史载："官欲贵钱，乃出藏绢，分遣使人于二市卖之，绢匹止钱二百，而私市者犹三百。"原本市场三百文钱才能购买一匹绢，使用永安五铢则减少至二百文，以提高新钱的购买力，达到"贵钱"的目的。

永安三年（530 年）四月，尔朱天光平定关陇，擒万俟丑奴，囚送京师。尔朱荣欲借此功勋，以尔朱皇后即将生产为由，进京朝拜，朝野大震。九月，尔朱荣率兵抵洛，元子攸与宗室元徽、杨侃、高澄之等人密谋诛之。动手前，元子攸召见中书舍人温子昇，告知大计，并详询东汉朝廷除掉董卓之事。听得温子昇慷慨地讲述王允计杀董卓后，元子攸大泄积郁，豪气干云：

"吾宁为高贵乡公死，不为常道乡公生！"

九月戊戌日，元子攸埋伏兵士在明光殿东序，然后遣使飞报尔朱荣，言皇后生下太子事。尔朱荣进宫入殿，未等开口道喜，忽见元子攸手下提刀从殿东门趋进。尔朱荣惊惶，奔御座欲挟天子。元子攸膝上早横备一刀，提刀刺腹，枭雄毙命。尔朱荣横死，党羽群情激愤，欲攻占皇宫复仇，被贺拔胜劝止，北返晋阳。

元子攸做了汉献帝不敢为之事，一时快意终付性命。尔朱家族的反扑超出了元子攸的预料，东边尔朱仲远擒获了兖州刺史王衍。贺拔胜兵败尔朱仲远，再次投降尔朱阵营。北边尔朱兆大破丹谷要垒，负责北边防务的源子恭溃逃，洛阳城只剩下黄河天险可守。只是这次，再无尔朱荣救驾了。

不到三年，洛阳城先后迎来了尔朱荣、陈庆之（及其拥立的伪主元颢）、尔朱兆三位征服者。大势已去，元子攸被尔朱兆生擒。数月后，被勒死在晋阳的三级佛寺。

天子蒙难后，高欢攻占洛阳，并于二年后进兵晋阳，消灭尔朱氏势力，控制朝局。在此期间，北魏皇位如走马灯一般，先后出现了元晔、元恭、元朗三位废帝。

永熙元年（532 年），高欢立元修为帝，即孝武帝。元修不堪为傀儡，投奔远在关中的贺拔岳手下宇文泰。高欢先立元亶，后改拥立元亶年仅十一岁的世子元善见为帝，即魏孝静帝，迁都于邺，东魏自此始。公元 535 年，宇文泰弑杀孝武帝，立元宝炬为帝，都长安，西魏自此始。

东魏、西魏都是短命政权。公元 550 年，高欢子高洋接受元善见的禅让，建立北齐。公元 557 年，宇文泰子宇文觉接受拓跋廓"禅让"，建立北周。元魏灭亡。

东魏建立初期，仍沿用永安五铢，困扰北魏的盗铸问题越发严重，河北等地专用绢布的情况也未改善。史载"迁邺已后，百姓私铸，体制渐别，遂各以为名。有雍州青赤，梁州生厚、紧钱、吉钱，河阳生涩、天柱、赤牵之称。冀州之北，钱皆不行，交贸者皆以绢布"。其中"吉钱"应为一种背文为土，与穿口合为"吉"字的永安五铢。

东魏兴和三年（541 年），有雀衔永安五铢置于高欢座前，高欢嫡长子高澄令百炉别铸此钱，又称"令公百炉"钱，钱币界一般将背文为接郭四道的永安五铢称之为"令公百炉"钱。

经过上次铸币，高澄对货币事宜尤为重视。

武定初，高欢"遣使人诣诸州镇，收铜及钱，悉更改铸，其文仍旧"，亦为"永安五铢"。随着经济民生的恢复，钱币的购买力有所回升，"元象、兴和之中，频岁大穰，谷斛至九钱"，原本北魏末年三百钱一匹的绢布也降价了，"魏朝以河南数州，乡俗绢滥，退绢一疋，征钱三百，人庶苦之。谟乃表请钱绢两受，任人所乐，朝廷从之"。可盗铸问题仍未解决，史载"未几之间，渐复细薄，奸伪竞起"。

对此，高澄欲行改革，"以钱文五铢，名须称实"，并且通过市场准入制度，推行货币的名实相符，"宜称钱一文重五铢者，听入市用"。并在京邑二市和天下州镇郡县之市，各置二称，悬于市门，称钱的重量。对于私铸也并不禁断，只要名实相符，就可使用，"但重五铢，然后听用"。高澄还对货币的材质提出要求，"或虽重五铢而多杂铅镴，并不听用"；最后还制定了赏罚措施，"若有辄以小薄杂钱入市，有人纠获，其钱悉入告者"。高澄的足值钱政策受到不小阻力，还未及实施，便被梁人兰京刺杀身亡，货币改制计划废止。

高欢去世后，其子高洋建立北齐。天保四年（553 年）春正月，高洋下令发行新钱，文曰"常平五铢"。史载，"齐文宣除魏永安五铢，改铸常平五铢，重如其文，其钱甚贵，且制造甚精"。出土的常平五铢确都铸造精美、厚重足重，是难得的良泉。

● 常平五铢

本次铸造的常平五铢没有继承元魏加年号的传统，反而是在五铢前加了吉语"常平"二字。"常平"是一种调节米价的手段，为汉宣帝时耿寿昌首创，即在筑仓储谷，谷贱时增价而籴，谷贵时减价而粜。以"常平"为钱币面文，包含着高洋对稳定物价、期盼太平的美好期许，是一种祈祷天运、守境安民的压胜。

不出意料，"常平五铢"这种足值钱由于官民共铸的模式，很快造成不足重的盗铸泛滥。《通典》载："其钱未行，私铸已兴，一二年间，即有滥恶，虽杀戮不能止。乃令市增长铜价，由此利薄，私铸少止。"此时

● 常平五铢

所谓"私铸"应是不按官方标注铸造的"盗铸",《通典》成书较晚，对北魏以来的官民共铸形态未作甄别。

"常平五铢"出土实物中少见直径小的，但是薄厚、颜色（绣色）、坑口、铜制大不相同，可以大胆推测，"常平五铢"依靠官民共铸，官方对样式、重量、成色提出要求，私铸者谋利的重点一方面是薄钱，一方面是加铅、锡、铁等金属。这与《隋书·食货志》所载对应，"至乾明、皇建之间，往往私铸。邺中用钱，有赤熟、青熟、细眉、赤生之异。河南所用，有青薄铅锡之别。青、齐、徐、兖、梁、豫州，辈类各殊。武平已后，私铸转甚，或以生铁和铜"。盗铸转向了隐蔽化。私铸开禁，盗铸难以永绝，故"至于齐亡，卒不能禁"。

西魏前期也是使用永安五铢，由于连年征战，对铸币的需求不甚强，市场上充斥的还是太和五铢、永安五铢、旧钱和西魏官民新铸的永安五铢。北魏、东魏、西魏的永安五铢区分一直是难点，杜维善先生根据出土情况，在《永安五铢断代纠谬》中对三魏的永安五铢作出区分，聊备一说。

西魏新铸钱是在大统六年（540 年）二月和大统十二年（546 年）三月，《北史·魏本纪》载"大统六年……二月，铸五铢钱"，"大统十二年春……三月，铸五铢钱"，由于记载简略且前后有两次铸造，故"大统五铢"多有争

● 大统五铢

议，大体有"永平五铢""北周五铢""置样五铢"三种说法。

从出土看，西魏侯义墓（大统十年葬）、谢婆仁墓（大统十六年葬）皆出土过直径过25毫米的类隋五铢（即"置样五铢"），北周王德衡墓、若干云墓都出土过直径在22—23毫米的类隋五铢。而这种类隋五铢在西魏之前的墓葬中从无出土。可判，至少在大统十六年之前，已经出现了大直径（25毫米）的类隋五铢，在北周时更是出现了小直径的类隋五铢。进一步可判，大统六年、大统十二年两次所造五铢，应都为此种类隋五铢，而直径从25毫米减至22毫米，应是官民共铸导致的货币本身减重之故，不应分别看为大统六年和十二年两次所铸的区别。也就是说所谓隋五铢，其实是继承了西魏大统五铢的形制。

北周代魏后，依旧延续西魏之钱，这也与王德衡墓、若干云墓出土情况一致。

北周武帝于保定元年（561年）七月，铸布泉，一当五，与五铢钱并行。建德三年（574年），铸五行大布钱，一当十，与布泉并行。建德六年（577年），北周灭北齐，一统北方。北周静帝大象元年（579年），铸永通万国钱，一当十，与五行大布并行。布泉、五行大布、永通万国皆厚重有法，铸造精良，文字是圆润匀称、不出笔锋的玉箸篆，被誉为北周三品，是北朝铸币的巅峰。

先说"布泉"钱。《隋书·食货志》载："武帝保定元年七月，及更铸布泉之钱，以一当五，与五铢并行。"北周武帝所铸之布泉与王莽布泉文字一致，面文有别，重量约在3.5克，略重于五铢，却"以一当五"，是一种虚值钱。为了推动这种非市场性的钱币，北周划分了若干流通区，"时梁、益之境，又杂用古钱交易。河西诸郡，或用西域金银之钱，而官不禁"。也就是说，基于政令的虚值钱"布泉"主要在北周控制能力强的关陇地区。

● 北周布泉

● 北周钱

● 北周五铢

再说布泉一当五的五铢钱。在钱币界，将一种面文与梁内郭五铢相似，直径在25毫米以上，广泛出土于四川、陕西，并常于布泉、五行大布、永通万国伴出的五铢，命名为"北周五铢"。北周五铢有西魏铸、梁铸等争议，从出土基本可以排除西魏和南朝梁铸。我推测，北周五铢应系北周建国初期，四川铸造并行用于四川及其附近的一种仿梁钱。铸造布泉之时，南朝梁已覆灭，四川、荆、扬等梁旧地更是在近十年前被西魏（北周）占领，被北周占领的南朝梁旧地当地还有使用梁钱的习惯，为方便计，没有仓促推行西魏、北周的货币，而是沿用梁旧钱和仿铸的梁内郭五铢，正与《隋书·食货志》载"时梁、益之境，又杂用古钱交易"相印证。但北周五铢应不是布泉一当五的五铢。我认为，布泉一当五的五铢应是大统五铢这种类隋五铢。理由有二：一、《隋书·食货志》记载"后周之初，尚用魏钱"，北周首次发行的布泉，兑换的应还是本朝（西魏、北周统治者都是宇文氏）钱，没有使用梁钱的道理。二、北周若干云和王德衡墓葬（二人下葬都在"布泉"发行后）中出土的都是减重的大统五铢，可证这种钱币在北周的流行，甚至行用到隋（隋五铢依旧是此制式）。至于关中腹地，北周五铢伴随布泉、五行大布、永通万国的出土，应是北周灭北齐前后，北周五铢这种按照西魏大统五铢的传统政令，所铸的直径大而厚重的足值钱在市场上竞争力较强，人多喜用，后与西魏大统五铢乃至旧钱一同作为基础货币广泛流通的缘故。

● 五行大布

　　然后是五行大布钱。布泉流通十三年后，北周武帝再发新钱，"建德三年，更铸五行大布钱，以一当十，大收商贾之利，与布泉钱并行"。五行大布一枚约 5 克重，却能兑换 10 枚布泉，50 枚五铢，虚值更甚。铸造五行大布，是为了统一北齐作准备，依靠国家强力，迅速回笼市场上的旧钱、劣钱、足值钱，短期内达到富国的目的，故有"大收商贾之利"的记载。"五行大布"的面文也与北周武帝灭佛一事有关，"建德二年十二月……（宇文邕）集群臣及沙门、道士等……辨释三教先后，以儒教为先，道教为次，佛教为后"并于次年下令"断佛道二教，经象悉毁，罢沙门、道士，并令还民"。这是基于灭齐的经济和兵员的考量，也有加强汉化、崇尚儒学的原因，毁灭的佛像是铸币的重要铜源。宇文邕对佛教、道教都无宗教的偏见，排佛主要是世俗的考量。故选取了道教的阴阳五行之说，以行压胜，期许新货币能如五行般循环不止，畅行四海，此外，由于布泉的减重，于建德五年被废止（"五年正月，以布泉渐贱而人不用，遂废之"）。

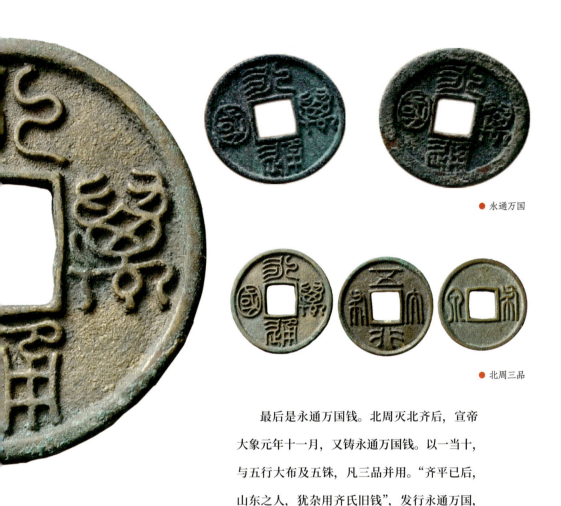

● 永通万国

● 北周三品

最后是永通万国钱。北周灭北齐后，宣帝大象元年十一月，又铸永通万国钱。以一当十，与五行大布及五铢，凡三品并用。"齐平已后，山东之人，犹杂用齐氏旧钱"，发行永通万国，一品当五行大布十，当五铢五百，大收北齐旧钱，为南下灭陈做经济准备。关于永通万国还有一处争议，《周书·宣帝纪》载："丁巳，初铸永通万国钱，以一当十，与五行大布并行。"《隋书》与《通典》等皆沿用。《北史》有不同记载："初铸永通万国钱，一当千，与五行大布并行。"《资治通鉴》《太平御览》等沿用。《周书》《隋书》成书早于《北史》，且一当五铢五百较为合理，一当五铢五万则超越历史以往所有虚值钱（汉武帝皮币面向诸侯王），与北周平齐、收拾河山的政治现实不匹配，也超越了虚值货币发行的极限，故应为《北史》传抄中的谬漏。

● 永通万国

北周铸钱有着浓重的战时货币机制，与北朝其余铸币有明显的区别。具体有五：

一、禁止民铸。"初令私铸者绞，从者远配为户"，这一政策彻底解决了北朝以来的独特的"官民共铸"局面，极大地打击了私铸、盗铸和劣钱，这也是北周虚值钱能够较顺畅发行的根本原因。禁止民铸也有北周独特的国情，北周时经济已经大有恢复，尤其是西魏末年对南朝梁大片领土的攻占和灭齐之战，巨量财货涌入北周，流通中的货币量问题大有缓解，不必再依赖"官民共铸"模式。

二、虚值钱。布泉、五行大布和永通万国都是一种虚值大钱。这种虚值有两种指向：一是在钱与钱的兑换中，二是在钱与货的比价中。与北魏那种规定货币购买力，赋予钱币高价值不同，北周的虚值是更直接、彻底的，带有金融属性的。这与蜀汉的战时货币发行机制是相似的。

三、钱文不再计重。秦汉以来，以五铢为代表的官方货币，都标注了重量，这也是五铢行用七百多年的重要原因，只有十六国几个短命政权未依此成法。进入北朝，虽然货币的实重往往不到五铢，但都标注为五铢，这种名义价值与实际价值不符的情况不仅造成了流通领域的混乱，也掣肘了官方的货币发行，如常平五铢、大型大统五铢就重于五铢，尤其是不利于太和五铢、永平五铢这种虚值钱的流通。废除重量与北朝的货币发行现实吻合，也是唐以降流行千年的"宝文"

钱的先声。

四、确定流通区域。至北周时，铸币已经通行于四海，但由于灭梁和灭齐，北周的货币种类非常复杂，为便于管理，划分了四大货币区域。一是关陇等京畿要地，主要行用北周三品和西魏大统五铢；二是南朝梁旧地用旧钱（梁钱），"时梁、益之境，又杂用古钱交易"；三是河西地区可用金银（西域金银币），"河西诸郡，或用西域金银之钱，而官不禁"；四是齐地用齐钱，"齐平已后，山东之人，犹杂用齐氏旧钱"。

五、外向型、掠夺型货币。如同蜀汉一样，军事优先的虚值大钱主要是为了掠夺，一是国民手里的旧钱与货，二是邻国边境地区的外钱与货，尤其兑换西域高价值的贵金属（金银钱与金银器等）。五行大布铸行一年后，由于领国的盗铸（本国严禁民铸），周廷下令禁五行大布不得出入四关，布泉可入关不能出关，"四年七月，又以边境之上，人多盗铸，乃禁五行大布，不得出入四关，布泉之钱，听入而不听出"。通过政令回笼布泉，无论优劣，皆归周地，入关多按布泉之实际价值，不按一当五的成例。很快，市场上劣质布泉充斥，遂下令废止布泉。如此，通过行政手段，将虚值钱的发行权牢控于掌，应对自如。

北周政府通过发行虚值钱，禁止民间私铸，划分货币流通区域，妥善地处理调和了钱与布、旧钱与新钱、官铸与私铸、虚值货币与足值货币、劣钱与良钱、名义价值与实际价值、流通区域的矛盾。为北周与隋一匡天下奠定厚实的经济基础。

尔朱兆攻进洛阳后，元子攸、高恭之先后死于尔朱氏之手。正在休沐的杨侃潜逃回华阴故里，躲过一劫。尔朱天光遣杨侃亲家韦义远召请他，言要与杨侃盟誓，并行赦免。明知有诈，堂兄杨昱还是劝他以一人之躯保全弘农杨氏全族性命。杨侃只身赴长安，果身死人手。

尔朱氏的复仇依旧不止。普泰元年（531 年）六月二十九日，杨侃遇害次日，弘农习仙里杨氏老宅被尔朱天光派兵包围，故里宗族尽皆被屠；七月四日夜，杨家在洛阳依仁里的住宅被尔朱世隆的步骑兵包围，洛阳宗族被悉数格杀。其余逃亡之人也被尔朱氏搜捕，陆续被诛于曲城、长安、光州、晋阳等地。普泰之变何剧欤！"东西两家，无少长皆遇祸，籍其家。"唯留杨侃的堂弟杨愔逃出生天，投奔高欢，旋成高欢重臣。后高欢攻灭尔朱，杨愔安葬宗族，以缣以奠。北齐立国后，杨愔拜相，位列托孤重臣，陷入宫廷内斗而亡。

弘农杨氏本是关中大族，因孝文帝汉化而兴，杨播一跃成地方节帅，其子侃、椿、津、顺皆系北魏重臣，杨侃更是文武并通、兼明食货，助孝庄帝行汉献帝不敢行之事，为国之干城。

杨氏遭难，自诩为弘农杨氏的还有杨忠一脉。杨忠本是山东细族，年轻时曾游历泰山，恰遇南朝梁的军队，被卸挟至江南。五年后，杨忠随陈庆之白袍军，护送元颢入洛，授任直阁将军。元颢兵败尔朱荣后，杨忠加入尔朱阵容。尔朱荣遇害后，杨忠随尔朱度律赴晋阳与尔朱兆商议废帝，事成后得任都督，封昌县伯，另封小黄县伯。尔朱势弱后，杨忠跟随骁骑将军独孤信转战南北，多有战功。后随北魏孝武帝元修西迁，投入宇文泰的阵营，进封侯爵。东魏初期军力强于西魏，孤独信不敌，率杨忠等南逃梁朝，三年寄居后，再归长安。后在宇文泰的直接指挥下，杨忠在与突厥、东魏和南朝梁的战争中屡建战功，官爵亟升。北周立国后，杨忠历经宇文觉、宇文毓、宇文邕三朝，受封大司空、柱国大将军、随国公。杨忠去世后，爵位由其子杨坚承袭。

杨侃的另一位亲家韦孝宽是跟随孝武帝西奔关中的元从，与宇文泰、贺拔胜、孤独信、赵贵、李虎、于瑾这些贺拔岳的旧势力并不同流。宇文泰弑帝后，控制关中的这两股势力与高欢拉锯。玉璧之战中，韦孝宽运用地形和战术顽强守城，高欢苦战六旬，智力双竭，忧愤而死。此战一举扭转了东强西弱的北朝格局。西魏废帝三年，于瑾率宇文护、杨忠、韦孝宽灭梁。进入北周后，韦孝宽上书陈灭齐三策，齐灭后进位上柱国。宣帝时，韦孝宽携宇文亮、梁士彦攻陈，尽收长江以北之地。时西魏八大柱国尽死，韦氏已跻身北周将首，在军界颇孚人望。

宇文泰、宇文护、宇文邕三代英主，灭梁灭齐，经略天下。瞰华夏全域，只留景阳井中人。然大业未竟，英雄已矣。大象二年（580年）五月十一日，北周宣帝宇文赟病死。周静帝宇文衍年幼，左丞相杨坚专政。杨坚在韦孝宽的支持下，平尉迟迥与北周宗室诸王之乱，逼幼主禅位，已有天下。公元581年，杨坚代北周，改国号"隋"，北周亡。公元587年，废西梁后主萧琮，西梁亡。589年，韩擒虎攻入建康城，捉住陈叔宝，陈亡。公元590年，隋使韦洸安抚岭南，冼夫人率众归降，岭南诸州悉为隋地。时隔两百五十余年后，天下归一。

隋朝更铸币远在灭陈之前，且有一个从松到紧，直至统一货币、畅行天下的过程，又随着隋的衰落再次出现劣币潮，直至隋亡。

首先是隋五铢的诞生。"高祖既受周禅（开皇元年），以天下钱货轻重不等，

● 隋五铢

乃更铸新钱。背面肉好，皆有周郭，文曰五铢，而重如其文。每钱一千重四斤二两。"杨坚所铸的五铢面文、形制与西魏大统年铸造的、流行于西魏和北周的五铢一致，只是直径更接近北周墓中出土的 22—23 毫米小直径大统五铢。隋朝的度量衡有大制和小制的区别，大制一斤约 668 克，小制一斤约 222.7 克。隋五铢使用的是小制，即一斤 222.7 克，一两 13.92 克，一铢 0.58 克，五铢 2.9 克。此次铸造确定了隋朝全境的官钱，北周那种货币分区和大小相权从法律上被废除。

然后是隋五铢的全国性的流通。"三年四月，诏四面诸关，各付百钱为样。从关外来，勘样相似，然后得过。样不同者，即坏以为铜，入官。"隋廷兼用了高澄和北周的货币政策，以进出关隘来引导百姓用新钱。"诏行新钱已后，前代旧钱，有五行大布、永通万国及齐常平，所在用以贸易不止。"这是新钱和旧钱正常的较量过程。"四年，诏仍依旧不禁者，县令夺半年禄。然百姓习用既久，尚犹不绝。五年正月，诏又严其制。自是钱货始一，所在流布，百姓便之。"通过严格的法令最终于开皇五年（585 年）确立了隋五铢天下凝一的法定地位。至此，隋廷基本解决了旧钱问题、流通区域问题、虚值钱问题、币值问题。只剩下最难解决且需要长期解决的盗铸问题。

再次是隋五铢面临的恶钱问题。开皇五年后，"是时见用之钱，皆须和以锡镴。锡镴既贱，求利者多，私铸之钱，不可禁约"。一如前朝，隋五铢发行初期，由于开皇三年的过关堪样令，盗铸恶钱的直径、面文与官钱一致，牟利主要在材质上，即加锡加镴以求取铸币利润。为了解决此类问题，隋廷对锡镴进行管控，"其年，诏乃禁出锡镴之处，并不得私有采取"。出土中有一种五字交笔、铜制发白的隋五铢，钱币界名为"白钱"，一般认为白钱是开皇十年杨广所铸，应是一种附会，所谓隋五铢白钱并无固定铸主，反而应为一种私铸劣钱。

最后是恶钱问题的解决。灭陈后，百废待兴，隋五铢急需增量。开皇十年，"诏晋王广听于扬州立五炉铸钱"，开皇十八年，"诏汉王谅听于并州立五炉铸钱"，"晋王广又听于鄂州白纻山有铜铆处，锢铜铸钱。于是诏听置十炉铸钱。又诏蜀王秀，听于益州立五炉铸钱"。为了治理盗铸问题，隋廷多措并举：一是边关定样，开皇十年又采取开皇三年的边关定样之法"京师及诸州邸肆之上，皆令立榜，置样为准，不中样者，不入于市"。二是坚持之前对锡镴等铸币材料的管控。三是严刑峻法，"京师以恶钱贸易，为吏所执，有死者"。由于盗铸带来的恶钱问题得以解决，"数年之间，私铸颇息"。

五铢在自己的最终形态下，重新到达了西汉那种重如其文、流布天下的盛景。钱的畅行不代表绢布的隐匿，相反，隋朝自然经济的色彩依旧浓厚，绢布的用途广泛，不弱于铸币。此时，国家收入仍以绢帛为主，国家赏赐以绢帛为主，定罪尺度也是绢帛。不过，铸币在商业和百姓日常交易中已越发重要，再不会出现无所周流的滞塞情况。相对的，谷帛衰退之势已不可挡，直至唐宋五代时逐渐退出流通领域。

隋炀帝大业以后，王纲弛紊，巨奸大猾，遂多私铸，钱转薄恶。钱币总是随国势兴衰，"初每千犹重二斤，后渐轻至一斤"。到隋亡前，已经到达翦铁鍱、裁皮糊纸以为钱的地步了。"货贱物贵，以至于亡。"唐武德四年，废五铢钱，行开元通宝钱。五铢与隋俱亡。

观我之生。巍巍汉武，文武是攘，废两造铢，廓开大业。昭宣袭而用之，遂致富强。范铸叠铸，治国治币，气象维新。董乱以来，钱法大坏。永嘉南渡，夏货失祜。所在南朝，五铢借其开物务成之致用、恰如其分之重量、永膺天命之符契，有一次之陆沉，即有一次之振作，于乱世中绳绳相续。终以万里之风同，九州之俗贯，禹域之钱一。

观我之生。北朝以来，有钱帛之争，有新旧之差，有官私之分，有虚实之利，有良劣之别，有畅滞之异。周武隋文，魏侃齐澄，观古今，议钱法，创锡镴翻砂，禁私铸盗铸，用足值良钱，行钱兼行布，令关市定样，用严刑峻法，五铢复又沛行天下。唐祖命行通宝，铢两亡匿。然钱之法度、法重、法令俱存，更阅十年，更阅百年，更阅千年，在在不息。

● 北朝钱、隋钱

北朝、隋货币图释举要

	时期	国家	始铸情况	种类	备注
1			孝文帝拓跋宏于太和十九年（495年）铸	太和五铢	常见有直五和曲五两版。
2		北魏	宣武帝元恪于永平三年（510年）铸	永平五铢	永平至熙平年间所铸的五铢，太和样较少。
3			孝庄帝元子攸于永安二年（529年）铸	永安五铢	铸期较短，为东魏、西魏所继承。
4			西魏初期	永安五铢	北魏永安之沿袭。
5	北朝	西魏	文帝元宝炬于大统六年（540年）铸	大统五铢	西魏侯义墓（大统十年葬）、谢婆仁墓（大统十六年葬）皆出土直径过25毫米的类隋五铢，北周时减重，直径变小，北周王德衡墓、若干云墓都出土直径在22—23毫米的类隋五铢，与隋五铢难以区分。
6		东魏	东魏孝静帝元善见于兴和三年（541年）铸	永安五铢	独有背四出一版（"令公百炉"钱），亦有沿袭北魏之普版。
7		北齐	文宣帝高洋于天保四年（553年）铸	常平五铢	北齐文宣帝天保四年铸，钱文精美，为玉箸篆。
8			北周初期	北周五铢	北周建国初期，四川（益州）铸造并行用于四川及其附近的一种仿梁钱。
9		北周	武帝宇文邕于保定元年（561年）铸	布泉	一品当五铢五，与五铢钱并行。玉箸篆，有别于新莽悬针篆布泉。另有长泉一版。

	时期	国家	始铸情况	种类	备注
10	北朝	北周	武帝宇文邕于建德三年（574年）铸	五行大布	一品当布泉十，与布泉、五铢并行。钱文受道教影响。
11	北朝	北周	静帝宇文阐于大象元年（579年）铸	永通万国	一品当五行大布十，与五行大布及五铢，三品并用。与布泉、五行大布合称为北周三品。为南北朝钱币艺术巅峰。
12	隋朝	隋	文帝杨坚开皇元年（581年）铸	五铢正样	存世较多，继承西魏大统五铢面文。
13	隋朝	隋	文帝杨坚开皇元年（581年）铸	五铢曲笔	多出自南陈故地，铜质发白，故又叫隋五铢"白钱"。

北朝

北魏

太和五铢

永平五铢

永安五铢

西魏

永安五铢

大统五铢

东魏

永安五铢背四出

北齐

常平五铢

北周

北周五铢

布泉

五行大布

永通万国

隋

五铢曲笔

五铢正样

第十四章

开元轶事

光绪庚辰之夏，泉友杨守敬从日本国购得一部奇书。书中尽是些俗不可闻、猥亵伤雅的艳词，被东夷学者盐谷温私议为"日本第一淫书"。

　　杨守敬倒不十分在意，认为那不过是本满篇"都卢""叵耐"的唐人俗刊罢了，所以除了在《日本访书志》中小赘几笔，便再无牵扯了。

　　稍晚些，另一位泉友将此书的内容收入他的《集外集拾遗》中，序语也写得中肯，谓是："为治文史者所不能废矣。"

　　这位泉友名叫周树人。据说他在北大授课时，也不忘与学生剖理此书之意趣。

　　同在北大任教过的出版家郑振铎，则已然是富溢言表的称颂了："它只写得一次的调情，一回的恋爱，一夕的欢娱，却用了千钧的力去写。"

　　此书唤作《游仙窟》，作者是唐人张鷟（音同"卓"，即紫凤）。如今张鷟的名声是寂寥了些，但他曾闻名于当时的新罗、日本。

● 青钱万选压胜钱

　　张鷟年少时，曾梦见紫色大鸟，歇于庭上。其祖大喜认为"吾儿当以文章瑞于明廷"，故以"鷟"为名。唐高宗调露年间，张鷟果真进士登第。

　　水部员半千（原名余庆）服膺张鷟文辞，为之奔走宣扬："（张）鷟文辞犹青铜钱，万选万中。"一时公卿皆称其为"青钱学士"。青钱即是掺杂了铅、锡的铜钱，又称白铜钱，其银白素雅，卓然于暗黄色的孔方丛中。所谓"青钱万选"，言尽了张鷟之才调无伦，当世罕匹。

青钱多见于唐代的开元通宝中。张鷟发迹时，铸行仅八个月的乾封泉宝已被召回，唯唐初发行的开元通宝尚在行用，故可知"青钱万选""青钱学士"中的"青钱"正是"开元通宝"。

● 白铜开元通宝

开元通宝是唐朝最先铸造使用的铜钱，也是唐朝发行数量最多、最为重要的一种本位货币。

面文方面，秦朝以降，唐朝以前，主要流行半两与五铢，历代王朝货币基本以重量为名，即"量名钱"。货币虽脱离了先秦那种实物称量式的用法，但保留着称量货币的形式。而官府铸造和民间私铸的钱币多不足重，加剧了流通领域的混乱现象。武德四年（621年）七月，唐高祖废五铢钱，行开元通宝钱，钱币以年号、国号加通宝、元宝为面文，即"宝文钱"，钱币不再出现名实不符的矛盾情形，钱币的纪重时代彻底结束。开元通宝即是中国金属货币向名目货币转化的分水岭。

● 开元通宝背三祥云

所谓开元，即"鼎革开国"之意，汉时就已常用。《汉书》有"历纪开元"的用语，南朝萧道成登基时，也用"开元创物"行文告天。至于通宝，大抵就是"通行宝货"的意思了。"开元通宝"面文是隶书，自秦以来，钱币多用篆书，开元通宝后，钱文从篆书向隶书、楷书过渡。古钱币的面文往往由名人撰写。由于年代久远，关于题写者的记载往往语焉不详，多是后人的附会之语，如李斯之于半两，苏东坡之于元丰通宝，戴熙之于咸丰通宝等。开元则不然，《旧唐书》明载其面文的题写者是楷书圣手欧阳询，但是在面文的读法上却颇有争议。

四字方孔钱的面文读法有二：一则曰上下右左，是谓直读；再则曰上右下左，是谓旋读。具体到开元钱时，直读为"开元通宝"，旋读为"开通元宝"。

若按新、旧《唐书》"开元钱之文""武德四年，铸开元通宝"的记载，开元钱应是直读，即"开元通宝"。可与二书迥异的也是名典，先是《唐六典》所述："皇朝武德中，悉除五铢，更铸'开通元宝'钱。"再是《通典》所述："大唐武德四年，废五铢钱，铸'开通元宝'钱。"如此，开元钱面文的读法便饶有争议了。

倘若书读得细，或也能发现些许关节。如《通典》虽然持旋读的"开通元宝"之说，但是《通典·食货》中却有"钱者通宝"的记载，且裴耀卿、李林甫和萧炅等唐代一些大臣的奏议里，常有"钱者通宝"的字句，可知"通宝"在唐时已经有代指钱币之意。或许答案就在《旧唐书》中的这段文字中："（开元通宝）其词先上后下，次左后右读之。自上及左回环读之，其义亦通。流俗谓之'开通元宝'钱。"至于《唐六典》与《通典》的说法是否是流俗之见，可能只有欧阳询能说得清了。

大小、重量方面，开元通宝钱"径八分，重二铢四絫（十絫为一铢），积十文重一两，一千文重六斤四两"。唐制一斤重约 680 克，开元钱径长 2.5 厘米，重 4.25 克左右，恢复到西汉五铢钱的标准重量。足重良钱受到市场欢迎，"议者以新钱轻重大小最为折中，远近甚便之"。开元通宝的发行，引起我国计量制度的变革。两汉到隋朝的重量进制是斤、两、铢、钧、石（秎）等，其中一两重二十四铢，而一枚铜钱通常重五铢。唐开元一枚重二点四铢，十枚开元重一两，二点四不便计算，唐人废除了"铢"这一重量单位，改为"钱"这一新的重量单位，十"钱"即一两。唐后历代铸钱与开元钱重量相仿，"钱"这一单位也一直沿用到近现代，如清末的库平一钱即一枚开元钱重。

形制方面，半两钱多无内外郭，五铢钱多有外郭、背有内郭而面无内郭，开元通宝面文内外皆有郭，此形制被历代沿用。唐朝以前的行用钱，背面通常没有花纹和图案，而开元钱中的一部分背面特有星纹、日纹、月纹、祥云纹和飞鸟纹，还有星月在一起的，被称为"月孕星"。说来也怪，开元通宝除了面文迷雾重重外，就连背面的"月纹"也有诸多轶闻。其中流传最广的，莫过于"甲痕说"，即是说这弯弯的月纹其实是某位后宫贵眷的指甲印。

《唐会要》《文献通考》《太平广记》都引用过郑虔《会粹》中的一处记载，大意是欧阳询进献开元通宝的蜡制钱样时，文德皇后（即长孙皇后）掐拿样钱，留下一处指甲痕，故依样钱制钱后，开元通宝背后产生甲痕。此说疏漏明显，想那欧阳询进献时，皇帝尚是唐高祖李渊，秦王（李世民）妃长孙氏绝无接触样钱之可能。

五代时，出现了更为完善的"甲痕说"版本。凌璠在《唐录政要》中将掐拿蜡钱的文德皇后，改为唐高祖的太穆皇后（窦皇后）。北宋张舜民在其笔记小说《画墁录》中亦持此说。南宋王观国在其字书《学林》中，也有"太穆皇后"云云。其实太穆皇后早在唐朝建立前就已崩逝，被追封为"后"更是其子唐太宗登基以后的事情了。总之以上诸条都是捕风捉影的齐东野语，不足信矣。

司马光早在《资治通鉴》中，便将以上两说之弊一语刺破："时窦皇后已崩，文德皇后未立，今皆不取。"

与前两者相比，"甲痕"的第三位主人可谓人尽皆知了，此人便是四大美女之一的杨贵妃。宋人王楙在其著作《野客丛书》中提到了徐彭年的《家范》一书，对书中"（开元）通宝，此钱背有指甲文者，开元皇帝时铸，杨妃之爪甲也"的记载，颇不以为然，却又误认为"爪甲痕者"是文德皇后。此外，宋人叶大庆的《考古质疑》和刘斧的《青琐高议》中也都有关于杨贵妃甲痕的记载。

"贵妃甲痕说"错把"开元通宝"当作了唐玄宗的"开元"年号，误以为"开

● 开元通宝

元通宝"是唐玄宗铸造的年号钱，甚至许多久涉泉币的藏家也不明就里，亦持此说。

其实钱币背后的标记约有四种含义：一是显示铸地，如直百五铢背"为"，即是指蜀汉的犍为郡，此种标注方法在后世的会昌开元、崇祯通宝与清代钱币中，尤为典型；二是显示炉别，用以统计铸炉，方便管理；三是装饰之用，如灵帝五铢背四出、永安五铢背四出等；四是吉语、压胜之用，如永安五铢背吉、道光通宝背天下太平等。至于开元的月纹，应该是标示铸地与炉别之用了。

如若从钱币的铸造工艺来看，"甲痕说"更是不攻自破了。

古代铸币工艺大致可分为"两种三阶段"，即范铸法和翻砂法两种，单层范、多层范以及母钱翻砂三个阶段。

范铸法全盘继承了青铜器的范铸方式，采用"模—范—熔液—浇注"的铸造模式，即用泥、石或金属制成钱范后，再注入铜水，浇铸成钱。单层范流行于先秦至西汉时期，又称为"平板范竖式浇注"，范内以树状图的方式排列着若干币模，模子之间以浇道相连通，铸币时将铜水沿浇道灌入，铜水冷却后，就形成了一枚枚钱币。但由于单层范铸出的钱币数量有限，效率不高，因此逐渐发展出了更为高效的"叠铸法"。"叠铸"又称"层叠铸造"，即将多个单层范叠合，组装成套，再沿浇道灌注铜水，逐层取钱。叠铸法兴起于西汉，新莽后开始流行，直到隋唐时逐渐被翻砂法代替。

翻砂法，又称母钱翻砂法，主要分为三步：第一步是手工雕制出雕母，再用雕母翻制出若干母钱；第二步是把母钱放入以砂土填实的框子中，再以另一框子扣于此框之上，待上下框内砂土成型后取出母钱，再做出浇道，形成砂质钱范；最后，浇灌铜水，凝结成钱。翻砂法的优势在于方便控制单次铸币数量，且模具制作方式简单，损耗率降低，原料来源丰富，大大降低了成本。在被机器铸造替代之前，母钱翻砂法一直是主要的铸钱法。

欧阳询上献的开元通宝样钱就是翻砂法中的母钱。由于要用母钱印砂，所以母钱背后的月痕必须是凸出的阳文，才能在型砂中印出凹陷的阴文，最后浇灌出凸出的月痕。依据铸币常识，无论贵妃如何拿捏，也是断断形成不了突出的月纹的，故"甲痕"一说实是无稽之谈。

除开元通宝，有唐一代还铸行了其他钱币。

其一为乾封泉宝。是钱的发行有两点背景，一是财政匮乏，唐太宗以来，"私钱犯法日蕃"，"盗铸渐起，而所在用钱滥恶"，加之高宗多次对外用兵，财政日竭。二是昭示天命，乾封元年，武则天涉理朝政，于泰山封禅，在泰山立"双束碑"，

● 乾封泉宝

同年改元乾封。故于在乾封元年（666年）铸造了"乾封泉宝"铜钱，"径一寸，重二铢六分。仍与旧钱并行，新钱一文当旧钱之十"，大肆敛财。乾封泉宝推行后，由于其虚值大钱的属性，加剧了盗铸和市场混乱，"商贾不通，米帛增价"，高宗下诏承认铸钱的失败，"今废旧造新，恐乖先旨。其开元通宝，宜依旧施行，为万代之法。乾封新铸之钱，令有司贮纳，更不须铸。仍令天下置炉之处，并铸开元通宝钱"，次年废止，铸期仅八个月。

其二为乾元重宝。乾元重宝先后铸行过两次。第一次为乾元重宝当十钱。"安史之乱"爆发后，中原的经济遭到重创，"人烟断绝，千里萧条"。至德二载（757年）郭子仪率军收复长安，唐肃宗李亨于次年改元乾元。为了筹措军费，填补财政亏空，肃宗根据御史中丞兼铸钱史第五琦的建议加强食盐专卖、颁行当十大钱，暴敛天下，"乾元重宝"当十钱每枚约重6—10克，钱径2.7厘米，每千枚重十斤。

● 乾元重宝

● 乾元重宝

政府规定每枚当开元钱十文，两者并行。第二次为乾元重宝当五十钱，随着战争深入，军费弥繁，乾元二年（759 年）发行当五十重轮大钱，由于钱背外缘有两道凸起的棱郭，所以被称为"重轮钱"或"重棱钱"，大钱 3.6 厘米左右，重约 20 克，每缗重二十斤，以一当开元通宝五十。可以获利 26 倍。铸行后发生严重的通货膨胀，"寻而谷价腾贵，米斗至七千，饿死者相枕于道"。

上元元年（760 年），唐廷在刘晏的建议下，降低重轮钱折值，改为一当三十，并抬高"开元通宝"钱，使其与"乾元重宝"当十钱等价。不同于以往的虚值钱，基本都是大钱或两种不同材质的钱（如铜钱对铅钱），此时一枚"开元通宝"旧钱法定兑换十枚"开元通宝"，直接赋予旧钱十倍的比价，是纯粹的虚钱。商品交易时，用虚值计价，交割时，以实值支付，这是刘晏的独创，也是战时敛财的无奈之法。

宝应元年（762 年），唐代宗李豫继位，刘晏接替元载，复为"财相"，改"乾元重宝当十钱"以一当二，重轮钱以一当三。最后定为大小钱平价流通。如此，两种乾元大钱销毁、改铸，逐渐退出了流通领域。出土中，有一种与开元通宝大小类似的"乾元重宝"小平钱，一些小平钱背有重轮，都是铸行后期贬值、私铸的产物。

其三为得壹元宝和顺天元宝。安史之乱中，叛将史思明攻占洛阳后，销毁洛阳铜佛，铸造得壹元宝和顺天元宝，轻重大小与重轮乾元钱相同，每枚当开元通宝百。《新唐书·食货志》载："史思明据东都，亦铸'得壹元宝'钱，径一寸四分，以一当开元通宝之百。既而恶'得壹'非长祚之兆，改其文曰'顺天元宝'。"一说"得壹"是史思明最初的年号，后为"顺天"所取代。

其四是大历元宝和建中通宝。此两种钱币分别是唐代宗和唐德宗的年号钱，大多轻薄劣小，多出土于西域地区（今新疆）。另有省书的"元"字钱和"中"字钱。

其五为开元通宝当十大钱。《册府元龟·邦计部·经费》载唐德宗建中四年（783年），唐廷镇压淮西藩镇李希烈的叛乱，军费浩大。户部侍郎判度支赵赞奏请采连州（今广东连州）白铜铸造当十大钱。此种钱币形制大小和当十乾元钱相同。

其六是"会昌开元"。唐朝后期，佛教盛行，广建寺庙，大占土地，铜被铸成铜铸佛像、钟磬等种种法器。为解决钱币短缺，扩大财政收入，会昌五年（845年）唐武宗灭佛，令废国内佛寺4600余所，僧尼数十万人还俗，收缴大量土地、财物和纳税户增加收入，同时将庙里的铜像、法器销毁，重新铸造钱币。会昌六年，淮南节度使李绅将辖区所造的开元钱背面加铸"昌"字，以示"会昌"的年号，进献武宗，并奏请朝廷让各地所铸之钱加入本州之名于钱背，获准。这类钱背带纪地的开元即为"会昌开元"。目前发现的有二十余种，从钱文上看，会昌开元背文有京（长安，今西安）、昌（扬州）、洛（洛阳）、益（成都）、荆（江陵，今荆州）、襄（襄阳）、蓝（蓝田）、越（越州，今绍兴）、宣（宣城）、洪（洪州，今南昌）、潭（潭州，今长沙）、兖（兖州，今济宁）、润（润州，今镇江）、鄂（鄂州，今武汉）、平（平州，今秦皇岛）、兴（兴平）、梁（梁州，今汉中）、广（广州）、梓（梓州，今三台）、福（福州）、桂（桂阳，今郴州）、丹（丹州，今宜川）、永（永州）、晋（晋州，今山西临汾），共 24 个纪地钱局标识。唐宣宗崇佛，即位后命人收集会昌开元，重新熔铸成佛像。故存世的会昌开元量较少。

其七为咸通玄宝。为唐懿宗咸通十一年（870 年）桂阳监所铸，存世极罕，为唐钱第一珍品。

铜钱是唐朝主要货币之一。唐朝中原内地的商业发达，主要使用铜钱和绢帛为币，偏远边远地区货币实物化的色彩较为浓重。即使在中原，城乡、州道之间生产力水平和贸易发展程度也有不同，除城市外，农村地区依旧采用谷粟等实物

● 银开元通宝钱

货币。

若从本位货币层面来看唐代钱币，则有一个从次要到主要的变革，这主要是因为唐朝财政政策的变化。

在唐朝前期，在均田制的基础上，财政上实行租庸调制，租即田租，每年纳粟二石；庸是力役，服徭役二十天，闰年加二日，国家若不需要其服役，则每丁可按每天交纳绢三尺或布三尺七寸五分的标准，交足二十天的数额以代役；调是户调，每年每户纳绢二丈、绵三两或布二丈五尺、麻三斤。这种延续自东汉末、曹魏的户调制和北魏的租调制的财政制度，重申了布帛在税收、国家支出领域的绝对地位，乃至唐玄宗甚至有"布帛为本，钱刀是末"的感慨。

安史之乱后，由于土地兼并加剧、人口大量流亡、藩镇控制严密，均田制名存实亡，以税人为核心的租庸调无从征收。大历十四年（779年）五月，唐德宗即位，宰相杨炎建议实行两税法。到建中元年（780年）正月，两税法正式以敕诏公布。所谓两税法，即是将各种税收与田赋、户税绑定，按照每年春季、秋季征税（故名两税）。两税法有两个突破，一是改"量入为出"的财政收支原则为"量出以制入"，即按照朝廷需要支出的金钱来征税；二是"以粮绢计税"的赋税征收方式改为"以钱计税"，铜钱借由国家税收、支出所需，重新占据流通领域的主要地位。此外，布帛不耐久藏，容易污染破裂，有次弱、短狭之弊，不便于小额交易，也是在流通领域受到铜钱排挤的原因。于是从京畿到边疆，铜钱使用范围扩大、使用程度加深。《新唐书·食货志》记载户部尚书杨于陵对货币的观察，"昔行之于中原，今泻之于边裔。……大历以前，淄青、太原、魏博杂铅铁以通时用，岭南杂以金银、丹砂、象齿，今一用泉货"。铜钱大行，但仍不能填补谷帛的流通空间，又加之私铸和劣钱潮，大量铜钱被藏匿、储蓄，出现"钱荒"。

唐廷曾在开元二十年（732年）、二十二年（734年），贞元二十年（804年），元和六年（811年）屡次下诏，令"钱帛兼行"，已足见布帛的颓势。

布帛在公私交易中和铜钱并行使用，具有相同的法偿能力，卖方不得拒收，违者有罪。一般来讲，在大额交易中，优先使用布帛支付。

作为货币，布帛存在一定的标准，以方便交易。质量方面，布帛的要求是"好不过精，恶不至滥"。尺寸方面，南北朝时布帛的官府定式是幅广二尺二寸，绢长四十尺为一匹，布长六十尺为一端。至隋开皇年间改成大尺，以古三尺为一尺。唐朝将布帛的幅度改为一尺八寸，长度则以四丈为匹，五丈为端。标准之下，奸诡之徒将织造短狭的布投入市场牟利。地方政府也常逼迫百姓交纳超过标准长度的布帛，以增加收入，"有至五丈为匹者，理甚不然"。唐廷对于种种作奸取巧处以重法。《唐律·杂律》即规定："诸造器用众物及绢布之属，有行滥、短狭而卖者，各杖六十。"唐初租庸调制颁行后，严禁织造不合标准的绢帛。严法之下，盗伪的手段更加隐蔽，作弊方法从短狭转为次弱，疏薄的布帛更难被发现不合格。

价格方面，绢帛以正、匹、段，布以端为单位计价支付。两税法前每匹长四丈，布长五丈，宽都是一尺八寸。绢帛每段为半匹，长二文。布帛的价格在不同阶段、不同地域存在不同价格。如在开元时，山南每匹绢帛合铜钱二百至三百文，河南每匹约合七百余文。较贵的贲布、火麻布、常州布每端在五百文左右，最贱的小水布每端值三百二十文。两税法之后，绢每匹在八百文上下浮动。

除铜钱、布帛外，在经济欠发达区域、边疆地区，粮食也是常用的货币。在敦煌文书里，当地农村中买卖土地、房屋、奴婢以及借贷时常常使用麦、粟等粮食作为货币支付。"百里不贩樵，千里不贩采。"谷物难以大量、长途运输，故只局限于小区域内支付。西南少数民族地区由于经济落后，还在使用贝壳、盐块等实物货币，甚至处于物物交换状态。如长庆二年（822 年）韦处厚曾谈到在山南道某些地区，"不用见钱，山谷贫人，随土交易；布帛既少，食物随时，市盐者或一斤麻，或一两丝，或蜡、或漆、或鱼、或鸡，琐细丛杂，皆因所便"。

"钱荒"是古代中国货币经济的一种"常态",汉武帝统一币权,铜钱铸量上升。国家承平,经济发展,人口增长,流通领域货币量严重短缺。王莽希望通过"货币改革"来解决"钱荒",全国的黄金被政府收敛,通货愈紧。东汉至隋时,谷帛承担了贵金属的职能。唐朝后,唐廷一方面发行"开元通宝"等铜钱,另一方面允许"钱帛兼用",以弥补通货不足。在铜钱和谷帛互相竞争、互为辅助的纠缠中,唐朝在货币领域曾发生过三次大规模的货币危机。

首先是唐初的私铸与劣币潮。贞观以来,唐朝商品经济的迅速发展,布帛不能适应经济发展的趋势。同时,在税收领域,高宗以后开始收取户税、百姓以钱缴纳,铜钱需求量显著增高。由于唐初铸钱量少,大量依靠布帛,铜钱的供需矛盾凸显,"公私之间,给用不赡",私铸开始泛滥。《旧唐书·食货志》载:"盗铸蜂起,滥恶益众。"为了应对钱币供需不足导致的私铸问题,唐廷增加官府铸钱的数量(高宗乾封以后,逐步增设钱炉,玄宗开元年间,钱炉增至七十余座;天宝年间扩充至九十九座,每岁铸钱三十余万贯,达到唐朝历史上的最高产量),

● 半轮残月掩尘埃,
依稀犹有开元字。
想见清光未破时,
买尽人间不平事。
——宋·李氏女《拾得破钱》

● 唐钱

严禁私人铸币（"敢有盗铸者死，家口配没"），以好钱收兑恶钱（"敕以恶钱转多，令所在官私为市取，以五恶钱酬一好钱"），同时允许已铸成的质量较好的私钱流通。将私铸问题和供应不足问题控制在一定程度之内，有效遏制劣钱。

其次是唐中叶的通货膨胀。"安史之乱"后，遍地烽火，人烟断绝。为确保财政收支，弥补军用不足，唐廷铸行了乾元重宝当十钱、当五十钱两种虚值大钱，造成钱币贬值、物价大幅上涨，如米价即从开元、天宝时期的每斗数十文上涨到七千文。唐廷以开源节流的方法来治理通货膨胀，如通过开办大量的屯田、营田，推行两税法回笼货币，卖官爵、纳钱度僧尼等手段增加了国库收入；裁减官吏、减少京官的职田、遣返诸胡驻京人员来减少财政开支；皇帝带头提倡节俭，反对奢靡之风等。物价开始回落并趋于稳定。

最后是唐后期的"钱重物轻"和"通货紧缩"问题。"钱重物轻"是周期性的，唐后期尤为典型（具体区域、时间有差异，不都是"钱重物轻"）。由于铸钱减少、物价回落、税收征钱增多（财政货币化）、短陌流行、囤积之风、外贸铜钱流失和民间销钱为器，引起了大规模的通货回缩和"钱荒"问题。两税法下，钱重物轻，谷米绢帛的价格低，农民必须卖出较多的产品才能换到足够的铜钱用于缴税，负担大大加重了。唐廷应对之法，一是增加铜钱数量，如严禁民间销钱为铜器，统购铜料，严禁私自买卖。唐武宗时不惜通过毁佛像、铜器来铸造会昌开元钱。二是推行"蓄钱禁"，限制私人铜钱的储藏量，使退出流通领域的窖藏铜钱重新投入市场。此条针对商贩，如不准盐茶商人随意以"便换"取钱，以防囤积。三是严禁铜钱外流。如德宗贞元初，"骆谷、散关禁行人以一钱出者"。四是在税收领域，改革两税法，减少钱币征收。五是以行政命令确保钱帛兼行，如文宗太和四年又宣布"凡交易百缗以上者，匹帛米粟居半"。诸法之下，绢帛的价格回升，通货紧缩有所缓和。

经济是政治的延伸。在唐末藩镇割据、宦官专权、政治腐败的背景下，中央的法令经常更易，在地方又受到了藩镇、贵族豪门与富商的抵制，难以持续推行。如唐武宗毁佛铸钱，唐穆宗又毁钱铸佛。又如禁止铜钱外流的政策，演变为藩镇之间禁止铜钱出界，以致造成"商贾皆绝"。事实上，铜钱供应不足的问题，始终未能解决。在唐末通货不足的大背景下，唐廷一方面利用通货紧缩，物价下跌的市场行情，购入盐茶。另一方面又利用专卖权力，以高价卖出牟利。为了保证专卖权利，唐廷在盐茶产地设立监院，以严刑峻法来镇压私贩，引发私贩群体的武装对抗。而敲响唐王朝丧钟的，正是盐贩王仙芝、黄巢。吊诡的是，镇压黄巢的主力如王建、钱镠、朱瑄等人，也都是私盐贩子，经济投机者往往都是政治投机者。

黄巢起义爆发后，紧缩加剧，钱物不周流，只能依靠物物交换，币制形同虚设。吊诡的是，在通缩最严重的时代，个别地域却爆发了严重的通货膨胀，光启三年（887年）三四月，扬州战事，城中无食，米斗五十缗（五万钱）。剧烈的经济波动背后，是黔黎元元深重刻骨的灾难，以致唐亡。

开元通宝隐入尘烟，开元盛世终不复还。

开元通宝是泉坛新人绕不开的门类，前辈授道时免不了添些掌故，有时来了兴致，点石移山、羽化成仙的事儿便都出口了，最后免不得侃几句贵妃的纤纤细指。旁的人或惊或喜，也有遮住口鼻忍俊不禁的，只是那讲授的长者却早已意兴阑珊了。

古今多少事，毕竟仔细不得，只道是语前明月，语后清风罢了。

中国古代钱币铸造法

范铸法（商周—五代）：

　　制模（祖范）—制范（母范）—制子范—熔铜—烘范—浇注—磨锉

翻砂铸钱法（南北朝—清末）：

　　制钱模砂型—母钱印模—固定砂型—熔铜—浇注—开砂型—修整钱币

锻压制钱法（近代以来）：

　　熔化金属原料—浇注成条片—碾压定厚度—轧条片成饼坯—烘软饼坯—压印凸边—压印花纹

唐朝钱币图释举要

	始铸年	铸主	一级名称	二级名称
1	621年	高祖	开元通宝	短头元
2	未定论	初唐	开元通宝	元宝寄郭
3	未定论	初唐	开元通宝	直元
4	未定论	初唐	开元通宝	龙字
5	未定论	初唐	开元通宝	容弱
6	未定论	初唐	开元通宝	大字
7	未定论	初唐	开元通宝	大字狭元
8	未定论	初唐	开元通宝	遒劲
9	未定论	初唐	开元通宝	小字
10	未定论	初唐	开元通宝	小通小宝
11	未定论	初唐	开元通宝	小通小宝三祥云
12	未定论	初唐	开元通宝	小通
13	未定论	盛唐	开元通宝	平头通
14	未定论	盛唐	开元通宝	低头通
15	未定论	盛唐	开元通宝	低头通矮元
16	未定论	初唐	开元通宝	容弱大字
17	未定论	初唐	开元通宝	短头元寄郭
18	未定论	初唐	开元通宝	银质
19	未定论	初唐	开元通宝	金质
20	666年	高宗	乾封泉宝	
21	758年	肃宗	乾元重宝	折十
22	758年	肃宗	乾元重宝	折十背瑞鹊
23	758年	肃宗	乾元重宝	折十背上十

	始铸年	铸主	一级名称	二级名称
24	759 年	肃宗	乾元重宝	重轮折五十
25	759 年	肃宗	乾元重宝	重轮折五十背祥云
26	762 年	肃宗	乾元重宝	小平
27	762 年	肃宗	乾元重宝	小平背如意云
28	870 年	桂阳监钱官王彤	咸通玄宝	
29	760 年	史思明	得壹元宝	背上仰月
30	760 年	史思明	得壹元宝	光背
31	760 年	史思明	得壹元宝	背四月
32	759 年	史思明	顺天元宝	背上仰月
33	759 年	史思明	顺天元宝	背下俯月
34	759 年	史思明	顺天元宝	背月孕星
35	759 年	史思明	顺天元宝	背上月下星
36	766—779 年	安西军	大历元宝	
37	780—783 年	安西军	建中通宝	
38	780—783 年	安西军	中字钱	
39	780—783 年	安西军	元字钱	
40	845 年	武宗	会昌开元通宝	背上昌
41	845 年	武宗	会昌开元通宝	背上京
42	845 年	武宗	会昌开元通宝	背上京下月
43	845 年	武宗	会昌开元通宝	背上洛
44	845 年	武宗	会昌开元通宝	背右蓝
45	845 年	武宗	会昌开元通宝	背上梁
46	845 年	武宗	会昌开元通宝	背下卧梁
47	845 年	武宗	会昌开元通宝	背上洪

	始铸年	铸主	一级名称	二级名称
48	845 年	武宗	会昌开元通宝	背上润
49	845 年	武宗	会昌开元通宝	背上丹
50	845 年	武宗	会昌开元通宝	背上鄂
51	845 年	武宗	会昌开元通宝	背上兴
52	845 年	武宗	会昌开元通宝	背下越
53	845 年	武宗	会昌开元通宝	背左宣上月
54	845 年	武宗	会昌开元通宝	背上兖
55	845 年	武宗	会昌开元通宝	背右广
56	845 年	武宗	会昌开元通宝	背右荆
57	845 年	武宗	会昌开元通宝	背右桂
58	845 年	武宗	会昌开元通宝	背上益
59	845 年	武宗	会昌开元通宝	背左潭
60	845 年	武宗	会昌开元通宝	背上梓
61	845 年	武宗	会昌开元通宝	背上平
62	845 年	武宗	会昌开元通宝	背上福
63	845 年	武宗	会昌开元通宝	背上襄
64	845 年	武宗	会昌开元通宝	背右襄
65	845 年	武宗	会昌开元通宝	背上永
66	845 年	武宗	会昌开元通宝	背下永
67	待定	待定	开元通宝	背上晋
68	待定	待定	开元通宝	背上周
69	待定	待定	开元通宝	背应国
70	待定	待定	开元通宝	背淮海
71	待定	待定	开元通宝	背渑

开元通宝

短头元

元宝寄郭

直元

龙字

容弱

大字

大字狭元

遒劲

小字

小通小宝

小通小宝三祥云

小通

平头通

低头通

低头通矮元

容弱大字

短头元寄郭

银质

金质

乾封泉宝

乾元重宝

折十

折十背瑞鹊

折十背上十

重轮折五十

重轮折五十背祥云

小平

小平背如意云

永通万国：货币与历代兴衰

咸通玄宝

得壹元宝

背上仰月　　　　　　　　　　　　　　光背

背四月

顺天元宝

背上仰月　　　　　　　　　　　　　背下俯月

背月孕星　　　　　　　　　　　　　　　　　　　　背上月下星

大历元宝

建中通宝

中字钱

元字钱

会昌开元通宝

背上昌

背上京

背上京下月

背上洛

背右蓝

背上梁

背下卧梁

背上洪

背上润

背上丹

背上鄂

背上兴

背下越

背左宣上月

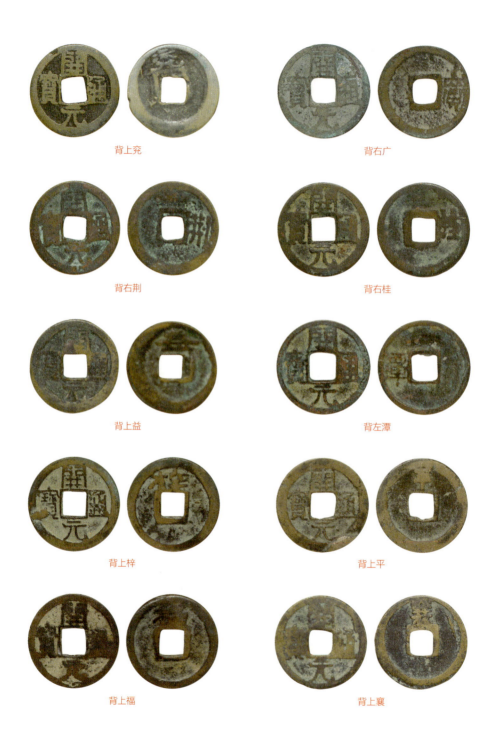

背上兖　　　　　　　　　　　　　背右广

背右荆　　　　　　　　　　　　　背右桂

背上益　　　　　　　　　　　　　背左潭

背上梓　　　　　　　　　　　　　背上平

背上福　　　　　　　　　　　　　背上襄

背右襄　　　　　　　　　　　　背上永

背下永

开元通宝

背上晋　　　　　　　　　　　　背上周

背应国　　　　　　　　　　　　背淮海

背渑（五代铸）

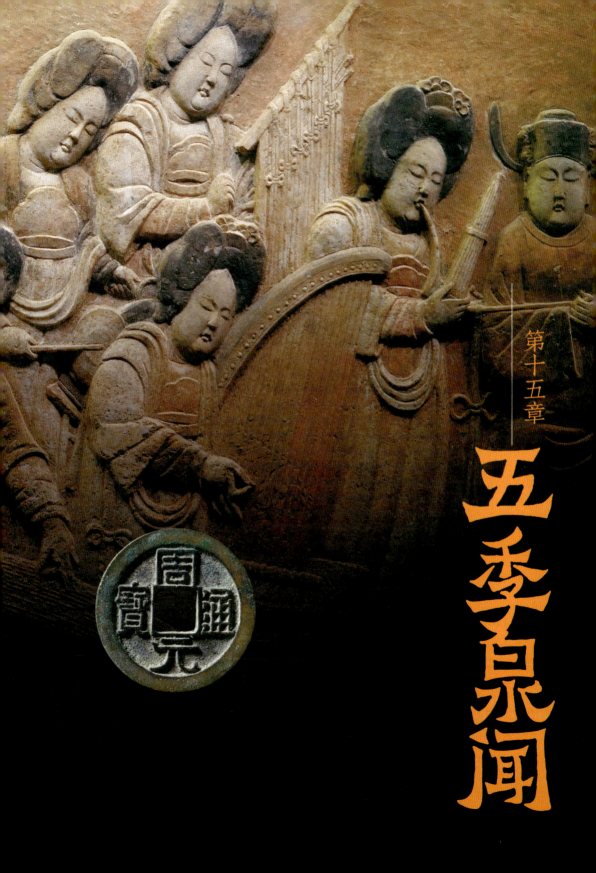

第十五章

五季泉闻

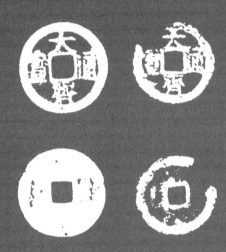

咸丰十年（1860 年），太平天国忠王李秀成大破清军江南大营。挟胜出天京，率数万众，由安徽广德入浙，连陷数县，直犯杭州。当此危时，早已解组隐返杭州的前兵部侍郎戴熙，正奉诏组织团练，以抗长毛。

　　阴历二月十九日，李秀成亲率一千三百五十人，到达武林门外。戴熙亟遣其弟戴焘、甥魏树芝赍书乞援张玉良。援军未至，二十七日黎明，太平军在宋钱湖门故址穴地轰城。城陷之际，戴熙题绝命诗一首：

　　病躯晚岁遇时艰，

　　八载巡防总汗颜，

　　撒手白云堆里去，

　　从今不愿到人间。

　　诗毕，整顿衣冠，赴水而亡。

　　随戴熙一同泯没的，还有古泉第一名珍——大齐通宝。

　　戴熙，字醇士，浙江钱塘人，道光十二年进士，官至礼部、兵部侍郎，是嘉道时期著名的画家、金石家。

　　戴熙诞于古泉世家，其父戴峻（字古岩）以所藏之大齐通宝、天策府宝、壮泉四十蜚声泉坛，其弟戴煦（字鄂士）、戴焘（字馨士）著有泉说。戴熙翰林出

● "缺角大齐"拓片

身，浸淫厂肆，搜奇藏珍，著书立说，不在话下。三十七岁时曾撰《古泉丛话》四卷，张廷济、刘师陆为之按，为泉学要籍。

戴熙自述，大齐通宝古来钱谱所无，一日，一酒徒贩于其父古泉百许，其中有两品异泉，一枚是宝庆铁钱，另一枚便是大齐通宝。因残缺左角，世称"缺角大齐"。传至戴熙后，同乡泉友吴逸庵极其珍视此二钱，出汉印数枚索易，戴熙沉吟踯躅，痛割铁宝庆与之，然未忍出让缺角大齐。奇货可居，奇泉共析，群友慕泉意炽，料戴氏父子应将缺角大齐制拓，分赠友人，以解其渴。如戴熙便曾制拓赠杭城的钱社诸友。

戴熙投水后，缺角大齐再无踪影，有古玩商高价购得戴氏故居，掘地三尺，穷搜索之功，一无所获。几十年间，缺角大齐借由《古泉丛话》、李佐贤《古泉汇》等作著名于世，惜图片皆为木刻，未见真容。

1920 年，泉家郑家相赴杭，郭和仲携泉拓来访，其中赫然有缺角大齐之拓，钤印为"馨士手拓"，郑氏知为名珍真拓，不胜快慰，以十金购之。金山程云岑据此拓制作锌板，缺角大齐拓影传之于今。1922 年，郑家相将拓片让于陈叔通，后此拓不知所踪。

《古泉丛话》原本亦随戴熙不知所踪，李佐贤藏有手抄本，鲍康、王锡棨又抄之，胡石查又抄王锡棨，后潘祖荫合鲍康、胡石查两本抄本校正，并嘱吴大澂摹写，于同治十一年刊行，是籍传世。民国十三年，中华书局玻璃版部制版、印行《古泉丛话》，将缺角大齐之拓片影印入文，椟珠再合。

当初戴熙曾和杭州钱社诸友辩大齐通宝之铸主，众议为黄巢（曾国号"大齐")所铸。民国以来，诸泉家以为系南唐开国君主李昪所铸。虽难以妄加定谳，然无论是引发五季乱世的黄巢，还是偏安江左的李昪，都是五代十国历史的要角，故泉界将大齐通宝判为五代名珍，应无不妥。

古泉名珍一般为铸量绝少者，而由唐王朝分化的后梁、后唐、后晋、后汉和后周五个中原国家，前蜀、后蜀、吴（杨吴）、南唐、吴越、闽国、楚（马楚）、南汉、荆南（南平）九个南朝小国和北汉这一北域小邦相互递嬗或并存于世共五十四年，诸国相搏相噬、毒民争地，信奉兵强马壮者为天子之丛林法则。如此乱世，正是名泉诞薮。

举凡后梁之开平通宝、元宝，后唐之天成元宝，前蜀之永平元宝，后蜀之大蜀通宝、广政通宝，南唐之大齐通宝、保大元宝背"天"钱、永通泉货，闽国之天德重宝，天德通宝背"殷"钱，马楚之天策府宝、乾封泉宝背"天"钱，南汉之乾亨通宝，桀燕之永安一十、永安一百、永安五百、永安一千、应圣元宝背"拾"钱、顺天元宝背"千"钱、应天元宝背"万"等皆为名珍，得一可开斋取号，得数可睥睨一方。除名珍外，更有诸多发行量大的各类贱金属铸币，和谷帛、金银共同构成五季的货币形态，它们互存交错又互相扞格，合为此一甲子的货币结构。

从公元907年朱温篡唐，到公元960年北宋代周，北方的五代政权皆有铸钱，且铸量逐渐增多，后期由于铜钱不足用，出现了毁佛像、禁铜与邻国买铜的现象，以缓解钱荒。总体上，呈现出一种稳定的态势。

先是后梁。后梁建立者朱温本是黄巢部将，投降唐廷后，唐僖宗赐名朱全忠，封为宣武军节度使，镇守汴州（开封）。朱温先灭强敌秦宗权，后掠山东之地，称霸中原。天祐元年（904年）挟唐昭宗迁都洛阳，弑杀唐昭宗，立唐哀宗，并于天祐四年（907年）受其禅让而建立大梁，史称后梁。乾化二年（912年）六月朱温被次子朱友珪所杀，朱友珪又被其弟朱友贞推翻，后梁陷入内乱。后唐同光元年（923 年）十月，后梁亡于宿敌后唐庄宗李存勖之手。

正史未载后梁铸钱事，据钱币实物，钱币界认为朱温曾铸"开平通宝"与"开平元宝"，前者为折五钱，现存五品左右，后者为折十钱，现存两品，存世极罕。从存世量看，此时后梁主要行用的铸币依旧是唐代的"开元通宝"钱，开平钱应为一种纪念或祭祀性质。民国时期，方若曾独得双珍，为海内孤品。民国二十三年，陈仁涛买入方若全部泉藏。1955 年，国家文物局将购入的陈仁涛旧藏调拨给北京历史博物馆（国博前身），公诸邦国。1977 年，北京房山北郑村辽塔地宫石函中发现一枚"开平通宝"，与前蜀咸康元宝同出，这是朱温确有铸钱的考古证据。

再是后唐。后唐由沙陀族李氏建立。乾宁三年（896 年），河东节度使李克用被封晋王，割据河东。天祐四年（907 年）朱温篡唐，晋国仍奉唐朝为正朔。后唐同光元年（923 年），李存勖在魏州称帝，沿用"唐"国号，史称后唐。同年李存勖灭后梁，定都洛阳。后唐清泰三年（936 年），石敬瑭以割让燕云十六州为代价，借辽兵攻入洛阳，后唐灭亡。

后唐明宗李嗣源曾铸"天成元宝"，最早见述于南宋洪遵《泉志》，小平钱大小，铸量较少。国博藏有罗伯昭捐赠的 2 枚、陈仁涛的 1 枚，上博藏有孙鼎捐赠的 1 枚，另清人邱茂才，近人方地山、蒋伯埙、戴葆庭、李映庵、杨成麒，东洋人梶山升二郎等人有藏此泉的记录。

次是后晋。后唐清泰三年（936 年）夏，河东节度使石敬瑭认契丹皇帝耶律德光为父，割让幽云十六州，在契丹扶持下于太原称帝，国号为晋，史称后晋。借辽兵攻入洛阳，灭后唐。石敬瑭死时，侄石重贵继位。石重贵欲脱离对契丹的依附，对耶律德光称孙，但不称臣。天福九年（944 年）契丹伐晋，互有胜负。开运二年（945 年）契丹二次伐晋，石重贵亲征得胜。开运四年（947 年），契丹第三次伐晋，后晋重臣杜重威投降，石重贵被迫投降，后晋覆灭。

● 天福元宝

后晋铸造过"天福元宝",为小平钱。与后梁、后唐不同的是,由于流通中的货币量不足,后晋竟开放了私铸,《五代会要》载:"(天福三年十一月)无问公私,应有铜者,并许铸钱。"开放私铸后,未进行有效监督,私铸钱掺杂铅锡,缺薄小弱,晋廷重新禁止私铸。是故如今所见之"天福元宝"版别众多,大小不等。此外,还有"天福通宝"存世,秦宝瓒《遗箧录》认为是"私铸偶冒不合敕者",聊备一说。还有一种"天福镇宝",文字与天福元宝同,董逌《钱谱》认为是后晋所铸,洪遵《泉志》列为不知年代品,《稗史类编》认为是石勒铸,李孝美认为此钱与石晋天福钱"不相侔",《钱币考》认为是安南钱,丁福保《古钱大辞典》认为系石晋钱。

● 拓片

再次后汉。石敬瑭立后晋后，任命刘知远为河东节度使。后晋开运四年（947年），契丹灭后晋占据中原，后北撤。是年二月，刘知远见中原空虚，在太原称帝，仍用后晋高祖石敬瑭年号，称天福十二年。是年六月，始改国号为汉，史称后汉。刘知远去世后，次子刘承祐继位，是为后汉隐帝。乾祐三年（950年），李守贞等藩镇发生叛乱，刘承祐命郭威征讨，刘承祐猜忌郭威，郭威反叛，刘承祐为溃军所弑，后汉灭亡。

● 汉元通宝

后汉铸钱，正史无载。然实物中有一种"汉元通宝"，为小平钱，应系后汉所铸。《泉志》引苏耆《开谭录》云："汉乾祐中，以晋世鼓铸钱币，伪滥非一，乃禁铜货，悉归公帑。"可知汉元通宝铸主为后汉隐帝，非高祖刘知远。《泉志》又载："此钱……文曰'汉通元宝'……制作颇精，盖惩天福之弊，则汉代所铸明矣。"传世中汉元通宝有诸多星月版别，与开元通宝类似，或为开元通宝钱改范所铸。

末是后周。郭威反叛后汉，建立后周。显德元年（954年）郭威死，养子柴荣即位。柴荣抵御北汉（后汉残余势力），稳定政权。改革禁军，加强军力。从显德二年（955年）到显德五年（958年），柴荣三伐南唐，迫使南唐取消帝号，称国主，割让长江以北土地。同时派偏师伐后蜀，收取秦、凤、阶、成四州。显德六年（959 年）柴荣北伐辽朝，收复三州三关。不久柴荣驾崩，幼子柴宗训登基。显德七年（960 年），禁军将领赵匡胤发动陈桥兵变，建立北宋，后周灭亡。

● 周元通宝

后周高祖未铸钱，世宗柴荣继位后，管制铜材，并大毁天下佛寺、从高丽购铜、收天下铜器以铸钱，这也是五代规模最大的一次铸钱。此钱名曰"周元通宝"，小平钱，形制、重量、版式沿袭开元通宝，铸造精整，存世较多。

十国之中除了北汉远在朔方代地，其余九国都在江之南。十国钱多劣钱，多用铁、铅等制钱。其中北汉、荆南未铸钱，其余前蜀、后蜀、吴（杨吴）、南唐、吴越、闽国、楚（马楚）、南汉八国都铸行过钱币。此外，刘仁恭、刘守功父子于五代十国初期占据幽燕，依违于朱温和李克用之间，后被李存勖灭。虽未列入五代十国之中，然亦具有割据规模，且铸钱繁多，一并述之。

前蜀创立者王建曾以屠牛、盗驴、贩私盐为事，因在家中行八，人送绰号"贼王八"。黄巢起义后，王建投军，屡有战功。后进入神策军，为部将。西川大乱后，王建乘乱攻取成都，被唐廷任命为西川节度使。此后他又攻取东川、汉中以及秦、凤、阶、成等州，据蜀自立。朱温称帝后，王建于同年九月称帝于成都，国号蜀，史称前蜀。王建驾崩后，其子王衍继位。前蜀咸康元年（925 年），后唐庄宗李存勖发兵攻蜀，王衍投降，前蜀覆灭。

前蜀多次更易年号，并随之更易铸币。前后铸有永平元宝、通正元宝、天汉元宝、乾德元宝、咸康元宝等，皆为小平钱，较薄小。其中永平元宝存世较少，为古泉名珍。民国时，张叔驯、罗伯昭均藏有永平元宝。国博所藏之永平元宝"永"字缺第一笔的点。背磨损，形制不清。

前蜀灭亡后，中原大乱，后唐庄宗李存勖被杀，李嗣源夺得帝位。身为国戚兼重臣的孟知祥进入西川，割据一方。李嗣源授孟知祥为西川节度使。后唐长兴四年（933年）封孟知祥为蜀王。次年孟知祥在成都建国称帝，国号蜀，史称后蜀。孟知祥之子孟昶颇能经略，治下境内很少发生战争，维持了30多年的安宁和平。北宋乾德二年（964年）十一月，宋太祖发兵攻伐后蜀，次年（965年）一月，孟昶投降，后蜀灭亡。

后蜀铸有年号钱"广政通宝"、国号钱"大蜀通宝"，皆为珍品。《十国春秋》载，"广政元年，铸广政通宝钱"，广政通宝分铜、铁、铅三种，"广政通宝"铜钱曾为大珍，今出土增多，已不稀见。"大蜀通宝"未见史载，清人刘燕庭在得到翁树培《古泉汇考》稿本后，在按语中记述："大蜀通宝，此泉见于《泉宝录钞》，附于蜀钱，未敢据信。"《泉宝录钞》系吴门张敬庵所著，"大蜀通宝"

● 大蜀通宝

为张氏藏品。彭信威判为后蜀所铸。国博有两枚大蜀通宝，其一系清人金砚元旧藏，后入王荫嘉之手，王氏赠予罗伯昭，罗氏赠予国博；另一枚系清人李佐贤旧藏，后被方若购入，又转入陈仁涛，终归国博。天津博物馆亦有大蜀一枚，或为方地山所藏旧物。又顾湘舟、刘燕庭、蒋伯埙都有藏此钱记录，另有数枚大蜀在当代泉家之手。此外，有一种铅开元、铅五金常与铅广政通宝同出，可判为后蜀铸。

杨吴政权创立者杨行密是南方诸国最早的开拓者之一。景福元年（892年）八月，杨行密受封淮南节度使，逐步兼并东南各军阀，与割据两浙的钱镠形成对峙之势。天复二年（902年），杨行密受封吴王，到天祐二年（905年）他去世时，杨氏吴国已经成为南方最强大的割据政权。杨行密死后，政权逐渐落入大臣徐温手中。徐温死，养子徐知诰继任其权位。大和七年（935年）徐知诰受封齐王，天祚三年（937年），吴帝禅位于徐知诰，杨吴遂亡。

旧识认为吴未铸钱，《钱币考》载"诸国割据者多用唐旧钱，亦有自铸钱……吴及南平高氏未闻"，然吴地富有铜矿，辖区亦大，且继承杨吴的南唐有大量铸钱，杨吴应有铸钱。现一般认为杨吴前期沿用唐开元通宝，后自铸了一种面文为阔缘平头通小字、背四决的"开元通宝"。

天祚三年（937年），徐知诰受禅，建立齐国，改元升元。升元三年（939年），徐知诰恢复李姓，改名李昇，自称是唐宪宗之子建王李恪的四世孙，改国号为"唐"，史称"南唐"。保大三年（945年），南唐出兵灭闽。保大九年（951年），南唐出兵灭楚，旋即失楚。中兴元年（958年）李璟去帝号，称国主，向后周称臣。宋开宝四年（971年），李煜去"唐"国号，称"江南国主"。宋开宝八年（975年），宋兵攻占金陵，李煜奉表出降，江南政权灭亡。

南唐是明确记载了铸钱监的割据政权，共铸行过六种钱币。一、开元通宝，南唐建国后，承杨吴旧制，行开元通宝钱，并在此基础上，发行了南唐的开元

● 南唐唐国通宝楷书、隶书、篆书

通宝隶、篆对钱，特点是外缘、内郭皆阔，直径较大。二、保大元宝背天铜钱、铁钱，为楚马殷之子马希尊臣附南唐后铸，"天"为"天策上将军"府。保大钱系名珍，民国时张叔驯、罗伯昭、戴葆庭、杨成麒、孙鼎皆有藏，孙鼎曾捐一品铜钱（戴葆庭让孙鼎）于上博、一品铁钱于国博。保大钱是否为真曾饶有争议，后1934年长沙出土2枚保大铜钱、1947年长沙出土2枚保大铁钱并伴有乾封泉宝小样铁钱，定谳。三、永通泉货，传为韩熙载所铸，此钱有折十隶书和折五篆书两种，并有铜铁两种材质。是钱较稀，清人刘燕庭、李佐贤及民国罗振玉、方药雨、罗伯昭、陈恕斋、戴葆庭、郭和仲、郑家相、张叔驯、江旦扬、孙鼎等皆有藏，其中李佐贤之藏经罗振玉、方若、陈仁涛递藏，现存国博。四、开元通宝大钱。五、大唐通宝，隶书对读，小平钱，存世较多。六、唐国通宝楷、隶、篆对钱，有折五、折二、小平三种，并有铁钱和大镇库钱。此外，罗伯昭、彭信威认为"大齐通宝"为李昇建"齐"时所铸，几成定论。

唐末，私盐贩子钱镠投军，在镇压黄巢起义中屡立军功，割据两浙。唐天复二年（902年）受封越王，天祐元年受封吴王。后梁开平元年（907年）受封吴越王。都杭州，先后尊后梁、后唐、后晋、后汉、后周和北宋等为正朔，始终未称帝。钱镠晚年与南吴通和，除两度遣兵入闽国外，少有战争。北宋太平兴国三年（978 年），钱弘俶"纳土归宋"，国亡，共存七十二年。

吴越在铸币方面少有记载，但唐朝曾于杭州设铸钱监，吴越又较安定，应有铸钱，只是与铜开元通宝难以区分。钱币界将一种体小、薄、多剪郭的铅开元判为吴越铸。此外，《十国春秋》还有吴越铸金银大钱的记载。

唐末，广州农民王审知随兄王潮入伍为将。乾宁四年（897 年）王潮去世，王审知替为福建观察使，随即又被任命为威武军节度使，受封琅琊王，割据福建。公元 909 年，王审知被后梁封为闽王。后唐同光三年（925 年），王审知去世，闽国内乱。长兴四年（933 年），王审知次子王延钧称帝，建都长乐府（福州）。天福八年（943 年）二月，王审知十三子王延政在建州称帝，国号大殷，年号天德。闽天德三年（945 年），南唐灭闽。

闽国曾大量铸造铅制开元通宝，背文略有"闽""福""殷""建"等，"殷""建"稀见；又铸行"开元通宝"背闽月大铁钱、大铅钱；铸"永隆通宝"大铁钱；铸"天德重宝"背"殷"大钱，"天德通宝"大钱，皆为名珍。民国八年，郑家相从陈信高手中购得天德重宝，民国十年，郑家相病重，方若为其延

● 闽国钱

● 永隆通宝陶范

请名医。为表谢意，郑氏出让方若多次欲购的天德。后此枚钱经陈仁涛手终入国博。民国十六年，王荫嘉从童殁菴处购得"天德重宝"背"殷"大钱一枚，自号"殷泉"，后让与孙鼎，终归上博。后来王荫嘉又得一枚天德背殷，是钱被罗伯昭强收入西服口袋、高价购走，罗氏允诺永远保密（毕竟王氏以"殷"泉名世）。后罗捐此钱于国博，终生保密货主姓名。直至 2006 年，王荫嘉之子王健舆才在纪念罗伯昭的《罗伯昭先生之生平点滴》一文中公诸此事。

马楚创建者马殷是木匠出身，五代后割据湖南八州。后梁开平元年（907年），朱温封马殷为楚王，加"天策上将军"。后唐天成二年（927 年）建立楚国，以潭州为都城，改名长沙府。长兴元年（930 年），马殷卒，遗命诸子，兄弟相继，后出现兄弟阋墙的乱局。天福十二年（947 年），马希范卒，众驹争槽，湖南大乱。公元 951 年，南唐派大将边镐攻下长沙，马楚亡。

马楚辖境较小，四面临敌，只能铸大钱、铁钱、铅钱求存。据《资治通鉴》记载，马殷曾大量铸铅、铁钱，不征商税，吸引商人来楚国贸易，商人卖掉货物后，马楚铅、铁钱又不能在母国使用，只能购马楚特产离境。铸币方面，马楚曾铸三种钱币：一是天策府宝铜、铁大钱（传世铁钱鲜见有开门者），铁钱较铜钱多。"天策上将"曾是李世民的称号，马殷请朱温依唐初故事，封自己为天策上将，天策府宝应是一种纪念性质的钱币，铜钱中有许多鎏金钱。清人戴峻患痈疽，靠把玩天策府宝钱治病。刘燕庭亦有藏此钱记录。民国时，罗伯昭曾藏有天策府宝

● 马楚钱

铜、铁、鎏金铜钱各一枚，铜钱来自毛大顺，捐给上博。铁钱来自钱吉甫，鎏金钱来自蔡季襄，均献国博。此外，民国戴葆庭、张叔驯、王荫嘉、郑松馆、丁福保、张季量、李荫轩、平尾赞平、梶山升二郎等皆藏有是钱。二是乾封元宝铜、铁大钱，背面有天、天府、策、天策、策府等字，铜钱为名珍。同光三年（925 年），马殷仿唐高宗乾封年号，置铁冶，铸是钱。清人徐问渠藏有铜品，民国时，张叔驯、蒋伯埙、罗伯昭、戴葆庭、朱绍森、陶耀庭等藏有铜品。三是铅开元。湖南行用铅钱较早，会昌开元背潭中即有大量铅质钱。钱币界认为，马楚的铅开元外缘较厚，"开"字较扁，背文有记数。

　　唐末，刘谦任封州刺史，拥兵过万，战舰百余。刘谦死后，刘隐继承父职，以清海节度使占据广南，后进封为南海王。刘隐死后，其弟刘岩袭封。于后梁贞明三年（917 年）在番禺称帝，改广州为兴王府，国号大越。次年十一月改国号汉，史称"南汉"，又更名刘䶮，史称"南汉高祖"。在位时，结好邻国，鼓励通商，国势日强。刘龑去世后，国家陷入内乱，其子刘玢、刘晟，孙刘𬬮先后继位，宋开宝四年（971 年）被灭。

南汉曾铸"乾亨通宝""乾亨重宝"铜、铅钱，十铅钱当铜钱一，铅钱有背文为"邕"者。通宝铸行于继位初，故稀见。清人刘燕庭藏有通宝（得自吴逸庵），民国陈仲璧、罗伯昭（捐国博）、戴葆庭、马定祥、赵权之、孙鼎（捐上博）、平尾赞平、梶山升二郎等有藏通宝记录。

● 乾亨重宝

唐末，刘仁恭效力幽州节度使李可举、李匡威，后投河东节度使李克用。乾宁元年（894 年），李克用保举刘仁恭为幽州节度使后，多次叛出、投降李克用和朱温。后梁乾化元年（911 年）八月，刘仁恭子刘守光软禁其父，建国称帝，国号"大燕"（因残暴而被史界称为"桀燕"），定都幽州，改元应天。后梁乾化三年（913 年）十一月，晋王李存勖拔幽州，燕国灭亡。

桀燕铸币尤为复杂。《册府元龟》载，刘仁恭造泥钱以收敛铜钱，自藏数百万铜钱于大安山石穴中，杀石匠灭口。后辽人发现了刘仁恭宝藏，尽归府库（《辽史·圣宗纪》）。桀燕所铸钱名，史无明载。新旧《五代史》记有泥钱事，《册府元龟》记有泥、铁钱事（未言钱文），宋人董逌《钱谱》载幽州制行过泥钱和"应天元宝"铜钱。《续夷坚志》中说金海陵天德年间，营造中都时，发现"永安一千"钱，朝议以为祥瑞，改中都名为永安。此地即前代幽州，泉家据此推测为桀燕钱。乾嘉时，京西常出永安一百、永安一千铜、铁钱，故翁树培、张廷济、鲍康、刘燕庭、戴熙、倪模等皆有获。民国后，1920 年秋，郑家相游历北京，曾得永安一千大铁钱，并示与张綗伯，张綗伯传信方若，后郑家相至天津时，是钱被方若夹在腋下携走。后方若在《言钱别录》中曾谈到 1922 年永安钱的大量出土，并说"每询钱贩，非曰京西，便曰相传在大王山下"。1923 年，钱商崔季高等深入大房山大安村收购，得仿王莽铁货布（背"三百"），仿唐"宝"字钱，仿史思明"顺天元宝"当十、当百、当千大铁钱，永安一十、永安一百、永安五百、永安一千大铜钱、大铁钱，应圣元宝当十铜钱，乾圣元宝当百铜钱、铁钱，还有仿隋铁五铢等。此外，北京还有数次出土永安钱的记载。据以上等证据，可将桀燕钱略分三类，皆以铜品为珍：一是永安大铜、铁钱，包括一十、一百、五百、一千；二是年号钱，包括应圣元宝背"拾"、乾圣元宝背"百"、"应天元宝"背"万"铜铁钱；三是其余仿铸铁钱，包括铁货布背三百、铁"顺天元宝"等。民国时，收藏"永安一百""永安一千"铜钱者有郑家相、罗伯昭、诸葛韵笙、乔六易、张綗伯、张晏孙、马定祥、郭若愚、陈仲璧、平尾赞平等。

除以上诸国铸钱外，北汉系后汉灭亡后的残余势力，应沿用后汉之"汉元通宝"。荆南（南平）高氏在投降北宋前，据有湖北江陵等地，除使用旧钱和邻国钱外，应铸过开元通宝钱，今已难以辨识。

除了铸币外，谷帛与金银也是五代十国时期重要的货币组成。中国货币制度建立在小农经济的基础上，小农经济的细碎性、分散性决定了铸币流通的必然，然而在大宗贸易、巨额赏赐等方面，铜钱明显不适，唐以前谷帛主要承担了这一部分职能，唐以后白银、纸币等承担这一部分职能。而唐末五代正处于布帛、白银嬗次的变革期。

布帛在唐代具有法定货币地位，具备货币所有职能。唐玄宗曾有"布帛是本，钱刀是末"的敕文。唐末五季以来，随着铸币量的提高、流通范围的扩大，加之布帛不耐久藏、容易受污、不便小额交易、次弱短狭之弊，布帛逐渐被铸币排挤出流通领域。虽然政府一再重申"钱帛兼行"的法令，布帛的颓势已不可挽。直至宋代彻底退回到日用品领域。

代替布帛流通地位的是白银。唐末五季以来，贵金属有了进入流通领域的趋势，首先表现为民间炽烈的聚藏白银之风。表现在支付上则是大额交易，以白银缴税、纳贡，甚至民间出现了以白银买米、买缣、买药品的记录。当然，零售领域依然是铜钱乃至铁钱、铅钱等铸币的天下。

民国十四年（1925年）四月二日，戴葆庭与朱克壮于江西鄱阳收购古钱，忽有一杂货商人携三百枚钱来售。戴、朱二人细察，过手间都是普品，大抵又是无甚收获。讵料，一枚钱突兀现于戴氏目前，令其欣喜若狂，那钱文分明是"大齐通宝"四字。戴氏强压狂喜，仔细摩挲，又见钱肉有四处孔洞，一问才知是货主幼子所钻，早前已被做成毽子踢玩，幸被货主发现，名珍不至蒙尘。

●四眼大齐拓片

戴、朱回沪后，以五百大洋将此泉易与张叔驯。张氏得泉喜不自胜，自取斋号"齐斋"，以膺大珍。古泉界素有"南张北方西蜀罗"的说法，共推张叔驯、方若、罗伯昭为民国三大钱币藏家。而张氏傲视泉界、登临泉极、跻身泉魁，堪为古钱大王之依凭，则首推此四眼大齐。

抗日战争爆发后，张氏举家赴美，客死他乡，四眼大齐亦随之湮灭无闻。2006年，张叔驯长子张南琛与宋路霞合著《张静江、张石铭家族》，2013年宋路霞又著《上海小开》。书中披露，张叔驯赴美前，曾将藏泉交于其姐张智哉代管。在美股市受挫后，张叔驯曾于1946年圣诞节回上海处理财产，再次返美时，张叔驯知道此去无回，特意带上了精挑的2000枚珍泉，四眼大齐即在此中。张氏未带走的泉币，部分被张智哉的后人于"文革"后捐售给上博，部分被其内兄徐懋斋于20世纪50年代售予上博。

张叔驯生命的最后几年，曾在纽约曼哈顿东57街125号开了一家东方艺术品公司，生意惨淡。1948年5月29日，一代古钱大王因癌症逝于纽约哥伦比亚长老会医院，年仅四十九岁。

张叔驯去世后，遗孀徐懋倩将其携美藏泉售予华裔大藏家戴吉荃（Tai J. T.），戴氏及其后人去世后，他的巨额遗产和藏品组成了"戴吉荃基金会"，四眼大齐和诸多名珍交由基金会保管。

2014年，国家博物馆霍宏伟接到宋路霞电话，提及四眼大齐下落：此珍仍然在基金会的地下库房中，由一位九十岁的高龄管家保管着。

旧珍拂尘，余不禁叹一首《八声甘州》：

又秋来南浦羡渔夫，纵棹醉莼鲈。对雕薨绣闼，歌台舞榭，梦里东吴。老却残唐草木，风月又何辜。只眼前阿堵，说李彭奴。

照破煌煌四眼，使珍泉多舛，底事云胡。叹鱼龙鳞爪，仍海外遗珠。料当时，百年离乱，在人间，竟散逸乘桴。重洋远，家山万里，道阻归途。

有道是：从来一别，苦怀百载，何处征雁，次第归来……

五代十国货币图释举要

	始铸年	铸主	一级名称	二级名称
1	907—911 年	五代·后梁太祖·朱温	开平通宝	
2	926—929 年	五代·后唐明宗·李嗣源	天成元宝	
3	937 年	五代·后晋·徐知诰	天福元宝	
4	947—950 年	五代·后汉隐帝·刘承	汉元通宝	光背
5	947—950 年	五代·后汉隐帝·刘承	汉元通宝	背上仰月
6	955 年	五代·后周世宗·柴荣	周元通宝	光背
7	955 年	五代·后周世宗·柴荣	周元通宝	背上仰月
8	955 年	五代·后周世宗·柴荣	周元通宝	背下俯月
9	955 年	五代·后周世宗·柴荣	周元通宝	背左月
10	955 年	五代·后周世宗·柴荣	周元通宝	背右月
11	955 年	五代·后周世宗·柴荣	周元通宝	背左上角月
12	955 年	五代·后周世宗·柴荣	周元通宝	背右上角月
13	955 年	五代·后周世宗·柴荣	周元通宝	背左下角月
14	955 年	五代·后周世宗·柴荣	周元通宝	背右下角月
15	955 年	五代·后周世宗·柴荣	周元通宝	背上星
16	955 年	五代·后周世宗·柴荣	周元通宝	背下星
17	955 年	五代·后周世宗·柴荣	周元通宝	背左星
18	955 年	五代·后周世宗·柴荣	周元通宝	背右星
19	955 年	五代·后周世宗·柴荣	周元通宝	背上直纹
20	955 年	五代·后周世宗·柴荣	周元通宝	背下直纹
21	955 年	五代·后周世宗·柴荣	周元通宝	背左直纹

	始铸年	铸主	一级名称	二级名称
22	955 年	五代·后周世宗·柴荣	周元通宝	背右直纹
23	916 年	十国·前蜀高祖·王建	通正元宝	
24	917 年	十国·前蜀高祖·王建	天汉元宝	
25	918 年	十国·前蜀高祖·王建	光天元宝	
26	911—915 年	十国·前蜀高祖·王建	永平元宝	
27	919—924 年	十国·前蜀后主·王衍	乾德元宝	
28	925 年	十国·前蜀后主·王衍	咸康元宝	
29	916—945 年	十国·闽·王审知	开元通宝	背闽铅质
30	916—945 年	十国·闽·王审知	开元通宝	背上星铁钱
31	916—945 年	十国·闽·王审知	开元通宝	背上闽下月铅质
32	916—945 年	十国·闽·王审知	开元通宝	背上闽下月铁钱
33	939 年	十国·闽·王延义	永隆通宝	背闽下月铁钱
34	943 年	十国·闽·王延政	天德重宝	背殷
35	896—951 年	十国·楚·马殷	天策府宝	
36	896—951 年	十国·楚·马殷	乾封泉宝	背天
37	896—951 年	十国·楚·马殷	乾封泉宝	背天铁钱
38	896—951 年	十国·楚·马殷	乾封泉宝	背策铁钱
39	896—951 年	十国·楚·马殷	乾封泉宝	背天府铁钱
40	896—951 年	十国·楚·马殷	乾封泉宝	背天策铁钱
41	896—951 年	十国·楚·马殷	乾封泉宝	背潭
42	938—956 年	十国·后蜀·孟昶	广政通宝	
43	934—937 年	十国·后蜀·孟昶	大蜀通宝	

	始铸年	铸主	一级名称	二级名称
44	943—957 年	十国·南唐	保大元宝	背天
45	943—957 年	十国·南唐	保大元宝	背天铁钱
46	943—961 年	十国·南唐中宗·李璟	永通泉货	隶书
47	943—961 年	十国·南唐中宗·李璟	永通泉货	篆书
48	943—961 年	十国·南唐中宗·李璟	唐国通宝	篆书
49	943—961 年	十国·南唐中宗·李璟	唐国通宝	篆书折十
50	943—961 年	十国·南唐中宗·李璟	唐国通宝	楷书
51	943—961 年	十国·南唐中宗·李璟	唐国通宝	楷书折十
52	943—961 年	十国·南唐中宗·李璟	唐国通宝	楷书折半小样
53	943—961 年	十国·南唐中宗·李璟	开元通宝	篆书
54	937—975 年	十国·南唐	大唐镇库	
55	937—943 年	十国·南唐·李昇	大齐通宝	
56	917 年	十国·南汉·刘龑	乾亨重宝	
57	917 年	十国·南汉·刘龑	乾亨重宝	铅质
58	917 年	十国·南汉·刘龑	乾亨重宝	背邕铅质
59	917 年	十国·南汉·刘龑	乾亨通宝	
60	917 年	十国·南汉·刘龑	开元通宝	铅质
61	917 年	十国·南汉·刘龑	五五	铅质
62	待考	十国·幽燕	永安一十	
63	待考	十国·幽燕	永安一百	
64	待考	十国·幽燕	永安一百	铁钱
65	待考	十国·幽燕	永安五百	铁钱

	始铸年	铸主	一级名称	二级名称
66	待考	十国·幽燕	永安一千	
67	待考	十国·幽燕	永安一千	铁钱
68	待考	十国·幽燕	铁货布	背三百
69	待考	十国·幽燕	顺天元宝	背上月下十
70	待考	十国·幽燕	顺天元宝	背上月下百
71	待考	十国·幽燕	顺天元宝	背上月下千
72	待考	待考	顺天元宝	背上千
73	待考	待考	乾圣元宝	背上百
74	待考	待考	应圣元宝	背上拾
75	待考	待考	应天元宝	背上万

开平通宝

天成元宝

天福元宝

汉元通宝

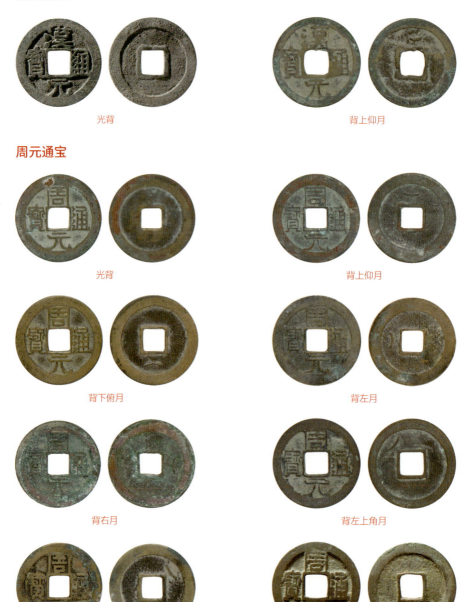

光背

背上仰月

周元通宝

光背

背上仰月

背下俯月

背左月

背右月

背左上角月

背右上角月

背左下角月

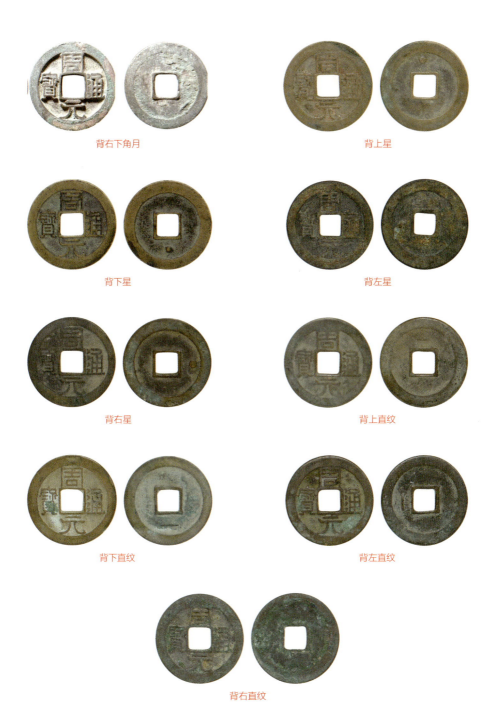

背右下角月 背上星

背下星 背左星

背右星 背上直纹

背下直纹 背左直纹

背右直纹

通正元宝

天汉元宝

光天元宝

永平元宝

乾德元宝

咸康元宝

开元通宝

背闽铅质

背上星铁钱

永通万国：货币与历代兴衰

背上闽下月铅质　　　　　　　　　　背上闽下月铁钱

永隆通宝　　　　　　　　　天德重宝

背闽下月铁钱　　　　　　　　　　　背殷

天策府宝

乾封泉宝

背天　　　　　　　　　　　　　　背天铁钱

背策铁钱

背天府铁钱

背天策铁钱

背潭

广政通宝

大蜀通宝

保大元宝

背天

背天铁钱

永通泉货

隶书   篆书

唐国通宝

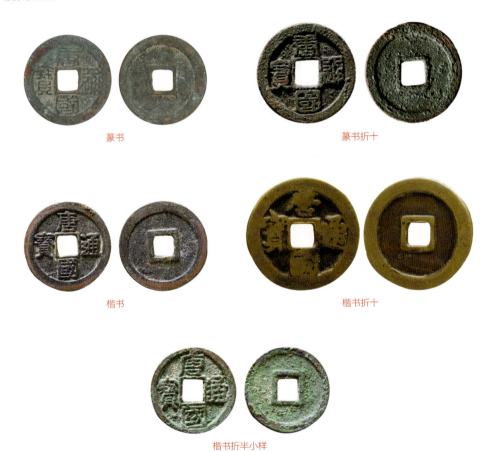

篆书   篆书折十

楷书   楷书折十

楷书折半小样

开元通宝

篆书

大唐镇库

大齐通宝

乾亨重宝、通宝

铅质

背邕铅质

开元通宝

五五

铅质

铅质

永安一十

永安一百

铁钱

永安五百

铁钱

永安一千　　　　　　　　　　　　　**铁货布**

背三百

铁钱

顺天元宝

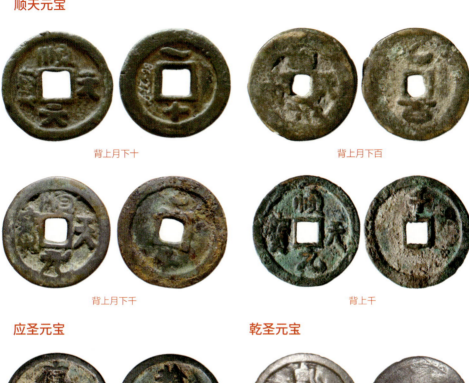

背上月下十   背上月下百

背上月下千   背上千

应圣元宝   乾圣元宝

背上拾   背上百

应天元宝

背上万

第十六章

徽居遗韵

宋徽宗是个文艺青年。

他的瘦金体如幽兰丛竹，泠泠作风雨声。他本可以做一个书坛祭酒，恣肆笔墨间，或者去翰林画院做个伎术官。他笔下的人物生动富贵，花鸟清淡野逸。

他的词也为人称道，柔丽绮靡是他，富艳精工是他，悲凉低回还是他。

他是仙风道骨的道君，修建艮岳的建筑大师，精通茶艺的博物家。他还被誉为"天下第二铸钱能手"，他御笔书写的瘦金体俊秀挺拔，瘦硬清奇，是收藏界的一股清流。

可他终究是个耽于享乐的庸主、亡国的阶下囚……

北宋代周以来，国富民殷。前代谷帛兼用的景况，已尽消弭。市肆所用，已变成了更为纯粹的货币形式，不仅铜钱、铁钱铸量为古今之最，还诞生了世界上

● 祥符元宝

最早的纸币，并加速了白银的货币化进程。南宋人叶适言："三代之世，用钱至少，自秦汉以后浸多，至于今日，非钱不行"，"百物皆由钱起，故因钱制物"，"凡世间饮食资生之具皆从钱起，铢两多少，贵贱轻重，皆由钱而制。上自朝廷之运用，下自民间输贡、州县委藏、商贾贸易皆主于钱，故后世用钱百倍于前"。单就铜钱而论，虽然"寒不可衣，饥不可食"，但公私上下不可须臾离之。谢维新在《古今合璧事类备要外集》中感慨，"虽毫芒纤悉，使之听命于钱，无一而不得其分"。可以说，大宋王朝是中国古代钱币的极盛时代。

受五代影响，两宋铸钱基本都是年号钱，皇帝每易一年号，便铸一钱币。两宋三百余年凡18帝，改年号57次，铸年号宝文钱40余种之多。

北宋铜钱可分为三个阶段。首先是北宋前期，即奠基期。宋太祖的铸币史料较少，但是他铸行的"宋元通宝"钱却存量可观。"宋元"即大宋开元鼎革，是国号钱。关于宋元通宝的始铸时间存有争议，《长编》《玉海》记载："国初，钱文曰'宋元通宝'。"欧阳修则认为是开宝年间（国家开宝中所铸钱，文曰"宋通元宝"），陆游认为建隆、乾德年间已经铸行（"建隆、乾德中皆然，不独开宝也"）。《开谭录》记载柴荣曾在皇宫设有铸炉，赵匡胤承周的政治遗产，铸钱应该不会太晚。太宗、真宗时，"江""池""饶""建"四大钱监恢复和创建，每年铸钱量达到一百二三十万贯，是唐朝天宝年间岁铸币的三倍，奠定了宋朝铸钱的

● 天圣元宝

基础。太宗赵光义在太平兴国年间铸造"太平通宝"，是北宋第一种年号钱。后来又在淳化、至道年间铸造淳化元宝和至道元宝，各有楷、行、草三种字体，皇帝御笔亲书，故称"御书钱"。宋真宗铸造过咸平元宝、景德元宝、祥符元宝、天禧通宝等几种年号钱。

其次是北宋中期，即全盛期。共有宋仁宗、宋英宗、宋神宗、宋哲宗四朝，据《中书备对》记载，宋神宗元丰时年铸铜钱量超过五百零六万余贯、铁钱量八十八万余贯，是我国古代铸币量最多的时期。仁宗在位四十二年，先后换过十个年号，铸行过天圣元宝、明道元宝、景祐元宝、皇宋通宝（年号为"宝元"，为避免与钱文重复，故用"皇宋"）、康定元宝铁钱、庆历重宝、至和元（通、重）宝、嘉祐元（通、重）宝等钱，仁宗在位期间爆发了宋夏战争，宋廷在陕西、河东铸行大铜钱（庆历重宝，系折十钱）和大小铁钱，铸钱量一度增至三百万贯。英宗铸行治平元（通）宝两种小平钱，各有楷书、篆书和古篆三种字体。神宗发

●《新订北宋符合泉志》原箱

　　日本泉界自 18 世纪末期以来，开始研究中国宋代对钱。村田元成与山田孔章所著的《对钱谱》与《符合泉志》先后问世，此二谱遂被日本泉界奉为圭臬。在之后的二百年里，二谱之原品钱分别经历数位名家收藏而未散。此后，《对钱谱》原箱为小川浩所得，《符合泉志》原箱被大川铁雄收藏。大川铁雄去世后，小川浩将二谱的原品钱归纳汇总，并对《符合泉志》进行增补、修改，于 1976 年著成《新订北宋符合泉志》。本物系《新订北宋符合泉志》之原箱。

行熙宁元（通、重）宝、元丰通宝。元丰年间，全国铸铜钱有 27 个钱监，铸钱达到极盛。哲宗铸行过元符元（通）宝，宋哲宗曾想将折二钱全部移入陕西、河东、京西，余路限期停用，事未成。

最后是北宋后期，即衰败期。共有宋徽宗和宋钦宗二帝，徽宗铸行过圣宋元宝、崇宁元（通、重）宝、大观通宝、政和通（重）宝、重和通宝、宣和元（通）宝，宋钦宗铸行过靖康元宝、靖康通宝。宋徽宗时官方财政政策剧烈变动，表现在货币政策上也是北宋所未有的变化。这一时期，当十铜钱推向全国，夹锡铁钱从四川、陕西、河东向外扩展，纸币交子改名为钱引，一度推广至全国。宋徽宗对钱法废易频仍，民穷财尽，人心思乱，百姓揭竿而起，北敌趁虚而入，以有亡宋危局。而这一切要从宋徽宗的登基开始说起。

元符三年（1100 年）正月，年仅二十五岁的宋哲宗病死，哲宗次弟端王赵佶继位。践祚之初的赵佶，也曾踌躇满志，崇慕父兄数十载宵衣旰食，变法图治，故资借其父神宗的年号"熙宁"，改元"崇宁"，示以承继。当年神宗五路伐夏，阔地两千余里，何其雄壮哉！哲宗收复青唐，余威犹在！可终究是牝鸡司晨，旧

● 圣宋元宝

永通万国：货币与历代兴衰

党起复，而天下之诟，又在新党之身矣。

赵佶在等，等待一个再次翻覆旧党的时机。但是他甫一即位，却为旧党巨擘司马光和吕公著恢复名誉，并改元"建中靖国"，以示"搁置党争""允执厥中"之意。

《六韬》曰："嘿嘿昧昧，其光必远。"赵佶如此诈伪，无非是为了安抚对他有拥立之恩的向太后。

当初哲宗早逝，向太后向宰臣章惇泣诉：国家不幸，大行皇帝无子，天下事须早定。

章惇面露讶色，慨然道：按礼法当立先皇亲弟简王。

向太后暗道不妙，哲宗生母朱太妃的舆盖、仪卫、服冠已和太后无差，若再立朱太妃的亲子简王为帝，自己将被置于何地？倘是简王再援引"濮议"的成例，"岂有此理"地不顾庶、嫡，难道还指着朝堂上的软骨头们"累疏乞休"不成？

她愤怒道：都是神宗皇帝的儿子，哪分得什么亲疏。依我看，年龄稍长的端王赵佶就挺好。

章惇历遍州县，进退中枢，时人称之为"承天一柱，判断山河"。王安石尚在时，章惇已是新党之重臣，荆公之肱骨。安石相公以"青苗法"国家贷款的形式增加货币需求；以"免役法"变差役为募役，增加财政的货币收入，为宋廷储备了巨额货币；以市易法稳定市价，增加对商贩的贷款。并通过收敛大量通货，改善了宋廷巨量铸钱而造成的通胀。概言之，即利用货币与金融手段，以贷款为财政提供资金，实现税收和财政的丰盈。但同时，铜钱大量收敛，铜钱流量受到影响，以至钱荒。农民没有足够的铜钱纳税，只能"伐桑枣，撤屋材，卖其薪，或杀牛卖肉，得钱以输官"，加重了社会的动荡。

作为亲历者，章惇深知王安石变法的允当处与失准处，直欲先清除旧党阻力，后妥善复用新法。当其独掌相权，乘时报复，而故老、元辅、侍从、台省之臣，举凡旧党者，一日之间，布满岭海。如今皇权未定，后宫弄柄，又是哲宗初年的景况了。但如高太皇太后、司马光之类的旧党巨擘，章惇尚且无惧，何况一根基不稳的向太后。章惇脱口而驳道：按长幼，也该立申王！

向太后一时语滞，抬眼扫了扫殿上的枢密使曾布、尚书左丞蔡卞和中书侍郎许将，右掌抵嘴，面部赧红，笑颤的胳膊把寝阁的垂帘晃得直作响。

看着向太后强忍的样子，曾布赶紧先一步笑了，轻声在章惇的耳边说道：章相，申王有眼疾啊。

众人绝倒。

向太后趁势直下圣谕：便是端王了。诸臣施礼，合依圣旨。

一旁的章惇怒难自遏，低声如雷，愤然发出那句有名的判语："端王轻佻，不可君天下！"

章惇明白自己的末日要来了。如同王安石一样，这次他也栽在了一个女人的手里。如他预想的，他先是被任命为山陵使，贬出京城，再被贬到越州，远离政治中心，最后被贬到了雷州，去了天涯海角。

一年后，向太后薨，赵佶终于露出獠牙，在大太监童贯的力促下，徽宗任用蔡京，向旧党发难。赵佶比宋哲宗还要狠，他将以司马光为首的 309 位旧党人物的名籍刊刻在"元祐党籍碑"上，其子子孙孙，永以为奸，此之谓永世不得超生。

至此，徽宗朝的大戏正式开锣。

崇宁元年 (1162 年) 七月，蔡京被任命为尚书右仆射，成为次相，赐坐延和殿。蔡京下令重新推行宋神宗时期的各项新法。由于铜产量下降，供应不足，当年底，宋廷命陕西行神宗折二钱之法，铸行当五钱（徽宗以为"折"字不佳，故将"折"改为"当"，"折五"即"当五"）。此时，陕西于仁宗朝铸行的庆历重宝当十钱已经改为当二，此次铸行圣宋通宝背当五钱是蔡京铸行当十钱的端兆。

● 崇宁重宝、通宝

崇宁二年正月，蔡京被晋升为尚书左仆射，成为首相。二月，陕西铸造当十钱并夹锡钱，即"崇宁重宝"钱（后发行稍重的"崇宁通宝"钱）。为防止盗铸，蔡京命此次所铸折十铜钱在陕西、四川、河东流通铁钱，诸路之外的其他路分流通。崇宁二年五月，令舒、睦、衡、鄂钱监，用陕西钱样铸折十钱。崇宁三年正月，又诏江、池、饶、建州罢铸小平钱及当五钱，并依陕西钱样改铸当十钱。

当十钱在全国推开后，盗铸便如云而起，市场陷入混乱。陆游《家世旧闻》载："私铸如云，论罪至死。虽命官决杖、黥配。然不能禁。"朱翌《猗觉寮杂记》载："物价踊贵，商贾不行，冒禁而破家身死者众。"宋廷采取了一系列措施补救，崇宁四年（1105年）四月十二日，中书门下省请求给监司、州县及巡捕官司等基层部门下达约束事项，督促地方官员禁民盗铸。六月，由于闽、广铜多，盗铸难禁，朝廷令

● 宋钱一组

广南、福建路不再使用当十钱，此二路所铸之钱输往外地。十一月，朝廷宣布荆湖南北、江南东西、两浙路当十钱贬值为当五钱。至此，同一种钱在长江以南为当五钱（广南、福建不用大钱），长江以北为当十钱。十二月，宋廷令淮南路将当十钱当五行使。当五地区北移淮河。降低当十钱当值的同时，宋廷减少了当十钱的数量，命自崇宁五年始，"八分铸小平钱，二分铸当十钱"。当十钱此次的降值不仅是朝廷对盗铸成风、物价飞涨、交易不便而进行的币值调整措施，也是因蔡京政敌赵挺之入相，与蔡京共相掣肘之故。

崇宁五年（1106年）春正月戊戌，"彗出西方，其长竟天"。徽宗"避殿损膳"，诏臣僚直言朝廷阙失，蔡京一党的中书侍郎刘逵倒戈，上书皇帝，请求打碎矗立在端礼门外的"党人碑"，废黜蔡京之法。蔡京因打击元祐党人和行折十钱，在朝廷中已树敌无数，徽宗趁机罢免蔡京，以召和气。二月，蔡京罢相。赵挺之加快了废除当十钱的步伐。六月，内降札子："当十钱惟行于京师、陕西、河东北路，余路不行。"由于当十钱的贬值，受损失最重的还是朝廷和巨宦，百姓也冒着杀头的风险，将当十钱运送到可以使用的地区交易，多方掣肘，此番废除当十并不彻底。宋廷开始采用了官方收购的办法，用纸币小钞回收大钱。并对私铸的当十

● 宋徽宗钱币一组

● 大观通宝

钱，根据含铜量，偿付铜价的1.2倍。钱法愈乱，执法愈严，百姓不知手中之钱是否私铸，害怕获罪，纷纷将钱币抛掷江河之中。

与自己的先祖一样，徽宗也擅长用天相做文章。崇宁五年七月，日当食不亏。徽宗取《易·观》"大观在上"，诏改明年元为"大观"，以合天意。

宋真宗伪造天书，泰山封禅，天下争奏祥瑞。堂堂大宋官家，竟拿这些篝火狐鸣的把戏来粉饰太平。其实宋真宗对于这些鬼神图谶之事，尚还明白羞惭遮掩，用珍珠美酒来堵宰执王旦的口，然而他的嫡派子孙，自封"教主道君皇帝"的赵佶，则真可谓是"恬不知愧"了。除应相改元、大兴土木，广修宫观自不必说，朝堂之上，大内之中，满眼黄服羽冠，不见斯文。真假道士大行其道，出入禁掖，无敢谁何。

大观元年（1107年）正月，蔡京复相，恢复铸造、流通当十钱。二月，首铸御书当十钱（"大观通宝"钱）。三月，赵挺之罢相，"大观通宝"与"崇宁通宝"兼行。诏除京东路三州外，"并许行使当十钱"。同时，废除兑换私钱的纸币小钞。为了报复刘逵，并借此推行当十钱，禁止私铸钱，蔡京一手炮制了"章縡盗铸钱案"。

蔡京与章氏一门可谓积怨颇深。刘逵的妻子是抗击西夏名将章楶的女儿，章楶长子章縡曾因上书

● 宋徽宗钱币一组

● 政和通宝铁钱

言蔡京钞法误民，得罪了徽宗与蔡京。章楶三子章综多赞刘逵之政。彼时，签判西安州的章楶五子章绲居住在苏州，蔡京命人告发章绲"私铸钱数千万缗"，徽宗派人前往苏州调查。蔡京党羽余深、石公弼趁机弹劾刘逵包庇妻兄章绲私铸"当十钱"，徽宗将刘逵贬黜，出知亳州。朝廷先后派出三批官员去苏州彻查此案，第一批为蔡京的党羽李孝寿、张茂直，他们扩大株连，被捕入狱者达数千家，严刑拷打至死者甚众。又派殿中侍御史沈畸和监察御史萧服去苏州，二人把"无佐证者"七百余人无罪释放，被蔡京贬羁。最后由新任苏州知州孙杰、发运副使吴择仁审理，最终，"绲刺面配沙门岛，追毁出身以来文字，除名勒停，籍入其家。窜绛台州，综秀州，绹温州，绾睦州，缤永州，芰处州，苤均州，官司降罢除名

者十余人，时论冤之"。章氏一网尽矣。苏州钱案后，私铸情况一度好转，大观折十的行用范围和铸量都有所扩大。

大观三年（1109 年）六月，蔡京二度罢相。钱法为之变，当十钱禁行区扩大为河北缘边州军县和沿海的县一级。九月，诏广南东路英、连等六州铸钱院只铸夹锡钱和小平钱，不再铸大钱。大观四年正月，下诏减少当十钱的铸造量。大观四年六月，蔡京党人张商英入相。张商英与蔡京货币理念不同，七月，请求罢铸当十钱，改铸小平钱。第二年（政和元年）五月，徽宗诏改当十钱为当三钱（币值与重量相符）。本次改革涉及京师，反响极大。除了权宦提前有准备，百姓皆措手不及。据朱彧《萍洲可谈》载："京师一旦自凌晨。数骑走出东华门，传呼里巷，当十改为当三，顷刻遍知。故凡富人，无所措手。"宋廷此次决心很大，严令"务要小平钱与当三钱轻重均一，无自区别"。又禁止"买物支当三""卖物纳小平"，以政令为当三钱的流通护航。

政和元年(1111 年)八月，张商英罢相。次年五月，蔡京第三次任相。由于徽宗的坚持，迄北宋灭亡，未复为当十。蔡京的钱法改革重心放到了夹锡钱。关于夹锡钱，略述如下：崇宁二年，陕西、河东铸夹锡钱，以一当铜钱二。崇宁四年，夹锡钱推向全国。崇宁五年蔡京罢相，夹锡钱行用范围和铸量缩小。大观元年，蔡京复相，夹锡钱行用范围和铸量再次扩大。大观三年，蔡京二次罢相，夹锡钱随之衰落。至此次蔡京三次任相，宋廷颁行政和钱式，"命诸路以铜钱监复改铸夹锡"。不久后，命"夹锡钱不以何路所铸并听通行"。夹锡钱轻，百姓不乐用，为推行计，制定了严刑峻法，"有弗受夹锡、须要铜钱者，听人告论，以法惩治"。

● 政和通宝

政和六年（1116 年），郑居中、刘正夫为相，罢废淮南夹锡钱。又诏河东、陕西外，其余诸路全部停止流通，之后河东也停用夹锡钱。各地的夹锡钱集中于陕西，造成严重的通货膨胀。宣和年间，陕西"宣和小铁钱"与夹锡钱兼行。北宋末，陕西复用铜钱。

政和二年（1112 年）上元之次夕，汴京上空千云祥集，低映端门。忽有群鹤仙游，翔凤跃龙之形，擎露舞风之态，引吭唳天。少顷，有两鹤恰落在宫殿顶端左右鸱吻之上，颇甚闲适，呈清逈之姿，令宫人投目，路人仰颈。大宋官家头戴黄冠，身穿对襟交领素布衫，下着深褐色环裙，外披黑边大氅，缓步出大殿，饶有兴味地品赏着仙鹤告瑞的奇景。待鹤迤逦归飞西北后，徽宗欣然命笔，于绢素之上，作《瑞鹤图》，其笔势飞动，有凌云步虚之意。

政和三年（1113 年）十一月，何执中出任尚书左仆射，兼门下侍郎，成为首相。蔡京被封为太子太师、鲁国公，第三次去相位。

政和六年（1116 年）四月，道士林灵素初见徽宗便如故人，双眼直勾勾地盯着面前的赵宋天子，不置一言。反而是赵佶面对泰然如天神般的林神仙，目不敢视，口不敢言，半天才敢挤出一句：朕与你可曾见过？

林灵素眉头微皱，诘道：我与你曾同列仙班，你当真记我不得？

赵佶只觉嘴唇发干，喉咙燥得直冒烟，颤颤地回道：对……对……朕记起来了，当时你还骑着一头青牛，今日却不曾见。

林灵素微微颔首，看着眼前一脸赤诚的皇帝，帮着他回忆天庭的往事：你乃玉皇大帝的长子长生大帝君，蔡京为左元仙伯，特下凡来辅佐你。

赵佶喜上心头，大呼：聪明神仙！聪明神仙！诏令蔡京总领中书、门下、尚书三省事务。蔡京第四次出任首相。

政和七年，宋徽宗开始修建艮岳。据说徽宗即位之初，也曾厉行节俭。元符三年（1100 年）二月，宋徽宗斥责内侍郝随、刘右端主持营造宫苑过当，对首相曾布说：禁中修造，华侈太过。墙宇梁柱，涂金翠毛，一如首饰。又作玉虚，华侈尤甚。久居帝位后，蔡京敛财之剧激发了徽宗追求逸乐的本性。一次宫宴上，徽宗想用玉器饮食，又怕辅臣有意见，便询问蔡京的看法。蔡京直接从经籍的源头给徽宗壮胆，用《周易》里面的"丰亨豫大"来解释君王的用具，区区玉器又何在话下。由是"丰亨豫大"变成了对徽宗奢靡生活的阐释，浩浩荡荡的宫殿园林修筑工程、奇花异石搜敛工程和愈加严厉的剥削措施，为帝国的崩塌埋下祸患，表面的平静下是愈发汹涌的暗潮。

同年，由于天干地支的交叠，宋徽宗改元"重和"。这个年号虽然只使用了两年，却敲响了北宋王朝的丧钟。

政和之后，北宋铸行了小钱重和通宝、宣和元（通）宝，由于宋、金战争，宋廷财匮，不得已铸行了宣和大钱，又在宋钦宗时铸行过靖康大钱，直至亡国。南宋后，虽然北宋钱监大部分在南宋境内，但由于铜价上涨，铜贵钱贱，铸钱亏本，故铸钱量陡然减少，只是北宋的 1/20，纸币成为南宋地区的主要货币，小面额的货币则多用铁钱。

南宋铜钱以折二钱为主，略有以下几种：一是高宗铸行的年号钱建炎元（通、重）宝、绍兴元（通）宝。二是孝宗铸行的年号钱隆兴元宝、乾道元宝、淳熙元（通）宝。淳熙七年（1180 年）后，南宋不再发行几种字体的对钱，只发行一种"宋体字"钱币，并钱背上标明年份（淳熙七年为"柒"字，八年为"捌"字，之后改为小写）。三是光宗铸行的年号钱绍熙元（通）宝。四是宁宗铸行的年号

● 南宋铜钱

钱庆元通（元）宝（元宝罕见）、嘉泰通宝、开禧通宝、嘉定通（元）宝（元宝为铁母，并有嘉定元宝背折十大钱）。五是理宗铸行的国号钱大宋元宝（并有大宋通宝背"当拾"大钱）、皇宋元宝，以及年号钱绍定通（元）宝（元宝仅见拓片）、端平元（通、重）宝、嘉熙通（重）宝、淳祐元（通）宝、开庆通宝、景定元宝。六是度宗铸行的年号钱咸淳元宝。

重和元年（1118 年），宋徽宗派武义大夫马植（赵良嗣）自山东登州乘船渡海，以买马为幌，与金谈判攻辽事宜。在赵佶眼中，大宋王朝几百年的宿敌契丹即将灰飞烟灭，数十代汉家天子魂牵梦绕的燕云十六州也唾手可得。

这次谈判一直到宣和年间才结束，赵佶隐约感觉到了一丝不安。先是宣和元年（1119 年），郓城人宋江聚众在梁山泊起义，使整个山东弥漫在战火之中；再是宣和二年十月，歙州贫农方腊把两浙搅得地覆天翻。就在四个月前，蔡京第四次被免去首相职务。

宣和三年（1121 年）正月，宋徽宗派童贯率十五万大军攻打方腊。童贯三

● 宣和通宝铜钱、宣和元宝铜钱、
宣和通宝铁钱

● 宋钱一组

战三捷，生擒方腊。八月，方腊在开封被戮。宣和六年（1124 年）十一月，蔡京复相。时年七十八岁的蔡京第五次担任首相，他老眼昏花不能做事，一切政务都交给小儿子蔡绦处理。一年后便辞任。

宣和七年（1125 年）十月，金兵分两路大举南下侵宋，宋廷大震。心力交瘁之际，赵佶突然发现："宣和"者，家有二日之意，国破家亡岂非天意？那之后，赵佶没有再改年号，而是把皇位传给了太子，自己则以去亳州烧香为名出避江南，后驻镇江。同年，太子赵桓即皇帝位，改元靖康，是为宋钦宗。

靖康元年（1126 年）七月，蔡京途经潭州，病死于城南东明寺，草葬于当地漏泽园，享年八十岁。八月，蔡京的儿子英国公蔡攸、礼部尚书蔡绦被赐死。

十一月，金兵攻破汴京。第二年四月，宋徽宗和宋钦宗被金兵俘虏北去，北宋灭亡。

● 南宋淳熙通宝背泉

● 宣和元宝、通宝

据说金兵初次围攻开封，曾要挟宋廷交纳金五百万两，银五千万两，绢一千万匹，马、驼、骡、驴之属各以万计以犒师，宋廷推脱逡巡，金人悻悻而返。灭宋后，金人在宋廷内库缴金一亿五千万两，银四亿两，绢五千四百万匹。民间钱货荒尽，北宋"巨富"而亡。

这一次，宋徽宗没有躲过命运的审判，等待他的将是长达九年的"北国风光"。不知他曾记否，那汴京长空上的声声鹤唳……

● 大观通宝

北宋、南宋货币图释举要

		北宋		
	名称	铸造时间	铜钱情况	铁钱情况
1	宋元通宝	太祖赵匡胤建隆元年（960年）	仅见小平钱，钱文仿八分书，形制仿开元、周元，背有光背和星、月、祥云纹等。关于该钱的读法有宋元通宝和宋通元宝两种；宋通元宝见欧阳修《归田录》以及《宋史·食货志》、吴自牧《梦粱录》、吴曾《能改斋漫录》。宋元通宝见李涛《续资治通鉴长编》、王应麟《玉海》等。大抵钱文读法自宋代已见分歧。	仅见小平钱，钱文隶书，行用于川峡路。铁钱十当铜钱一。《续资治通鉴长编》："开宝三年十二月，始令雅州百丈县监，铸铁钱。"可知此钱为太祖开宝三年至九年间（970—976年）由雅州百丈县始铸，此后可能还有川峡路其他钱监参与铸造。一说此钱始铸于乾德三年（965年）。出土于四川陕西甘肃等地。
2	太平通宝	太宗赵光义太平兴国年间	宋代第一种年号钱，仅见小平钱，背有光背和星、月纹等。	有小平及大铁钱，钱文隶书，分别行用于川峡路和福建路建州。大钱稀见。宋章如愚《群书考索》："兴国八年，奚屿言福建诸州少铜钱，请于建州铸大铁钱，从之，以太平通宝为文，与铜钱并行，寻以不便废之。"
3	淳化元宝	太宗赵光义淳化年间	有小平钱，有行、隶、草三体，据《宋史》："钱上亲书其文，作真草行三体，自后每改元必更铸以年号元宝为文。"则淳化元宝为宋太宗亲自书写。背有光背和星纹等。另有名誉品"淳化金佛""缩水淳化"。	有小平钱和折十大铁钱，皆行用于四川路。小平钱有行、楷、草三体，大钱为隶书。大钱稀见。

	名称	铸造时间	铜钱情况	铁钱情况
4	至道元宝	太宗赵光义至道年间	钱文有行、隶、草三体，从风格看，应该也是宋太宗御书。背有光背和星纹等。	仅见小平钱，皆为铜范铁钱，稀见。
5	咸平元宝	真宗赵恒咸平年间	有小平钱，背有光背和星纹等。另有大型阔缘厚肉钱和折十型样钱。	仅见小平钱，皆为铜范铁钱，稀见。
6	景德元宝	真宗赵恒景德年间	小平钱，宋王应麟《玉海》："景德权衡式以御书三体钱较定"，即景德钱的式样依然遵从淳化、至道，只不过只有真书，而钱文同样可能是宋真宗所书。	仅见折十大铁钱（一说折三），行用于四川路。
7	祥符元宝、通宝	真宗赵恒大中祥符年间	据王应麟《玉海》："祥符元年六月癸巳，赐辅臣新铸御书祥符元宝钱"，则祥符钱同样为宋真宗御书，元宝、通宝小平钱皆常见，背有光背和星、月纹等。元宝有大型阔缘厚肉钱、折二和折十型样钱，以及特大型钱。	元宝有折二、折十等多种铁钱。钱文楷书，皆行用于四川路。折二样当值待考。
8	天禧通宝	真宗赵恒天禧年间	有小平钱，分为大、小字不同的版别。	今见均为折二样，当值待考。钱文隶书，行用于四川路。
9	天圣元宝	仁宗赵祯天圣年间	小平钱，钱文有楷（真）、篆二体。该钱后世还成为道教为小儿祛疾的法器，如明代《道法会元》记载了"治小儿诸疾法"："法不用诀只向东方手执天圣钱一……取东方气吹布钱上，与小儿佩戴，或安于卧席下，或顿于房门限下。"	大小各异，或皆为小平钱。钱文有楷、隶、篆三体，行用于四川路。

	名称	铸造时间	铜钱情况	铁钱情况
10	明道元宝	仁宗赵祯明道年间	小平钱，钱文有楷、篆二体。	今见均为折二样，当值待考。行用于四川路。
11	景祐元宝	仁宗赵祯景祐元年	小平钱，钱文有楷（真）、篆二种字体。	大小各异，或皆为小平钱，行用于四川路
12	皇宋通宝	仁宗赵祯宝元元年间	此皇宋并不是年号钱，只不过因为年号中有两个元字，因此宋仁宗特意改名皇宋，见《宋史·食货志》："后改元更铸，皆曰元宝，而冠以年号，至是改元宝元，文当曰'宝元元宝'，仁宗特命以'皇宋通宝'为文，庆历以后，复冠以年号如旧。"有小平钱，偶见折二型。背有光背和月纹等。有名誉品"皇宋九叠篆"，稀见。	所见甚多，版式多样，或皆为小平钱，行用于四川路和河东路。
13	康定元宝	仁宗赵祯康定年间	未见正规出土铜钱，《宋史·任颛传》："陕西铸康定大铜钱，颛曰：坏五为一，以一当十，恐犯者众。卒如其言。"据《宋史》所说，似乎陕西曾铸造过大值铜钱，至今未见。一说有一枚小平铁母出土，真假莫测。	仅见小平铁钱。钱文楷书，陕、晋、川有出土。
14	庆历重宝	仁宗赵祯庆历年间	常见折钱，偶见小平样，钱文有直读（顺读、对读）和旋读两种，光背。	仅见大铁钱，为旋读，行用于陕西路。

	名称	铸造时间	铜钱情况	铁钱情况
15	皇祐元宝	仁宗赵祯皇祐年间	《续资治通鉴长编》有"皇祐元年正月癸亥，铸皇祐元宝钱"。《宋史·食货志》有"皇祐中，饶、池、江、建、韶五州铸钱百四十六万缗"。但目前出土甚少，属于大珍级别。	《宋史·食货志》有："皇祐中……嘉，邛，兴三州铸大铁钱二十七万缗"，但从目前出土情况看，所铸铁钱应为其他品种。
16	至和元宝、通宝、重宝	仁宗赵祯至和年间	元宝、通宝、重宝（小平样除外）均有对钱；重宝有小平样、折二、折五钱，折五偶见坊、虢等纪地。	有重宝大铁钱和小平铁钱。大铁钱行用于陕西路，钱背多见光背，偶见虢、同、坊、河等纪地。小平为铜范铁钱。
17	嘉祐元宝、通宝、重宝	仁宗赵祯嘉祐年间	有小平钱，光背，钱文有楷（真）、篆二体。元宝、通宝常见，重宝为近年来发现，2010年嘉德春拍一枚嘉祐重宝小平成交价格为33.6万元人民币，当属宋钱名珍。	
18	治平元宝、通宝	英宗赵曙治平年间	元宝、通宝皆常见，都是小平钱，钱文有楷、篆二体。	仅见小平铁钱，铸地不明。
19	熙宁元宝、通宝、重宝	神宗赵顼熙宁年间	元宝有行、篆、楷（真）和隶四体。背上有衡字者（《宋史·地理志》："衡阳有熙宁钱监。"）和隶书者少见。通宝多为铁钱，重宝为折二、折三大钱。	有小平和折二铁钱。钱文楷书。小平钱有元宝及通宝两类，多为四川路铸。折二钱多为陕西路铸。
20	元丰通宝、重宝	神宗赵顼元丰年间	通宝有小平、折二钱和铁钱。书体有篆、行、隶三体。重宝极罕，系试样。一说有一品"元丰当十"铁母。	今见有小平、折二铁钱。小平钱行用于四川路，折二钱行用于山西路。

	名称	铸造时间	铜钱情况	铁钱情况
21	元祐通宝	哲宗赵煦元祐年间	小平钱有篆书和行书，背陕者较为珍稀。另有折二和折三。	有小平和折二钱。小平钱行用于四川路，折二钱行用于山西路。
22	绍圣元宝、通宝、重宝	哲宗赵煦绍圣年间	元宝有小平和折二钱等。小平广穿者较多，背文有光背和星、月纹。隶书者珍稀。通宝除楷书中字较多，其余皆稀见。重宝稀见。	有小平和折二钱。小平元宝及通宝旋读铁钱行用于四川路，小平通宝对读铁钱行用于河东路，折二铁钱行用于陕西路。
23	元符通宝、重宝	哲宗赵煦元符年间	通宝有小平和折二钱，钱文有篆、楷、行三体。重宝稀见。	有小平和折二钱。小平钱行用于四川路和河东路，折二钱行用于陕西路。
24	建国通宝	徽宗赵佶建中靖国年间	小平钱，有篆书和楷书，一品篆书在国博。稀见。真伪莫辨。	
25	圣宋元宝、通宝	徽宗赵佶建中靖国年间	元宝有小平和折二钱，钱文篆、行成对，亦有隶书。圣宋通宝为蔡京当政时铸，稀见。《宋史·食货志》："会蔡京当政，将以利惑人主……'崇宁二年'五月，始令陕西及江、池、饶、建州，以岁所铸小平钱增料改铸当五大铜钱，以'圣宋通宝'为文。"	有小平和折二钱。小平钱行用于四川路和河东路，折二钱行用于陕西路。
26	崇宁元宝、通宝、重宝	徽宗赵佶崇宁年间	重宝、通宝常见折十钱。通宝为瘦金体，另有小平钱。另有崇宁元宝小平银质宫钱，稀见。	有重宝、通宝和元宝。重宝、通宝铸行时，恰逢夹锡钱推行，故二钱几乎皆为夹锡钱。元宝铸行于四川路，当值待考。
27	大观通宝	徽宗赵佶大观年间	有小平、折二、折三、折五、折十和特大型等多种版式，钱文瘦金体。	多为折二钱，本钱多为夹锡钱。另有当十钱，铸地待考。

	名称	铸造时间	铜钱情况	铁钱情况
28	政和通宝、重宝	徽宗赵佶政和年间	通宝有小平和折二。重宝为折二钱，钱文瘦金体，稀见。	有小平和折二钱。小平钱行用于四川路、河东路。折二钱行用于陕西路。多为夹锡钱。
29	重和通宝	徽宗赵佶重和元年	有篆、隶两种字体，篆书少于隶书，较稀见。	未见铁钱。
30	宣和元宝、通宝	徽宗赵佶宣和年间	元宝仅有小平，有名誉品"宣和背陕"。通宝有小平、折二、折三等。元宝数量远少于通宝。	宣和小平背陕钱可能铸于宣和二年（1120年）六月蔡京罢政后。《宋史·食货志》："初，蔡京铸夹锡钱，民病壅滞，子洵请铸小铁钱以权之，因范格以进。徽宗大悦，御书'宣和通宝'四字为钱文。既成，子洵奏令民以旧铜钱入官，易新铁钱。旬日，易得百余万缗。"宣和小平背陕钱或铸于宣和二年，或行用于陕西路。折二宣和钱为篆、楷对钱，或铸于宣和初年。
31	靖康元宝、通宝	钦宗赵桓靖康年间	元宝、通宝有小平、折二、折三种，皆较稀见，小平稀见。另有靖康通宝小平银质宫钱。	有小平对钱，行用于四川路，较稀见。
32	应运元宝（通宝）、应感通宝	起义军李顺占成都时造。	仅见小平钱，钱文八分书，背平夷、质青白；一说应运钱凡四品，一品在上博，一品在天博，两品遗佚。	应运元宝和应感通宝都有铁钱存世，稀见。一说应运通宝背月孕星铜钱仅一品，于湖北省出土，现藏新加坡。

南宋

序号	名称	铸造时间	铜钱情况	铁钱情况
1	建炎元宝、通宝、重宝	高宗赵构建炎年间	通宝有小平、折二、折三钱，钱文篆、楷（真）、隶三体。重宝较稀见，为折三钱。元宝稀见。	《宋史·高宗本纪》：建炎元年九月，"铸建炎通宝钱"。建炎二年六月乙卯，"权署邛州铸钱"。仅见小平钱，有篆隶对钱和楷书钱两种，行用于四川路。篆隶对钱应为邛州所铸。
2	绍兴元宝、通宝	高宗赵构绍兴年间	元宝有小平、折二、折三铜钱，钱文篆、楷（真）成对。通宝有小平、折二、折三、折五和折十钱。	《宋史·高宗本纪》：绍兴元年八月，"铸绍兴钱"。马端临《文献通考》："减工缩费，所以钱稍恶，若乾道、绍兴钱，又不及熙丰远矣。"今所见绍兴钱确实如此。有小平和折二钱。小平钱和折二通宝钱行用于四川路，背文利指利州绍兴监。折二元宝钱为铜范铁，铸地不明。
3	隆兴元宝、通宝	孝宗赵昚隆兴年间	元宝有折二铜钱，钱文有篆、楷（真）二对。通宝为铁钱。	有小平和折二钱，行用于四川路。小平、折二元宝与通宝皆为篆、楷对钱。元宝又有直读和旋读之分。小平和折二的对读版皆稀见。
4	乾道元宝、通宝、重宝	孝宗赵昚乾道年间	元宝有折二铜钱，钱文真、篆成对。通宝仅有折五型，稀见。重宝亦稀见。	《宋史·孝宗本纪》：乾道六年二月，"庚戌。遣司农丞许子中诣淮西，措置铁钱"。有小平和折二钱，行用于四川路和两淮路。行用于四川路之铁钱为背邛，邛指邛州惠民监。行用于两淮路之铁钱为小平通宝、小平及折二背松、同、春、广、冶、裕、丰、安、正、泉、星月纹。松指舒州宿松监，同指舒州同安监，春指蕲州蕲春监，安指黄州齐安监，冶指兴国军大冶监，泉指鄂州宝泉监，广指江州广宁监，丰指临州丰余监，裕指抚州裕丰监。"正"何指待考。

序号	名称	铸造时间	铜钱情况	铁钱情况
5	纯熙元宝	孝宗赵昚乾道九年		为孝宗拟用年号（《皇宋中兴两朝圣政》中有记载），本品有小平钱背同。
6	淳熙元宝、通宝	孝宗赵昚淳熙年间	元宝有小平、折二和折三钱，钱文有真、篆、隶三体。背文有文字（纪年从七到十六年）和星、月纹等。	《宋史·孝宗本纪》有"淳熙六年庚子，四川行当三大钱（应为铁钱）"；《宋史·食货志》有"十二年，诏舒、蕲铸铁钱，并增五万贯，以淳熙通宝为文"。有小平、折二和折三铁钱，分别行用于四川路和两淮路等地。南宋行用折三铁钱从此肇始。淳熙元宝背春、同、舒同、松、舒松、广、冶、裕、丰、泉和背星月及背仅铸数字者。折二光背钱多为该路所铸。舒同指舒州同安监，舒松指舒州宿松监。背文所带数字均为纪年，南宋纪年钱自淳熙七年始，光背者应为此前所铸。背丰小平，稀见。
7	绍熙元宝、通宝	光宗赵惇绍熙年间	元宝有小平和折二钱。通宝系铁钱，有铁母，稀见。	《宋史·光宗本纪》："绍熙三年五月……命汉阳、荆门军、复州行铁钱。"有小平、折二和折三铁钱。小平、折二钱行用于两淮路和京西路，折三钱行用于四川路。小平及折二，钱背皆纪监纪年。其中汉指汉阳军汉阳监，光指光州，定指光州定城监。绍熙元宝小平、折二背光二，绍熙通宝小平篆书背同三、定三，罕见。四川路行用铁钱为折三钱及小平小样光背钱。折三钱背有折值符号，多有数字，自成系列。小平小样钱可能为邛州所铸。

序号	名称	铸造时间	铜钱情况	铁钱情况
8	庆元元宝、通宝	宁宗赵扩庆元年间	通宝有小平，折二和折三钱，背文纪年"元"至"六"。元宝为当三铁钱。	通宝有小平、折二和折三钱。小平、折二钱行用于两淮路、京西路、湖北路，折三钱行用于四川路。元宝是折三钱，背文川，左右为数字。小平、折二钱背皆纪监纪年，背春七、同七、汉七为预铸钱，较少见。折三钱有元宝及通宝，元宝背皆带川字及数字，自成系列，为邛州惠民监铸；通宝又分旋读及对读，旋读者钱背仅有折值符号，对读者钱背又有数字自成系列。通宝对读版为利州绍兴监铸。
9	嘉泰元宝、通宝	宁宗赵扩嘉泰年间	通宝有小平、折二，折三钱，背文为纪年和纪地。元宝为铁钱。	有小平、折二和折三钱。小平、折二钱有通宝和元宝，行用于两淮路、京西路和湖北路。折三钱皆为元宝，行用于四川路。小平、折二钱有元宝及通宝，背皆纪监、纪年，其中春指蕲春监，同指舒州同安监，汉指汉阳军汉阳监。折三铁钱皆为元宝，背文分利、川两类，各带数字，自成系列。利指利州绍兴监，川指邛州惠民监。
10	开禧元宝、通宝	宁宗赵扩开禧年间	通宝有小平和折二钱，另有试铸折十钱，背文为利。元宝为当三铁钱，铁母仅见。	有小平、折二和折三铁钱，钱文楷书。小平、折二钱为通宝，行用于两淮路、京西路和湖北路。折三钱为元宝钱，背文分利、川两类，行用于四川路。小平、折二钱为通宝钱，背皆纪监、纪年，同指舒州同安监，汉指汉阳军汉阳监，春指蕲州蕲春监。钱文对读者少见。折三铁钱为元宝钱，背文分利、川两类，各带数字，自成系列。利指利州绍兴监，川指邛州惠民监。

序号	名称	铸造时间	铜钱情况	铁钱情况
11	圣宋元宝、重宝	宁宗赵扩嘉定元年		李心传《建炎以来朝野杂记》：嘉定元年十一月庚子，"四川初行当五大钱，时陈逢孺总领财赋，患四川钱引增多，乃即利州铸大钱，以权其弊。三年夏，制置大使欲尽收旧引，乃又铸于邛州焉。利州绍兴监钱以圣宋重宝为文，其背铸'利一'二字"。重宝为折五钱，元宝为折三钱（元宝仅见背上月孕双星且右左四七为文者）。二者钱文皆为楷书，行用于四川路。南宋用折五铁钱，从此肇始。
12	嘉定诸宝	宁宗赵扩嘉定年间	通宝有小平和折二钱，背纪年自"元"至"十四"。另有名誉品"嘉定元宝背折十"，一说为南宋安丙家族专门铸造的供自己家族殉葬的瘗钱。	有小平、折二、折三和折五钱，背文含汉、同、春，行用于两淮路、京西路和湖北路，其余行用于四川路。还有嘉定元宝、崇宝、正宝、全宝、永宝、安宝、直宝、定宝十数种（一说十七）铁钱。
13	宝庆元宝	理宗赵昀宝庆元年		据《宋史·理宗本纪》：宝庆元年七月乙酉，"诏行大宋元宝钱"。可知宝庆元宝铁钱铸于此诏令下达之前的宝庆元年元月至七月间，因铸期短，故均少见。有小平、折二和折三钱，钱文楷书。小平钱仅见背汉月一种，为汉阳监造。行用于两淮路、京西路和湖北路。折二和折三铁钱行用于四川路。折二钱仅见定二一种，折三钱有背定及背惠类。定指嘉州丰远监，惠指邛州惠民监。又有背宝三者，未见实物。

序号	名称	铸造时间	铜钱情况	铁钱情况
14	大宋元宝、通宝	理宗赵昀宝庆年间	元宝有小平和折二钱，背纪年"元"至"三"。通宝有名誉品"大宋通宝背当拾"。	《宋史·理宗本纪》：宝庆元年七月乙酉，"诏行大宋元宝钱"。有小平和折三钱，钱文楷书。小平钱行用于两淮路、京西路和湖北路。小平钱有元宝及通宝，背皆纪监纪年。汉指汉阳军汉阳监；春指薪州薪春监。一说此钱为折二。折三铁钱行用于四川路。折三钱背定三者为嘉州丰远监铸；背西三者为邛州惠民监铸；背利州行使者，为利州绍兴监铸；光背者面文同利州行使版，亦应为绍兴监铸；背泉三所指待考。
15	绍定元宝、通宝	理宗赵昀绍定年间	通宝有小平和折二钱，背纪年为"元"至"六"。元宝为铁钱。	《钦定续文献通考》：（理宗宝庆）四年，"改元绍定，铸钱曰绍定通宝"。有小平和折五钱，钱文楷书。小平钱为通宝，背皆纪监纪年，行用于两淮路、京西路和湖北路。背春者为旋读，薪州薪春监铸；背汉者为对读，汉阳军汉阳监铸，背汉较少见。一说此钱为折二。折五钱为元宝，行用于四川路。背仅有折值"五"字，据形制可能为利州绍兴监铸，少见。
16	端平元宝、通宝、重宝	理宗赵昀端平年间	元宝为小平，只有背"元"。通宝为折五。重宝为折五（一说有折十）。	《钦定续文献通考》："（宝祐）七年改元端平，铸钱曰端平通宝。"《宋史·食货志》："端平元年，以胆铜所铸之钱不耐久，旧钱之精致者泄于海舶，申严下海之禁。"有小平、折五和折十铁钱，南宋行用折十铁钱，从此肇始。钱文楷书。小平钱行用于两淮、京西（今湖北北部一带）、湖北路（今湖北中南部及湖南西北部一带）；折五、折十钱行用于四川路。小平钱现仅见背春元一种，为薪州薪春监铸，罕见。

序号	名称	铸造时间	铜钱情况	铁钱情况
16	端平元宝、通宝、重宝	理宗赵昀端平年间	元宝为小平，只有背"元"。通宝为折五。重宝为折五（一说有折十）。	折五钱有元宝及通宝，元宝多为对读，亦有旋读。元宝对读背定伍者，分为东、北两类，均为嘉州丰远监铸。元宝对读又有背穿上为北上、北中、北下、东中，穿下为伍者，可能亦为嘉州丰远监铸，均罕见。元宝对读背邛者，为邛州惠民监铸。元宝旋读背穿下伍者，可能为利州绍兴监铸，通宝背均为惠伍，分东、西两类，亦为邛州惠民监铸。折十铁钱为利州绍兴监铸，罕见。
17	嘉熙通宝、重宝	理宗赵昀嘉熙年间	通宝有小平和折二钱。重宝史书以为折三钱，目前通认为折五钱。	《宋史·食货志》："嘉熙元年，新钱当二并小平钱，并以嘉熙通宝为文，当三钱以嘉熙重宝为文。"有折五和折十大铁钱，钱文楷书，行用于四川路。折五铁钱穿上为折值，穿下为方位，惠、东两类；折十铁钱穿上为折值，穿下为方位，分惠、东、西三类；可能均为邛州惠民监所铸。折十铁钱皆罕见。
18	淳祐元宝、通宝	理宗赵昀淳祐年间	元宝有小平和折二钱。通宝有小平、折二、折三、折十钱。另有名誉品"淳祐当百"。	《钦定续文献通考》："嘉熙五年，改元淳祐，铸钱曰淳祐通宝、淳祐元宝。臣等谨按淳祐元宝大钱背文有当百字，钱质厚重，过于诸大钱数倍，而史无明文。"仅见当百铁钱，钱文楷书，行用于四川路。此钱大小各异，均为铜范铁钱，四川路所铸，皆少见。两宋铁钱至此止。
19	皇宋元宝	理宗赵昀宝祐年间	有小平和折二钱，面文楷书旋读。背文纪年自"元"至"六"。亦有光背，较少。	《宋史》有"（宝祐元年八月）乙丑，行皇宋元宝钱"。《宋史·食货志》有"宝祐元年，新钱以皇宋元宝为文"。至于为何如此命名，宋人叶大庆《考古质疑》："宋通元宝、皇宋元宝非年号者。宋通乃开宝时铸，皇宋乃宝元时铸，盖钱文不可用二宝字，故变其文也。"

序号	名称	铸造时间	铜钱情况	铁钱情况
20	开庆通宝	理宗赵昀开庆元年	有小平和折二钱，背文均有"元"字。	《宋史》："（开庆元年五月）乙丑，行开庆通宝钱。"《宋史全文》："乙丑诏铸新钱以开庆通宝为文。"
21	景定元宝	理宗赵昀景定年间	有小平和折二钱，背纪年自"元"至"五"。	《宋史全文》："（景定元年）九月辛未，诏铸新钱以景定元宝为文。"
22	咸淳元宝	度宗赵禥咸淳年间	有小平和折二钱。背文纪年，自"元"至"八"。背文"九"稀见，待考。	
23	临安府钱牌	南宋末年临安铸行的地方性货币	孔行素《至正杂记》：南宋有钱牌，长三寸有奇，阔二寸。大面额称铜牌（铸牌），有二百文、三百文、五百文三种。小面额称铅牌（镴牌），有一十文、四十文和一百文等。	
24	和州行用钱牌	南宋末期和州铸行的地方性货币	按其中一品来看，面文为当十文铜钱，背文抵十八界会子二百，即每贯抵铜钱五十文，可知十八界会子已贬值为原值的六分之一，亦可知宋末纸钞之剧贬。	

北宋

宋元通宝

小平

小平铁钱

太平通宝

小平

大铁钱

淳化元宝

小平　　　　　　　　　　　　金质淳化供养钱

至道元宝

小平

咸平元宝

小平　　　　　　　小平铁钱　　　　　　　　饼钱

景德元宝

小平　　　　　　　　　　　　　　大铁钱

祥符元宝、通宝

元宝小平　　　　通宝小平　　　　通宝小平

饼钱　　　　　　　　　　　　　　大铁钱

天禧通宝

小平

天圣元宝

小平　　　　　　　　　小平　　　　　　　　　小平铁钱

明道元宝

小平　　　　　　　　　　　　小平

折二铁钱

景祐元宝

小平　　　　　　　　　小平　　　　　　　　　小平铁钱

皇宋通宝

小平　　　　　　小平　　　　　　九叠篆　　　　小平铁钱

康定元宝

小平铁钱

庆历重宝

折十

折十铁钱

皇祐元宝

小平

至和元宝、通宝、重宝

元宝小平 　　　　 元宝小平 　　　　 通宝小平 　　　　 通宝小平

重宝折二 　　　　　　　　　 折二铁钱

嘉祐元宝、通宝

通宝小平 　　　　 通宝小平 　　　　 元宝小平 　　　　 元宝小平

治平元宝、通宝

通宝小平　　　　　元宝小平　　　　　通宝小平　　　　　元宝小平

熙宁元宝、重宝

元宝小平　　　　　元宝小平　　　　　重宝折二　　　　　重宝折二

元丰通宝

通宝小平　　　　　　　　　　　　　通宝小平

通宝折二　　　　　　　　　通宝折二

元祐通宝

小平   小平   小平

小平   折二   折二

绍圣元宝、通宝、重宝

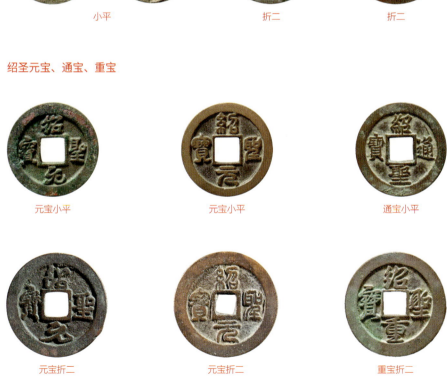

元宝小平   元宝小平   通宝小平

元宝折二   元宝折二   重宝折二

元符通宝

通宝小平 通宝小平 通宝折二 通宝折二

圣宋元宝、通宝

元宝小平 元宝小平 元宝小平·结宋 元宝小平·结圣

元宝小平·开裆元 元宝小平·长字 元宝折二 元宝折二

通宝当五

崇宁元宝、通宝、重宝

通宝小平

通宝小平·大字

元宝小平铁钱

通宝折十·遒劲

通宝折十·短丁

通宝折十·美制

重宝折十·美制

重宝折十

大观通宝

小平

小平

小平铁钱

折二

折二铁钱

折三

折五

折十

政和通宝、重宝

通宝小平

通宝小平·文正阔和

通宝小平·重和样

通宝折二

通宝折二

重宝折二铁钱

重和通宝

小平

小平

宣和元宝、通宝

元宝小平

元宝小平

通宝小平·背陕

元宝小平·巨头宝

通宝折二

通宝折二

靖康元宝、通宝

元宝小平

通宝小平

通宝小平铁钱

通宝折二

通宝折二

通宝折二

元宝折二

元宝折二

应感通宝、应运元宝（通宝）

应感通宝

应运元宝

应运通宝

南宋

建炎元宝、通宝、重宝

元宝小平　　　　　元宝小平　　　　　通宝小平　　　　　通宝小平

通宝小平背川　　　　　通宝折二　　　　　通宝折二

通宝折三　　　　　　　　　重宝折三

绍兴元宝、通宝

元宝小平　　　　　元宝小平　　　　　通宝小平　　　　　通宝小平铁钱

元宝折二　　　　　　　　　　元宝折二　　　　　　　　　　　通宝折二

隆兴元宝、通宝

元宝折二　　　　　元宝折二　　　　　通宝铁钱　　　　元宝折二铁钱

乾道元宝、通宝

元宝折二　　　　　　　　　　元宝折二　　　　　　　　　元宝折二铁钱

元宝折二铁钱　　　　　　　元宝折二铁钱　　　　　　　通宝折二铁钱

纯熙元宝

小平背同铁钱

淳熙元宝、通宝

元宝小平　　　　　元宝小平铁钱　　　　　元宝折二

元宝折二　　　　　　　　　　元宝折二

元宝折二背正　　　　　　　元宝折二铁钱

元宝折二铁钱　　　　　　　　　　　　元宝折二铁钱

元宝折二铁钱　　　　　　　　　　　　通宝折二铁钱

绍熙元宝、通宝

元宝折二　　　　　　　　　　　　　元宝折二铁钱

通宝折二铁钱　　　　　　　　　　　　通宝折二铁钱

通宝折二铁钱

庆元元宝、通宝

通宝小平

通宝小平铁钱　　　　　　　　　　元宝折二

元宝折三

嘉泰元宝、通宝

元宝小平

通宝小平

通宝折二

通宝折三

开禧元宝、通宝

通宝小平

通宝折二铁钱

元宝折三

元宝折三铁钱

圣宋元宝、重宝

元宝折三铁钱　　　　　　　　重宝折五铁钱

嘉定诸宝

通宝小平　　　　　　　　元宝折十

宝庆元宝

铁钱

大宋元宝、通宝

元宝小平　　　　　　　　通宝小平铁钱

元宝折二

通宝当十

绍定元宝、通宝

元宝小平

元宝小平铁钱

通宝小平铁钱

通宝折二

端平元宝、通宝、重宝

元宝小平铁钱　　　通宝小平铁钱　　　　　　　通宝折五

重宝折五

嘉熙通宝、重宝

通宝小平　　　　通宝折二　　　　　　重宝折五

通宝折五铁钱

淳祐元宝、通宝

元宝小平　　　　　元宝折二　　　　　　　　通宝折三

通宝当百

皇宋元宝

小平　　　　　　　　　　　　折二

开庆通宝

小平　　　　　　　　　　折二

景定元宝

咸淳元宝

小平　　　　　　　折二　　　　　　　小平　　　　　　　折二

临安府钱牌

和州行用钱牌

第十七章

无用之用

又是凄凉时候在天涯。

寒食刚过，僧人仲殊只觉舌间寡淡，饥饿难挨了。苏东坡若在，仲殊得了接济，胸中便无一毫发事。耳听得红船歌吹，眼瞧见花外高楼，樽樽与东风相约，喝得酒面融春，俗事也尽忘了。

端的是"涌金门外小瀛洲，寒食更风流"。

独来吴中后，"三千粉黛""十二阑干"都没了踪影，仲殊口袋空空，腹内也空空了。

可惜仲殊本是进士出身，只因生性风流，被娘子投了毒，索了半条命去。寻常的药石都苦涩难耐，他的救命方子却奇得很，谓是尝尽百花，蜂蜜是也。可如今莫说是嗜之如命的蜜汁了，便是口汤饼也足矣。

后来饿得狠了，他只得豁出去面皮讨了一文钱来，兑了一碗甜汤来喝。那真是：钱如蜜，一滴也甜。

到紧要时，平日里只够饮杯茶水、抓捧小虾、挑几颗蒸枣的一文钱，不仅甜似蜜饯，还能断送了区区性命。

太平兴国年间，崇阳县令张乖崖巡查治下，见一看库小吏的头巾下藏着一枚铜钱，文曰"太平通宝"，便夺钱诘道：你这厮，怎地监守自盗。左右，又出去杖四十。

那小吏倒也不是微末出身，颇有些硬气的，勃然道：老爷好生蛮法，盗一文钱妨甚事，乃杖我耶？你能杖我，不能斩我也。

乖崖怒而执笔，写下判词：一日一钱，千日千钱。绳锯木断，水滴石穿。

语罢，仗剑斩其首。

百余年后，岳飞亦行乖崖之事，严令：取人一钱者，必斩。再后来，到了乾道年间，朝廷也颁令：敢船载钱宝一文以上过界者，流配。

"一钱重丘山，斗粟轻粪土。"

凡此种种，既有驭下严明的缘故，亦缘于大宋的"钱荒"。

按常理讲，荒就是少，钱荒就是流通领域的货币短缺。如唐代的钱荒，即是

● 童子戏钱
中国国家博物馆藏

因为财政货币化（两税法以货币交税）、商品交易模式的转化（铜钱成为交易主体）导致铜钱量少，乃至"公私交易，十贯以上，即须兼用匹段"，必须依靠布帛的流通来弥补通货短缺。

● 淳化元宝背佛金钱

然宋有"富宋"之别号，铜钱数量为古今之最巨。宋人李觏有语："朝家治平日久，泉府之积尝朽贯矣。"宋太祖开宝年间，仅升州（今南京）就铸钱三十万贯，唐代的年铸币量，最高也不过如此。宋神宗元丰年间，年铸币量更高达五百万贯，超过明朝铸币量的总和。除此，还有金、银、铁钱和纸币为辅，何来钱少之说？

或曰：钱在何处？

答曰：官家课税，人口骤增，私家藏匿，民间毁钱，泄于四夷，纸币冲击。

首先是官府重税。财政货币化是导致钱荒的主要原因。中唐以来，税法由征收谷物、绢帛等实物的租庸调法，转成以征收金钱为主的两税法。其后税制多变，但以货币纳税仍相沿袭。古代中国实施量入为出的盈余财政，必然导致铜钱的官方积蓄，当收大于支时，或者收与支（税收与支放）时间错配时，流通中的铜钱便会缺少。表现在地域上，税收越重、越多的地区，钱荒的情势则越重。宋朝以来，税收中钱币所占的比重不断增大，政府收缴税款时，一般只收铜钱，少收贵金属和纸币。市场上短缺的不是其他货币，而是铜钱。

宋初鲜有钱荒之事。太宗年间，张乖崖尚未中举，只因与汤阴县令言语投机，辞身时，便得了一万文赏钱。自仁宗起，赋税加重，钱荒始有。作为赋税重地的东南地区钱荒尤甚。欧阳修说：南方库藏，岂有剩钱！苏轼亦愤：浙中自来号称钱荒，今者尤甚。相形之下，赋税流入的东京、西北之地，少有钱荒。

其次是经济发展，人口骤增带来的铜钱使用主体的增大。宋人沈括谓：今天下齿岁蕃，公私之用日蔓，以日蔓之费，奉岁蕃之民，钱币不足，此无足怪。经济的发展，带来人口的剧增，货币需求量随之剧增。唐以来，秦汉桑弘羊式的官方垄断模式发生转型，民间的茶米交易替代了秦汉的盐铁交易，市场与百姓的关系更加密切，铜钱使用主体增大，导致钱币不足。

再次是私家藏匿之风。古泉收藏之来源，一是流传有序的传世钱，二是挖掘地中之钱。由于两宋富家有积贮铜钱的风气，本应出现在流通领域的铜钱，都成了私家窖藏，是故近世宋钱往往都是成堆、成窖地被翻掘而出。朝廷深恶此风，屡屡颁律规制，如绍兴年间之法："命官之家存留见钱二万贯，民庶半之。"奈何百姓竞利，屡次犯禁，却将铜币愈埋愈深，甚或连自己都忘了藏在何地，反倒便宜了后世藏家。

建炎、绍兴之际，京内少钱，市井惶惶。临安城内，几名差役正与镊公（理发师）扯皮。镊公道：官爷使小人哪里去？

差役不答，径去捉拿。等进了相府，见了展脚幞头的大官，差役才在镊公耳边嘀咕：此乃右仆射、同中书门下平章事兼枢密使秦公桧，你好生栉发（理发）。末了，秦桧以五千钱当作二钱犒赏镊公，谕云：这小钱你早些用，过几日就会被废除。

镊公亲得钧旨，腹难压事，将此事与外人言说，一时临安富户纷纷掘钱花销。不出三日，京内钱荒解除。《宋史》有云"（秦桧）阴险如崖阱，深阻竟匜测"，信矣。

至于民间毁钱铸器，则与汉朝的销铜铸钱恰好相反。汉朝时，"盗铸如云而起，弃市之罪不足以禁矣！"到唐宋时却出现了销毁铜钱，铸成铜器的现象："销熔十钱，得精铜一两，造作器物，获利五倍。"

在钱荒严重的东南，更是销毁钱宝，习以成风。细究起来，是因汉朝时商业不盛，百姓对铜器的需求也不旺，铜器流通困难，不如将其私铸成货币牟利。再者，两汉时谷帛是重要的货币形式，且具有贮存优势（量小而价高），储蓄铜钱远不如直接储存更为实用的谷帛。唐宋以来，商品经济空前繁荣，但由于严苛的铜禁政策，作为商品的铜器价值出现了虚高，有了奢侈品的属性。与铜器相比，大量的铸币反倒显得轻贱。铜钱的实际价值超出了名义价值，所以民间竞相毁钱铸器。铜钱的销铸，无疑加剧了钱荒，虽然宋廷颁布了严苛的钱禁、铜禁法令，不仅禁止私铸，还严禁销钱铸器，然重诱之下，人皆逐利犯死，势不可抑。

同时，钱荒的成因也与铜钱的外流有关。相比于粗疏的辽钱、西夏钱，宋钱铸造精美、规整，民间喜用。岁币还被大量输送至辽、金两国，所以广泛流通于四国之地，有"一国所铸，四朝共用"的说法。在国际市场上，宋钱更是各国贸易的通行钱，不仅流通于日本、高丽、交趾、爪哇等地，甚至在印度、东非、波斯湾也有宋钱流通过的痕迹。

宋臣刘挚泣血呼号："使四夷不劳而获中国之利以为利，三边之所漏，海舶之所运，日积一日，臣恐竭吾货财，穷吾工力，不足以给之。"庙堂的应对之策，唯有严刑峻法。然物货之交往，如同江海浩荡，可以疏之，不可以堵之。法禁愈严，犯禁愈烈，如汤鼎沸，激之以冰，水火相较，釜甑炸迸。

除此，导致宋代钱荒乃至宋朝经济、政治全面崩溃的至要原因，是一次前所未有的货币革命，即出现了纸币。这种如今畅行于五洲四海的货币，使古老中国的货币从单一的资产特征，变为资产、负债双重属性。纸币的发行极大地缓解了商品经济持续发展造成的货币需求压力。同时，纸币是发行者的负债，是持有者的资产，当发行者毫无限制地发行纸币后，市场的铜钱等具有"物"的价值的货币就会因为"劣币驱逐良币"的格雷欣法则而退出流通领域。于是，在每个纸币王朝的末期，金属货币的钱荒已不重要，朝野的视角都聚焦在如何救助纸币、稳定物价之上。纸币通过称提之法，将整个王朝的经济深度捆绑，后陷入全局性、无可挽回的崩溃，直至新的王朝对旧纸币的废止，而新纸币又将重现此一轮回……

最早的纸币是交子，诞生于四川。"交子"是四川地方俗话，也是票证、票券的概称，有交合之意，即"合券取钱"。交子产生于四川主要有两个原因。首先，四川是专属的铁钱区。四川大规模使用铁钱，是从五代开始的。北宋蜀地承前后蜀之弊政，一方面禁止铜钱入蜀，另一方面则收敛蜀地铜钱入京。太平兴国四年，宋廷解除铜钱入川之禁，但依旧禁止铁钱出川。在赋税征收上，从铜钱一铁钱九变为铜钱二三铁钱七八，至此，蜀地几乎没有铜钱流通。淳化五年，李顺叛乱，张乖崖命铸贯重 25 斤的"景德元宝"当十铁钱，铁钱笨重而难以致远，易仿造而轻重不一，价格低廉而易于磨损，催生了交子的产生。其次，信用票据的影响。早在交子之前，西汉有"皮币"，唐有"飞钱""便换"，都是一种汇票性质的信用工具。它们都是旨在实现铜钱的异地转移，而不是商品的流通。宋初，产生了茶、盐券（交引），商人入钱于京师换券，再携券去茶、盐产地取货。《湘山野录》曾记载：张乖崖镇蜀时，曾以"铁缗抄"二百道资助彭承，勉励其治学，可知此时四川有一种兑换铁钱的汇票。此外，这些汇票所蕴含的信用机制，也被交子继承。

交子产生于民间。大中祥符初年，益州铁钱重难用，知州张乖崖设"质剂之法"，以类似汇票的交子兑换铁钱，并挑选出以王昌懿为首的具有相当实力的十六豪民连保发行交子，共同承担兑换责任，以三年为界，界满时以新交子收兑旧交子。这种交子被称为私交子（《续资治通鉴长编》载交子产生原因是铁钱少，与史实不符。《宋史》《文献通考》《湘山野录》《楮币谱》等皆认为是铁钱重而产生交子，应确）。

李攸《宋朝事实》载："始，益州豪民十余万户连保作交子，每年与官中出夏秋仓盘量人夫及出修糜枣堰、丁夫物料。诸豪以时聚首，同用一色纸印造。印文用屋木人物，铺户押字，各自隐密题号，朱墨间错，以为私记。书填贯数，不限多少。收入人户见钱，便给交子，无远近行用，动及万百贯。街市交易，如将交子要取见钱，每贯割落三十文为利。每岁丝蚕米麦将熟，又印交子一两番，捷如铸钱。收买蓄积，广置邸店屋宇园田宝货。"可知：其一，此交子发行主体是十余户豪民，且有承担官府人力、物力的义务；其二，此交子没有固定发行量，购买者交现钱，交子户支付交子；其三，此交子有一定的花纹、样式、纸张；其四，此交子有一定的防伪标志；其五，此交子每次收兑，每贯要收取三十文利钱（3%的"铸币税"）。

私交子发行后，一些交子铺超量印发交子，持有交子者无法兑换现钱，聚众索款，官野哓哓。大中祥符末年，益州路转运使薛田奏请设置官方"交子务"，以救交子危机，未获准。益州知州寇瑊索性下令关闭民间交子铺，"市肆经营买卖寥索"。天圣元年（1023 年），帝国的权柄落入太后刘娥之手。所谓年号"天圣"，即太后、皇帝"二人为圣"之意。刘娥诞于益州华阳，对故乡事极关切。当其看到废除交子之弊后，便亟调能吏治钞。很快薛田被委任益州知州，他与新任益州路转运使张若谷多所商议，上书朝廷"废交子不复用，则贸易非便，但请官为置务，禁民私造"，请置官交子。朝廷"诏从其请"，命二人与梓州提刑王继明协商该事宜。后于天圣元年十一月二十八日（1024 年 1 月 12 日）设置益州交子务，正式发行官交子，该日被认定为交子诞生日。

初行的官交子保留了私交子的基本精神，尤其是需纳现钱换交子、交子可兑换为现钱的发行方式。又有不同之处：其一，私交子无发行限额，官交子每届为一百二十五万六千三百四十缗（贯）；其二，私交子无准备金，官交子准备金为三十六万缗；其三，私交子与官交子的面文、样式、防伪方式有区别；其四，私交子无固定面额，官交子有固定面额（初始面额为"自一贯至十贯文"十种、宝元二年定为五贯、十贯两种，熙宁元年定为一贯、五百文两种）；其五，私交子起初无分界发行，后定为三年一界，然未严格执行，官交子定为三年一界；其六，私交子三十文纸墨费为兑钱时收取，官交子为旧交子换新交子时收取等。

交子的准备金为三十六万缗，基本是发行量一百二十五万六千三百四十缗的三分之一，这个数额源于私交子的实践，盖因为水火灾害、盗贼之虞、纸币沉淀等原因，再加之下一界交子对上一界交子的收兑，三分之一的准备金可以支撑交

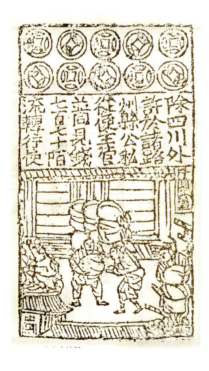

● 千斯仓钞版拓片

该钞版最早见著于马衡《中国金石学讲义》（1923年），曾被认为是"交子"钞版，亦有人认为这是"小钞""会子""钱引"钞版。该钞版面文"千斯仓""七百七十陌"均在《宋史·食货志》四川会子的记载中出现，或系据此伪造。

子的运行。交子的分界制度是北宋的创举，原因是楮皮所制交子容易损坏、新交子换旧交子可以收取铸币税、新交子收兑旧交子可以缓解旧交子换现钱的压力等。

交子在初期发行时，是一种有准备金的国家信用货币，至北宋中后期，情势剧变。首先是流通地域超出四川，如宋仁宗庆历七年，诏取三十万贯交子交予秦州。其次是交子发行权扩展到陕西与河东，如宋神宗熙宁二年，在河东潞州设立交子务发行交子，三个月后罢废；其次是超发乃至脱离准备金制（无准备金发行），如宋神宗熙宁七年，第十三界交子增发（"虚行印刷"）六十万贯，以支援陕西；再次是界别的突破，如熙宁五年，"交子二十二界将易，而后界给用已多，诏更造二十五界者百二十五万，以偿二十三界之数，交子有两界自此始"。交子第二十二界和第二十三界更替兑换期间，朝廷财窘，下令制造下一界的交子一百二十五万缗，却没有回收上一界的交子。于是，便有了新旧"交子"两界并行的局面。"绍圣以后，界率增造，以给陕西沿边籴买及募兵之用，少者数十万缗，多者或至数百万缗；而成都乏用，又请印造，故每岁书放亦无定数。"由于宋哲宗和宋徽宗肆意破坏钞法，交子迅速贬值。为了稳定市场金融秩序、恢复纸币流通，宋廷采取更名的手段来挽救颓局，改"交子"为"钱引"，北宋纸币进入了"钱引"时代。

钱引是宋代流通时间最长的纸币。崇宁四年（1105年），宋廷推出"钱引"，行于京东西、淮南、京师等地。翌年二月，蔡京罢相，赵挺之停印钱引，推出"小钞"，禁铸当十铜钱。小钞用于收换崇宁折十钱（收换地为崇宁五年六月后不再行用崇宁折十钱的路分），钱引用于收换除川、闽、浙、湖、广诸路外的他路。大观元年（1107年）正月，蔡京复相后，逐渐停用小钞，恢复钱引。五月，将四川交子改为"钱引"，改"交子务"为"钱引务"。考虑到交子已行用近百年，贸然替换不为稳妥，故决定将要发行的第四十三界纸币仍名为"交子"，三年后的第四十四界再称为"钱引"。

大观三年，钱引正式出笼。虽然发行量大大减少，但仍是交子末期那种没有准备金的发行机制，信用不高，故引价大跌。大观四年，张商英恢复交子旧法，引价复平，至靖康元年统一发行权后，钱引开始稳定流通。自大观三年发行第四十四界至端平元年发行第九十九界，钱引共发行了五十六界，历一百二十年之久。

钱引发行额在北宋时为一百二十五万六千三百四十缗，宋廷南渡后，不断增印，绍兴以后，发行额基本在二千万贯以上。绍熙二年，展界行使，变相增加钱引流通量。嘉泰末年，两界钱引额度达五千三百万缗。嘉定九年后，每界流通期限为十年，已难收兑。淳祐三年，第二轮首界钱引起界，十二年中发行二三界，达十二亿贯以上，超发导致钱引不可遏制地走向灭亡。

为稳定钱引，宋廷曾多次施策。其一，以铁钱等称提钱引。绍兴十四年，四川宣抚副使郑亨仲创"称提钱"，即以现钱或者证券等兑换流通中的纸币（以现钱外的"物"收拢纸币称为"阴助称提"），实际上，称提钱引的除了铁钱、诸种证券，甚至还有金银、官告、度牒等，以减少流通量，稳定纸币价格。其二，扩大钱引的法偿能力，将钱引的购买面不断扩大，如绍兴末，钱引可购买官府专卖的盐、酒等。其三，按期兑换，至第八十二界钱引，基本能保证三年一次的新旧兑换，维持钱引的信用。

南宋绍兴年间，宋廷发行了数种纸币。绍兴五年，张浚部将王彦知荆南府，为筹措军储，于荆南内发行"荆南交子"。绍兴六年，张浚都督行府主管财用的张澄上书行纸币，得中书门下首肯，置"行在交子务"，由于行在交子务计划在江淮之外的东南推行交子，因未有准备金，诸臣反对，遂搁浅。荆南交子同罢。绍兴末年，淮南曾短暂行用过交子（淮交），收兑会子与现钱，用以防止铜钱流入金朝，淮交从设立初就不限制流通期限，是世界上最早的无流通期限纸币。

真正畅行东南的是会子。熙宁以前，陕西曾行用过四川交子。熙宁四年，曾

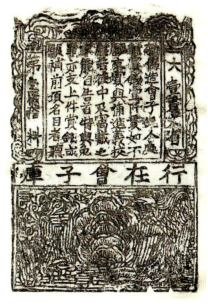

发行过陕西交子，数月便废。熙宁七年，陕西复行交子，这种交子当时又称为会
子。交子之名着眼于流通，会子之名着眼于兑换。元祐五年，广东有一种铅锡会
子，系矿场官吏收到矿石支付给炉户、炉户之后凭之取现钱的期票。此外，北宋
还有一种"钱会子"（寄附钱会子），宋廷禁止小平钱出京，商人常将所余的小平
钱寄存在京城，铺主开出寄存凭证，即寄附钱会子。寄附钱会子已发生流通现象，
是南宋会子的滥觞。宋廷南渡后，临安百姓常使用一种"便钱会子"，与北宋寄
附钱会子类似，区别在于便钱会子无区域之禁，可行用于京城之外。这便是最早
的会子币（私会子）。临安知府钱端礼任职户部侍郎后，模仿便钱会子，在户部
创制了官会子。这种会子可行用于京城与淮、浙、湖北、京西诸路，故称"东南
会子""行在会子"。

《建炎以来系年要录》载："丙辰，置行在会子务，后隶都茶场，悉视川钱法
行之。东南诸路凡上供军需，并同见钱，仍分一千、二千、三千，凡三等。盖权

● 南宋铜钱

户部侍郎钱端礼主行之，仍赐左帑钱十万缗为本。"可知，会子发行之初，印制权归中央，以铜钱为准备金且可兑换，管理机构为都茶场，面额为一贯、二贯、三贯。

东南会子初行时未考虑分界与发行额，随着发行量增大，且乾道初"有司出纳皆用现钱"，故民不以为便。宋孝宗因会子"十年睡不着"，曾计划取消会子的流通，但因隆兴北伐等用兵行为，"户部以财匮"，无力废除，故开始着手建立分界和限额制度。乾道四年，宋廷议定发行新会子回收旧会子，以稳定币值，开始有分界、限额的考虑。乾道五年，第一、二界会子相昝行用，共行三年。乾道七年，第三、四界会子并行，并展期三年（共六年），此后，或昝行、或单行，或三年或六年或九年，嘉定二年，第十四界会子法定流通二十二年，嘉定四年，第十五界会子法定流通二十年。端平元年，第十七界会子法定流通三十年，直至宋亡。

宋廷为维护会子币值，使用了各种称提方式，包括金、银、钱收兑，用官告收兑，用官田收兑，用度牒等有价证券收兑等。其中还有一种回笼纸币的创举——"钱会中半"制度。

钱会中半大致出现于绍兴三十一年（1161 年）七月。为回笼铜钱与银，同年二月，"凡上供军需，并同见钱"。同年三月，"以十分为率，六分折银，四分

442

● 南宋钱币一组

会子；诸军，五分折银，三分见缗（铜钱），二分会子"。如此之法，大解户部缺现钱之弊。同年七月，诏："新造会子，许于淮、浙、湖北、京西路州军行使。除亭户盐本钱并支见钱外，其不通水路州军上供等钱，许尽用会子解发。沿流诸州军，钱会各半。其诸军起发等钱，并以会子品搭支给。诸处官司、军兵月支请给券食等钱，以钱、银、会子品搭支给。"可知，钱会中半最初是会子与他钱搭配收支的规定，旨在收拢钱银，并未形成一种制度。乾道七年至九年间，曾多次变易钱会收支的比率。甚至有九分见钱，一分会子的情况。会子使用比率的降低，引发会子的剧烈贬值。为维持会子的购买力，乾道九年正月十九日，诏"诸路州县应民间输纳税赋诸色官钱，并用钱会中半送纳"，这是从赋税缴纳的角度，制度性地确立了钱会中半制度。辛弃疾言"近年以来，民间输纳，用会子见钱中半，比之向来则会子自贵，盖换钱七百有奇矣"，可知钱会中半纳入赋税后，会子的公信力得到维持，会子的购买力回升。再后来，钱会中半由赋税输纳、上供钱、支付俸禄扩展到经济生活的各个方面。这种收支、赋税的比例，自乾道九年固定下来后，一直持续到南宋末年。

吊诡的是，随着宋廷的对外战争导致的会子超发、钱会中半制度反而导致了会子的灭亡，加剧了钱荒。最初，钱会中半可以提高会子的信用、稳定会子的币值。超发后，市场上铜钱的数量已不足以支撑中半的输纳数量，百姓为获得足以

● 南宋建炎、绍兴铜钱

品搭会子的铜钱，不得不折价出售会子购钱，助长了会价的折阅（贬值）之势。这种制度性的缺陷，致使宋廷的称提诸法全然失效，只能疯狂地超发以应对纸币的贬值。而铜钱则随着钱会中半制度源源不断地输入管库，劣币驱逐良币，民间也大兴藏钱之风，交易中多用纸币，市场上的铜钱越来越少，最为繁华的东南陷入了最为萧索的钱荒。

除了东南会子外，湖北、京西路发行过一种"直便会子"，"发赴军前，当见钱流转"，又称湖北会子、湖广会子，省称为湖会。湖会以铁钱为本位，为防止南宋铜钱北流入金，功能与淮交同。川陕宣抚副使吴玠在川陕边地曾发行过一种

● 南宋铜钱一组

以银量为单位的纸币，名为关外银会子。吴玠常与金兵大战，军帐中多有银，川陕又是铁钱区，有行纸币传统，故吴玠以银为准备金，发行了银会子。此外，四川利州兴元府发行过以铁钱为准备金的兴元会子，即铁钱会子。吴曦降金后，四川还发行过一种四川总领所小会子。

宋代的最后一种纸币是关子。两宋之交，宋廷财匮，以出卖官告、度牒、紫衣、师号、茶盐钞引、见钱关子来吸收民间资金。官告、度牒、紫衣、师号为身份证书，短期可以大量敛财，长期则由于获此类证书而获赋役特权者增多（官身、僧人免税）而减少税收。茶盐钞引是宋廷中央与地方政府争利的手段，如茶、盐由地方官府统一收购、运输、销售产品，利润归地方（官卖法）；若商人购买由中央印发的茶盐钞引，再凭钞引提领、运输、销售专卖产品，出售钞引的利润则被中央囊括（通商法）。但是随着钞引的增发，茶盐无法按时兑换，商人开始铤而走险，贩卖私盐私茶，中央财政收入骤减。为了达到不影响长期税收和专卖收入而敛财的效果，见钱关子应运而生。

关子最初是会计、贸易、税收、支领货物的一种凭证，后于南宋时衍化出"兑便关子""见钱关子"。绍兴元年（1131年）冬十月，神武右军屯兵婺州，水路不通，运钱不便，中央政府印制关子，由婺州发行，召商人出钱领取，后可凭关子到杭州、越州向榷货务兑换现钱或茶、盐、香货钞引，每一千钱贴水十钱为优润。此时，见钱关子并非纸币，而是一种类似于钞引的便钱。解决了神武右军的军费和军需，又减少了运钱的开支，宋廷以为便。绍兴四年，宋廷发行了用以充作诸路籴本的见钱关子，第二年，发行量增至一百三十万缗。对于商人而言，以见钱关子兑换现钱意义不大，兑换茶盐香钞引则可获取专卖利润。直至绍兴末年，见钱关子不再是一种能够独立筹款的财政票据，而是购买茶盐钞引的支付工具，直接参与到专卖体系的运作中。而用见钱关子直接购买钞引，榷货务不见现钱却得关子，利润大减，不得不采取限制收兑关子的措施。又因关子倒挂钞引，反影响了整个专卖体系。见钱关子超额发行，关子价出现折阅（贬值），而去榷货务兑换的钞引却不折价，造成更严重的财政亏损。绍兴三十一年（1161年），钱端礼依四川钱法发行会子，会子无须商人事先购买，大量会子永远地留在流通领域，这与几乎每张都要兑换的关子别如霄壤。即使后来会子超发，依旧可以要求商人

"贴纳"购茶盐钞引，来保住专卖利润。如此"良币"之下，关子销声匿迹。

　　宋理宗末年，流通二十余年的十八界会子币值大减，宋廷废除会子"界"的制度，第十八界会子迅速膨胀，直至不可流通。景定四年（1263 年），贾似道追溯南宋初年的币值，"令会子库造三色零百钱关二千万，便民旅交易"，消失七十余年的见钱关子死而复生。此后，金银见钱关子、铜钱关子、金银关子，诸色名目，纷纷获生，关子大行其道。从这些关子的名称便可知，此钱与绍兴关子已无关联，与会子无殊，是一种类似交子、会子的新纸币。此见钱关子，每贯折合铜钱七百七十文，十八界会子三贯。钱楮亏折之弊势已难救，岂因名目之变可革？关子的发行进一步增加了楮币的流通量，结果是"物价益踊，楮益贱"。不数年，宋祚尽，会、关与宋偕亡。

● 金代钱

　　金朝建国前后的很长时期，都未发行货币，处于物物交换的阶段。天会十一年（1133 年），金太宗置钱帛司，始有财政机构。此时主要使用宋、辽、伪齐的铸币。皇统元年，宋金第二次绍兴议和，边境稍安，商品经济得到发展。海陵王即位后，迁都燕京，积极准备灭宋，宋辽旧钱已难以满足军费，国境内又缺铜，故依照宋朝钞法，发行了纸币。

金朝的纸币可分为三个阶段。第一阶段是贞元二年至大定二十九年，"海陵庶人贞元二年迁都之后，户部尚书蔡松年复钞引法，遂制交钞，与钱并用"。这一阶段的纸币仅发行了交钞，发行权在中央（"设印造钞引库及交钞库"），面额有"印一贯、二贯、三贯、五贯、十贯五等，谓之大钞；一百、二百、三百、五百、七百五等，谓之小钞"。流通方式为"与钱并行，以七年为限，纳旧易新"。第二阶段是大定二十九年至贞祐三年七月，这一阶段发行的依旧是交钞，有两个明显变化，其一是废除交钞七年一界的成法，使交钞成为无限期流通的纸币；其二是货币发行权下放到地方。起初金廷尚可控制钞量，金章宗命尚书省："民间流转交钞，当限其数，毋令多于见钱也。"泰和年间，交钞流通地域性被突破，交钞开始全国性的流通，越加超发，"自是而后，国虚民贫，经用不足，专以交钞愚百姓"。金宣宗贞祐二年又造二十贯至百贯、二百贯至千贯的大钞，钞价颓不可救。贞祐三年，流通六十一年的交钞终于走向灭亡。第三个阶段是贞祐三年七月至天兴三年（金亡），为了挽救交钞，贞祐三年七月，金廷使用北宋改交子

● 金代"圣旨回易交钞"铜钞版
中国钱币博物馆藏

为钱引的故智，改交钞为"贞祐宝券"，其后还发行了多种纸币，如贞祐通宝钞、兴定宝泉钞、元光重宝钞、"天兴宝会"银钞等。因为无流通区域的限制，且频繁地对外战争，纸币印量高飙，政府又禁现钱，大量铜钱回流入南宋，纸钞贬值加剧。一年后，面文一千钱的宝券只值几文铜钱。

金钞初行时，无准备金。承安二年铸承安宝货银铤，银钞兼行，以银为钞本。泰和六年，承安宝货罢铸，以现钱十万贯为陕西钞本，但不常置，基本重回无准备金制，然仍可与银钱兑换。贞祐三年四月，禁用现钱，银钞兼行，钞文仍以铜钱表达，称贯、文。天兴二年十月，发行"天兴宝会"，以银为单位，略为"一钱、二钱、三钱、五钱"，可换现银。金亡旋废。

纸币盛于蒙元之世，自忽必烈发行中统钞以来，元廷基本禁止通行金、银、铜币，唯用纸币。故而马可·波罗初到元朝时，以为纸币如点金之术，惊道："凡州郡国土及君王所辖之地莫不通行……竟与纯金无别。"

蒙古国前四汗时期，蒙古国中通用白银，征服的"汉地"主要使用银和钞，这主要是金朝末年纸币破产导致白银流行之故。太宗窝阔台将宋金以钱、钞纳税的方式改为以银纳税。

灭金前后，蒙古国政府在黄河以北设置十路课税所，征收以酒、醋、盐为首的专卖税，所收为银。大量白银被蒙古贵族用于与西亚的奢侈品购买，以弥充西亚东部（旧萨珊王朝地区）自10世纪以来的银荒。西域商人往来蒙古和伊斯兰地区之间，架构起了一条银白色的货币长廊。

在此期间，蒙古国中央曾在华北地区发行过两次纸币。前一次是在窝阔台丙申年春，于元上奏发行交钞，降臣金人耶律楚材深知纸币超发之祸，提出了限额发行的建议。后一次是在宪宗蒙哥时，他曾命布智儿、牙鲁瓦赤发行过宝钞。两次发钞都是小规模的，以弥补局部地区的铜钱短缺。地方也发行过纸币。如辛亥年，庄圣太后在其投下领（封地）真定发行过纸币，以银相权。癸丑年，蒙哥将

● 中统元宝交钞
（壹贯文）

● 至元通行宝钞
（贰贯）

京兆赐予忽必烈，忽必烈设京兆宣抚司进行治理，随即在关陇地区发行过一种"交钞"。实际上大部分"汉地"还在汉人的割据政权之下，他们依附于蒙古，发行过诸种小范围的纸币，其中有些纸币以绢丝为价值尺度（如博州何实）。

忽必烈登基后，尤其是元朝建立后，元朝的货币制度逐渐完善，元廷先后发行过四种纸币，即中统钞、至元钞、至大钞和至正钞。之所以抛却金末的白银而选择在宋、金都已疲敝百出的纸钞，也是形势使然。彼时白银不足、价值高，且在广大乡村难以行用，元廷也没有铸造大量铜钱的能力，只能选择易于铸造的纸钞。

中统元年七月，"诏造中统元宝交钞"，"以丝为本"，很快胎死腹中。十月"初行中统宝钞"，"以银为本"。次年正月颁布"元宝交钞体例"，确定中统元年发行的纸币有交钞、宝钞、元宝诸名，后统称"中统钞"。中统钞的主导者是平章政事王文统，他和其幕僚总结金钞兴亡经验，提出一系列中统钞举措：其一，新钞没有地域和时间限制；其二，收回各地旧钞，印发权收归中央；其三，以新钞纳税；其四，以银为钞本；其五，新钞只用于流通，不用于支借等其他用途。

中统钞以白银为价值基准，政府收支和官私交易都视作白银，然而中统钞的面额却为贯文单位，从十文、二十文、三十文、五十文到一百文、二百文、五百文，再到一贯文、二贯文，这说明，中统钞与铜钱存在联系。虽然中统钞突破宋金纸币一百文的下限，降至最低十文，十文以内的交易还需铜钱。此外，根据宋金经验，一种纸币的发行，如有金属货币之完全法偿，金属货币会被收敛，导致纸币贬值、流通不畅。中统钞行用初期，通过严格控制发行量尚能维持购买力（"爱之如重宝，行之如流水"），然至元十二年元军过江灭宋、一统全域以后，南宋大量的铜钱、铁钱、会子、关子便对中统钞形成挤兑之势。于是，元廷不得不着手取消白银、铜钱与南宋纸币的流通。

从至元十二年到至元十五年，中统钞创设面额为二文、三文、五文的"厘钞"，代表白银的一厘、一厘五毫和二厘五毫。至此，从二文到二贯，恰与白银的一厘至一两对应，也足以取代铜钱的小额流通和白银的大额流通，两种金属货币被彻底排除在流通之外。元廷还制定了中统钞和南宋会子的兑换标准，即中统钞一贯兑会子五十贯，并在江南禁用铜钱，铜钱亦可与中统钞兑换（三贯钱换一贯钞，一说四贯钱换一贯钞）。此外，元廷还在边疆推行纸币。至此，除了吐蕃和云南，一元化的纸币在整个大元建立起来了。

当中统钞跨越华北流入江南后，元廷开始面对前所未有的货币难题。首先，回笼铜钱和纸币的比价不合理。一贯中统钞兑三到四贯铜钱，二贯中统钞兑一两银。按旧制，南宋银一两可兑铜钱三千三百文，即一贯中统钞可兑一千六百五十文铜钱，一千六百五十文在二贯铜钱以下，然法定却是一贯中统钞可兑三到四贯铜钱，故持有铜钱的宋人自然乐于直接用钱兑银，而非用钱兑钞。对于持有白银的人来说，一两银可兑二贯纸币或三千三百南宋旧铜钱，二贯纸币的价值又在三千三百文铜钱之下，故亦不乐以银兑钞，宁可以银兑钱。其次，元灭宋之战军费支出浩繁，新上任的中书平章政事回回人阿合马不再顾及钞本，大发中统钞，至元十三年的发钞数已是十二年的3.5倍，各地平准库的金银被阿合马运往大都，地方无法兑换，"民间所行，皆无本之钞"，中统钞信用大溃，通货膨胀，物价腾贵，"奚至十倍"。至元十九年五月，阿合马遇刺，"虚钞"已无可救。再次，小钞缺乏。至元十二年发行过二文、三文、五文的"厘钞"，至元十五年便废，零钞尽绝，物价自重。

元廷开始了艰苦卓绝的救钞行动。至元十九年（1282年）十月，中书省颁布《整治钞法条划》，加强了对金银的管理，"买卖金银，付官库依价倒换。私自买卖者，金银断没，一半给告捉人充偿，十两以下决杖有差"。至元二十年六月，重申金银之禁。至元二十一年十一月，"定金银价，禁私自回易"，企图使金银与钞的兑价强制回落到原来的水平。至元二十二年正月，中书右丞卢世荣救钞，令金银"听民间从便贸易"，"括铜铸至元钱，及制绫券，与钞参行"，至元钱开始铸造史，卢世荣已被处死。至元二十三年，元廷又欲"更钞铸钱"，不久又罢。至元二十四年二月，忽必烈颁布圣旨，更改钞法，三月按照宋人叶李的建议，尚书省颁行《至元宝钞通行条划》，又称《叶李十四条划》，颁行至元宝钞，救钞进入高潮。

叶李曾因上书反对权相贾似道而深孚众望，后被贾似道报复，流放漳州，终宋只为国子监生，大才而不能仕。叶李曾向宋廷报呈币制建议，请以钞代关子，未被采纳。宋亡后，几经忽必烈征召出仕，数月后，便制出《叶李十四条划》。《叶李十四条划》是世界上最早的较完备的币值条例，也是最早的不兑现纸币条例。它规定了至元宝钞面额和种类，至元宝钞和中统钞的折价比例（1∶5），二钞在政府收支和公私交易及借贷等时的法定货币地位，宝钞的发行和换易方式，各路设置官库、准备金银以平准宝钞，禁止私买金银，买卖金银的进出价差，昏钞倒换至元钞的比价，对营私和伪造宝钞的惩罚和防止措施等。发行至元钞时发行过汉文和八思巴文的至元通宝，但一年后就因"壅害钞法"而废止。

元廷虽规定二钞并行，其实是想以至元钞取代中统钞的一种折中。至元二十五年，毁中统钞版。后在忽必烈的干预下，二钞仍行。叶李钞法未真的解决钞本的问题，它对各路准备金的规定是模糊的，且新旧钞1：5的兑收客观上承认了中统钞的贬值之势。也未解决小钞的问题，面值最小的至元钞也达五文，元廷只能明令禁止铜钱，实际仍准行用以便民。

至元三十一年（1294年），忽必烈驾崩，元成宗为赏赐诸王，动用了诸路的钞本。大德十一年（1307年），元武宗继位，借支了更为庞大的钞本用以赏赐，钞本不足，便添印纸币，"钞法大坏"。

● 大元通宝

至大二年（1309年）七月，元武宗重设尚书省。九月，颁行"至大银钞"，与至元钞1：5收兑。十月，铸造"至大通宝"和"大元通宝"铜钱。元帝国的第三种纸币至大钞出炉。一年后，元武宗病死，嗣位的元仁宗废除尚书省、至大钞和铜钱，重新启用中统钞和至元钞，希冀借此恢复到承平富足的忽必烈时代。

元顺帝至正十年（1350年），为了筹措治理黄河的资金，兼丰敛朝廷财政，在首相脱脱的主持下，改革钞法。第二年，元廷成立宝泉提举司，发行"中统元宝交钞"，与至元钞并行，比价1：2。同时，铸行"至正通宝"铜钱，与历代铜钱并用。新钞名与忽必烈第一种纸钞一致，只是面文上有所变化，由于新钞背面有"至正印造元宝交钞"的戳记，故又称至正钞。新旧钞之兑换，只需加盖图章，便增值一倍，是所谓"以钞买钞"。

● 至正通宝

至正钞颁行不久，脱脱奏请元顺帝任命贾鲁为工部尚书、总治河防使，总理黄河。贾鲁指挥十五万民夫、两万士兵，开始了浩浩荡荡的"贾鲁治河"。通过"船堤障水法"（凿船堵塞决口），很快便使黄河复归故道，大功告成，并向元顺帝上《河平图》。此次治河共耗资中统宝钞一百八十四万五千六百三十锭，折合铜钱九百二十三亿文。

开河变钞之下，百姓难堪重负。终于，在治河工地上爆发了起义。白莲教信徒韩山童与刘福通将"莫道石人一只眼，此物一出天下反"的石人掩埋在即将挖掘的黄陵岗旁的河道里，石人一出，天下大乱。起义军头裹红巾，似放肆蔓烧的战火，势将元廷燎烬。

在战事四起、税收大减、军费大增的绝境下，元廷开始无限度地印发纸币以自救。尤可恨者，右丞相搠思监利用权柄，盗用钞版，印造伪钞。民谚揶揄道，"丞相造假钞，舍人做强盗。贾鲁要开河，搅得天下闹"。纸钞滥发，钞价如土，每日印造，不可数计，舟车装运，轴轳相接，交钞散满人间，无用之钱无处无之。

"堂堂大元，奸佞专权。开河变钞祸根源，惹红巾万千。官法滥，刑法重，黎民怨。人吃人，钞买钞，何曾见。贼做官，官做贼，混愚贤，哀哉可怜。"（元末散曲《醉太平》）钞法的失败，背后是政府信用的破产。薄滥昏钞，似极了元廷的末路烂污。

以民心为心，以民便为便，达彼群情，无用之纸成有价之楮。敲剥天下之骨髓，离散天下之子女，以奉一人之享乐，无用之物终归于无用。

……

● 辽、元钱

却说苏轼与仲殊别后，北上霸州探望其父。酒至酣时，苏洵说起前朝旧事，以之佐酒。说是有一京城小官去地方公干，见了知府却不参拜。知府大怒，逼其辞官。这小官却骨鲠得很，当下投牒辞官，并题一诗，其诗曰："秋光都似宦情薄，山色不如归意浓。"知府见诗，大为赞叹，遂与京官把酒言欢，礼为上客。

苏轼听得其人其事，捧腹绝倒，直称"妙人，妙人"。苏洵接着侃道：这知府做过不少奇事，连蜀地发行的楮币，也是在他任内首创。

苏轼大解其意，对曰：便是乖崖公了，你我蜀民无不受乖崖公与诸葛孔明之遗爱。

元祐六年闰八月十三日，苏轼过陈，遇张乖崖之曾孙，为《张乖崖集》题赞。赞曰：

"以宽得爱，爱止于一时。以严得畏，畏止于力之所及。故宽而见畏，严而见爱，皆圣贤之难事而所及者远矣。"

张乖崖，名咏，以"乖崖"为号。私交子产于其治下，他被认为是纸币的发明者。

乖则违众，崖不利物，治人、治己、治币，唯有一"严"字而已。

辽、金、西夏、元货币图释举要

	辽		
	名称	铸造发行年代	备注
1	五铢、货泉、开元通宝、大泉五十、小泉直一等	辽建立前	此类质地青铜，文字粗犷，厚重异常。今多认为是辽建国前仿铸前朝货币，或有人认为系辽代铸造用于供养或其他用途的民俗钱。
2	太元货泉、五大货泉		采用王莽货泉文字加字而成，用意不明，薄肉广穿，多出于辽早期窖藏，多认为是辽建国前铸造。
3	壮国元宝、助国元宝		薄肉广穿，铜质，形制与太元货泉接近，多出于辽早期窖藏，有人认为系后晋为辽铸造的军饷钱，也有人认为是辽建国前铸造。
4	天朝万顺	辽代中期	契丹文大型钱币。目前所见有银、铜两种，文字、形制不一，多发现于辽国故地，应为宫中赏赐用钱。
5	巡贴类钱币		辽代宫中行乐钱，有百贴之宝、千贴巡宝、巡千贴宝、丹巡贴宝等种类。一说系皇帝巡守各地时作赏赐之用。
6	通行泉货	辽代早期	小平钱，钱文作八分书，有带星月者。考史书记载，或为契丹早期首领夷离堇所铸。
7	神册通宝	太祖耶律阿保机神册年间	小平钱，钱文作八分书，为近年新见，所知不到两枚。
8	天赞通宝	太祖耶律阿保机天赞年间	小平钱，钱文作八分书，极为罕见。存世另有通字走之上翘者，俗称虎尾天赞，为安南所铸，不奇。
9	天显通宝	太宗耶律德光天显年间	最早一品现世于1940年，由北京骆泽民所得，后被日本藏家大川铁雄以巨资购得。目前所知存世十枚左右。
10	会同通宝	辽太宗耶律德光会同年间	小平钱，存世稀少，目前所知十枚左右。首枚系1989年辽宁冯毅在废品收购站偶然发现。
11	天禄通宝	世宗耶律阮天禄年间	小平钱，存世稀少，旧被列入辽钱上八品。

	名称	铸造发行年代	备注
12	应历通宝	穆宗耶律璟应历年间	小平钱，存世稀少，旧被列入辽钱上八品。
13	保宁通宝	景宗耶律贤保宁年间	小平钱，存世稀少，旧被列入辽钱上八品。
14	统和元宝	圣宗耶律隆绪统和年间	小平钱，辽钱上八品之一。根据文字大小、边缘宽窄、内穿直径可分为不同版式，另有背带月纹者，存世大约在百枚之内。
15	景福通宝	兴宗耶律宗真景福年间	小平钱，辽钱珍品，首枚发现于20世纪90年代末，存世量十枚以内。
16	重熙通宝	兴宗耶律宗真重熙年间	小平钱，辽钱下八品中较少的品种。
17	清宁通宝	道宗耶律洪基清宁年间	小平钱版式多样，普通品较为常见，大字和助国手较少见。另有清宁元宝、清宁二年大钱存世，罕。
18	咸雍通宝	道宗耶律洪基咸雍年间	小平钱普通品较为常见，大字版少见。大钱均罕。
19	大康元宝、通宝	道宗耶律洪基大康年间	小平钱版式多样，为常见品种。另有大康通宝大银钱和大康六年、大康七年大钱存世，罕。
20	大安元宝	道宗耶律洪基大安年间	小平钱版式多样，较为常见，长安版略少。另有大钱存世，罕。
21	大安通宝	道宗耶律洪基大安年间	隶书小平，太平通宝改范，罕见。大安年号有三：辽道宗、西夏惠宗和金卫绍王。铸主一直较有争议，后以金属成分检测，应属辽无疑。
22	寿昌元宝	道宗耶律洪基寿昌年间	小平钱有数种版式，均较常见，大钱罕。
23	乾统元宝	天祚帝耶律延禧乾统年间	常见品为小平钱。折十大钱罕见，另有折五通宝，亦罕。
24	天庆元宝	天祚帝耶律延禧天庆年间	常见品为小平钱。折十型罕见。另有大辽天庆大钱，极罕。
25	大辽国宝		此品有争议，或为纪念性质。

	名称	铸造发行年代	备注
			金
1	天辅元宝	太祖完颜阿骨打天辅年间	小平真书，目前仅见。20世纪70年代出自印尼巴厘岛，后为日籍华人郑添旺（平岛春水）所获，后转藏于新加坡陈光扬处。近年听闻又有天辅元宝真书折二问世，未见实物。
2	天眷元宝、通宝、重宝	熙宗完颜亶天眷年间	金代早期钱币均稀见。天眷钱目前所知有元宝小平篆书、通宝折二真书、重宝折三真书三种，均为珍品。三种应均铸有对钱，待今后发现。
3	皇统元宝、通宝	熙宗完颜亶皇统年间	元宝为小平篆书，通宝为折五型篆书，皆仅见。
4	正隆元宝	废帝完颜亮正隆年间	小平钱，制作精良，铸量甚巨，另有铁钱。铜钱中以五笔正隆、大字、行元大字，俯正较少。
5	大定通宝	世宗完颜雍大定年间	常见为小平钱，其量甚巨，有背带申、酉者。
6	泰和通宝、重宝	章宗完颜璟泰和年间	通宝为楷书，有小平、折二、折三、折五和折十型，均少见。重宝折十篆书，为党怀英所书，精美为金钱之冠。
7	崇庆元宝、通宝	卫绍王完颜永济崇庆年间	通宝真书，有小平和折二两种，皆珍。元宝为折五型，真、篆成对，存世极罕。
8	至宁元宝	卫绍王完颜永济至宁元年	真书折十，方若旧藏，世仅一品，今藏中国国家博物馆。
9	贞祐元宝、通宝	金宣宗完颜珣贞祐年间	元宝为真书小平，发现者为日籍华人郑添旺（平岛春水），今在新加坡陈光扬处，至今仍为孤品，通宝有小平、折二和折三，均为真书，皆稀见。
10	阜昌元宝、通宝、重宝	金代伪齐刘豫阜昌年间	元宝小平，通宝折二，重宝折三，真篆成对，铸造精美，较为少见。

西夏

	名称	铸造发行年代	备注
1	番国宝钱	景宗李元昊铸行	面西夏文,小平钱,风格粗犷,目前仅发现四枚。西夏自称大夏、邦泥定国(大白高国),又自称"番"国。见存世文献《番汉合时掌中珠》。
2	福圣宝钱	毅宗李谅祚福圣年间	面西夏文,小平钱,风格粗犷,存世较少。
3	大安宝钱	惠宗李秉常大安年间	面西夏文,文字较福圣钱精细,可见西夏钱精细化的趋势。
4	贞观宝钱	崇宗李乾顺贞观年间	面西夏文,小平钱,稀见。"贞观"二字是西夏皇帝崇慕汉文化的佐证。有折二型,稀见。
5	元德通宝、重宝	崇宗李乾顺元德年间	通宝为小平,有楷书和隶书两种,前者更稀见。重宝有折二型、折三型,一说是唯二的西夏大钱。
6	大德通宝	崇宗李乾顺大德年间	小平钱,与元德钱写法相近。稀见。
7	天盛元宝	仁宗李仁孝天盛年间	小平钱,存世不少。另有铁钱背西。
8	乾祐宝钱、元宝	仁宗李仁孝乾祐年间	宝钱面西夏文,小平钱,元宝面汉文,铁钱较多。
9	天庆宝钱、元宝	桓宗李纯祐天庆年间	宝钱面西夏文,小平钱,元宝面汉文,小平钱,庆字方正,与辽天庆钱迥异。
10	皇建元宝	襄宗李安全皇建年间	小平钱,钱文楷书旋读,制作较精良。
11	光定元宝	神宗李遵顼光定年间	小平钱,钱文一般为楷书。另有篆书,稀见。
12	大夏国宝	以国号为钱文	

元

	名称	铸造发行年代	备注
1	大朝通宝	蒙古汗国	大朝通宝银钱，钱文楷书对读，背后一般盖有族徽戳记，存世较少。
2	中统元宝	世祖忽必烈中统年间	小平钱，钱文真篆二体，罕见。
3	至元通宝（汉文、八思巴文）	世祖忽必烈至元年间	除小平、折二、折三等版式外，还有供养钱等。
4	大元国宝		钱文为篆书汉字，背有单龙纹，龙珠中有"至元"二字。又有左右双龙，中间篆书"至元"字样等。
5	元贞通宝（汉文、八思巴文）	成宗铁穆耳元贞年间	小平至折三，大小厚薄不一，另有供养钱和银质钱。
6	大德通宝（汉文、八思巴文）	成宗铁穆耳大德年间	小平至折三，形制大小不一，字体浑厚。另有供养钱。
7	至大元宝、通宝	武宗海山至大年间	元宝大小薄厚不一，"寶"字有简化为"宝"者，为供养钱。通宝多为小平行用钱，存世量不少，版别众多，折二大钱罕见。
8	大元通宝	仁宗爱育黎拔力八达皇庆年间	有小平钱和折十大钱，钱文为八思巴文和汉文，八思巴文为行用钱，存世尚多。另有小型供养钱。
9	皇庆元宝、通宝	英宗硕德八刺至治年间	元宝为小型供养钱。通宝为楷书小平，少见。
10	延祐元宝、通宝		多为供养钱。另有权钞钱，面"延祐三年"、背"宝钞平一"，稀见。又有大型延祐通宝背大昊天寺。
11	至治元宝、通宝	泰定帝也孙铁木儿致和年间	汉文，多为供养钱，大小不一，字形漫漶。至治通宝有类正品小平存世。
12	泰定元宝、通宝		均为供养钱。
13	致和通宝		均为供养钱，钱型较小。

	名称	铸造发行年代	备注
14	天历元宝	文宗图帖睦尔天历年间	均为供养钱，钱型较小。
15	至顺元宝、通宝	明宗和世㻋至顺年间	多为供养钱，另通宝有类正用品小平存世。
16	元统元宝	顺帝妥懽帖睦尔元统年间	均为小型供养钱。
17	至元元宝、通宝	顺帝妥懽帖睦尔至元年间	元宝均为小型供养钱。通宝大小不一，正用品与供养钱都有。背有"星月""玉""穆清""香""长庚"字等。
18	穆清铜宝		供养钱，存世有金宝、银宝、铜宝。
19	至正通宝	顺帝妥懽帖睦尔至正年间	行用钱，有小平、折二、折三、折五和折十型，有背八思巴文纪年、背八思巴与汉文纪值等系列。另有供养钱。
20	至正之宝		面文为元末书法家周伯琦所书。背文上吉，自权钞伍分至伍钱共五等。多出于江西吉安，较罕。

元末起义军

	名称	铸造发行年代	备注
1	赵宝重兴	刘福通	有小平、折三两种，均罕。折三背文"当三"，小平背文"戊辰"，即 1352 年。1351 年刘福通辅佐韩山童以宋徽宗八世孙名义领导红巾军起义。起义发动后，韩山童便不慎阵亡，刘福通继续以光复宋室为政治口号领导起义，此钱面文的赵字代表赵宋王朝，背后的干支纪年则记录着铸币的时间。
2	龙凤通宝	韩林儿	1355 年，刘福通自砀山迎接韩山童之子韩林儿，将其立为皇帝，号称小明王，建都亳州，国号宋，改元龙凤。龙凤通宝有小平、折二和折三，较罕。

	名称	铸造发行年代	备注
3	天佑通宝	张士诚	有小平、折二、折三和折五。背文纪值：小平背"一"，折二背"贰"，折三背"叁"，折五背"五"，较罕。
4	天启通宝	徐寿辉	有小平、折二和折三。为与本明天启的区别，本品名为"徐天启"，且是本品启字的点、撇相连，与明天启的写法迥异。较罕。折三天启通宝又有篆书对钱，极为稀见，为元末义军钱币中的名誉品种。
5	天定通宝		有小平、折二和折三。徐寿辉迁都江州，改元天定期间（1359—1360年）铸造。铸造较精美，素有"精天定，滥大义"之称。
6	大义通宝	陈友谅	有小平、折二和折三，钱径略小于"徐天启"和"天定"，铸量约与天定相仿。
7	大中通宝	朱元璋	有小平、折二、折三、折五和折十。背多有纪地、纪值。有些品种为朱元璋建立明朝改元洪武后补铸。

辽

太元货泉

五大货泉

助国元宝

壮国元宝

天朝万顺

巡贴类（百贴之宝）

通行泉货

神册通宝

天赞通宝

天显通宝

会同通宝

天禄通宝

应历通宝

保宁通宝

统和元宝

景福通宝

重熙通宝

清宁通宝

咸雍通宝

大康通宝

大康元宝

大安通宝

大安元宝

寿昌元宝

乾统元宝

天庆元宝

永通万国：货币与历代兴衰

金

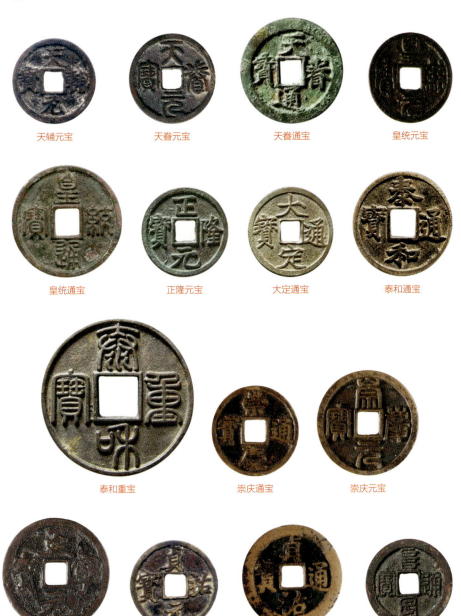

天辅元宝　　　天眷元宝　　　天眷通宝　　　皇统元宝

皇统通宝　　　正隆元宝　　　大定通宝　　　泰和通宝

泰和重宝　　　崇庆通宝　　　崇庆元宝

至宁元宝　　　贞祐元宝　　　贞祐通宝　　　阜昌通宝

阜昌元宝

阜昌重宝

西夏

番国宝钱（西夏文）

福圣宝钱（西夏文）

大安宝钱（西夏文）

贞观宝钱（西夏文）

元德通宝

元德重宝

天盛元宝

乾祐宝钱（西夏文）

乾祐元宝

天庆宝钱（西夏文）

天庆元宝

皇建元宝

光定元宝

大夏国宝

元

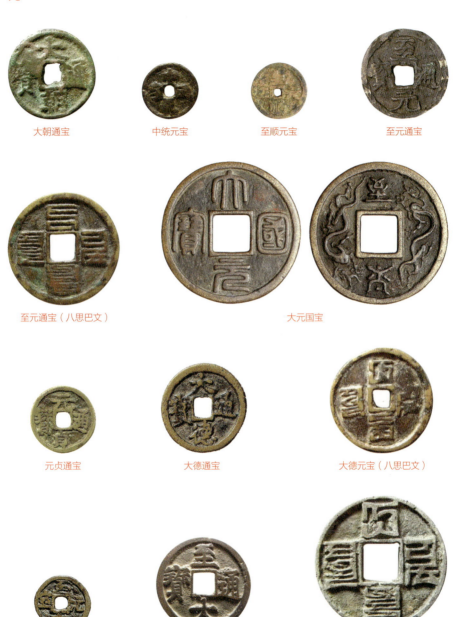

大朝通宝   中统元宝   至顺元宝   至元通宝

至元通宝（八思巴文）   大元国宝

元贞通宝   大德通宝   大德元宝（八思巴文）

至大元宝   至大通宝   大元通宝（八思巴文）

皇庆元宝

延祐元宝

至治元宝　　　　　至治通宝　　　　　泰定元宝　　　　　泰定通宝

致和通宝　　　　　天历元宝　　　　　至顺通宝　　　　　元统元宝

至元元宝　　　　　穆清铜宝　　　　　至正通宝

至正之宝

元末起义军

赵宝重兴

龙凤通宝

天佑通宝

天启通宝

天定通宝

大义通宝

大中通宝

第十八章

白银帝国

"百姓虽愚，谁肯以一金买一纸！"

周延儒获罪后，蒋德璟隐忍了大半年之久，任谁都知道他与这位前任首辅甚有瓜葛。只是今日见天子执迷于蒋臣虚无缥缈的钞法，时艰孔棘，急愤交织，言语多相扞格。

帝切切：高皇帝时如何偏行得？

臣躬身抗辩："高皇帝似亦神道设教，然赏赐及折俸而已，固不曾用之兵饷也。"蒋德璟忆起了大学士王应熊的上书，他认为洪武朝行钞，靠的是严刑峻法。如今人心汹汹，谁敢苛刑？这钞如何都是用不得的。

恍惚间，又听到了崇祯清冷之声：只要法严！

"徒法亦难行"，嗫嚅其词后，蒋德璟复又怒视着面前的户部要员。

户部尚书倪元璐，浙江上虞人，天启二年（1622 年）进士。按祖制，苏、松、江、浙（苏州、松江、江西、浙江）人不得为户部官，其后此制虽屡有松动，但户部尚书一职，在洪武以后的两百余年里，只有倪元璐一人。

苏、松、江、浙是明廷赋税最要之地，朱元璋设此成法，一是怕四地之人回护乡民，降低赋税；二是风闻四地市肆之民"好争讼""不循法度"，尤其是"重钱轻钞""多行折使"的做法，导致其着力颁行的"大明宝钞"愈陷困顿。

有明一代，货币约分为两大阶段：先是明朝中期之前，实行以大明宝钞为主、铜钱为辅的复本位体制，白银禁行；再是成化、弘治以降，实行以白银为主、铜钱为辅的复本位体制，宝钞废弛。

纸钞是朱元璋一统天下的倚仗，元朝破坏了宋朝钱、钞、银并存的体系，搜刮白银以济中亚，废除铜钱以行纸币。其灭亡之后，经济萧索，铜钱藏匿，白银奇缺，明廷唯赖纸币。早在元至正二十一年（1361 年），朱元璋铸行大中通宝之时，便已令"商税三十取一，收钞及钱"。洪武初年，更是多次用宝钞赏赐臣子，此时大明宝钞尚未颁布，用的还是元钞。

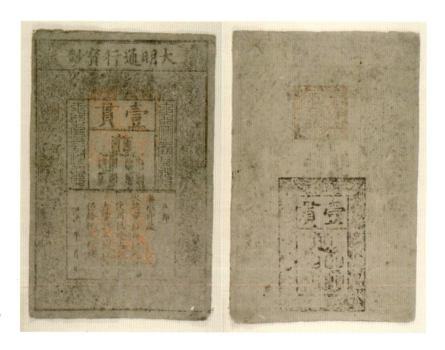

● 大明通行宝钞
（壹贯）

洪武初年，尚用铜钱，彼时百业凋敝，民间所储之宋元旧钱、铜器和日本的东夷铜尚可解通货的燃眉之急。经济稍缓后，铸钱量便难以为继。计窘之下，明廷拾起元朝的钞法，开始发行纸币。洪武七年（1374 年），设立宝钞提举司，负责纸币发行事宜。洪武八年（1375年）三月，令中书省造"大明宝钞"，面额为一贯、五百文、四百文、三百文、二百文、一百文。规定钞一贯折铜钱一千文、白银一两，钞四贯折黄金一两。洪武九年，禁民间以金银、实物交易，此后以为定制。洪武十年，诏行"钱钞双轨"制，并允许使用古钱。此时宝钞仅用于一百文以上交易。洪武十三年，撤销中书省，造钞事改隶户部。洪武二十二年，明廷发行十文、二十文、三十文、四十文、五十文小钞，进一步压缩铜钱行用空间，以推行宝钞，置铜钱于辅币地位。

明廷没有吸取元亡的教训，此时国内白银稀缺，银矿开发落后，大量金属货币外流，明廷无力解决纸币的贬值问题。大明宝钞是一种无准备金的纸币，靠政府的强制力和信用维持。它的发行方式有两种，一是换取民间金银钱，二是财政支出。金属货币通过宝钞收敛流向政府，钞却不能再兑换金银，明廷回收宝钞的方式只剩下赋税一途。无钞本、无限额、无法兑换，"三无"的宝钞存在系统性缺陷，很快陷入贬值。洪武二十三年（1390年），就有"以钞一贯折钱二百五十文者"的说法，宝钞已贬值到原先的四分之一。洪武二十七年（1394年），两浙"以钱百六文折钞一贯"，宝钞已贬值至原先的六分之一。明廷技穷之下，索性颁布铜钱行用禁令，企图建立大明宝钞单一货币体系，以行政手段督用宝钞，但民间不予理会，行钱如旧。而到了明宪宗成化初年，朝廷诏令"每钞一贯折钱四文"，成化七年（1471年）更是"钞贯值二三钱"，宝钞几乎贬至面值的千分之一，终于是废纸一张了。

与此对应的是永乐、洪熙年间和宣德年间的多次通过"敛钞"来"救钞"。朱棣敛钞主要有三法：一、户口食盐法，吃盐须纳钞；二、租税课程赃罚等物折钞；三、以钞中盐，入中纳钞，获证取盐。明仁宗时又有几条新措：一、输钞赎罪；二、私宰牛罚钞；三、积薪竹木鬻钞，用积薪、竹木换取百姓手中之钞；四、岁办芦柴征钞；五、增市肆门摊课程，增加税等。宣德以来，刀口直向商贩，敛钞进入白热化。宣德四年正月，全国范围内大肆增加市肆门摊税外，同年六月，以蔬果园、塌房、库房、店舍、车、船为对象征钞。本来针对富商大贾的课税，下渗到了市井小贩和平民百姓头上，举凡店铺、摊位、屋舍、园圃，无物不税；吃也税，喝也税，衣也税，行也税，无事不税。

吊诡的是，本是为了迫使大商巨贾过关时使用宝钞，从而加大宝钞的流转而设立的"钞关"，并没有因为宝钞的废弛而消失，转而成了征收银钱的敛财扒皮之所。商旅为了躲避钞关重税而不肯过关，致使百物腾贵，百姓嗟怨。万历朝的户部尚书赵世卿痛心疾首道："……各关告穷告急之人，无日不至，不敢一一陈渎。大都人情熙熙攘攘，竞尺寸之利，今乃视为畏途，舍其重利，不通往来。无乃税使之害，尤有甚于跋涉风波者，则苛政猛于虎之说也。"大明朝堂的信誉，也如同宝钞一样，废弃于道路矣。

《菽园杂记》的作者陆容一生历经正统、景泰、天顺、成化、弘治五朝，面对溃退的钞价，喟叹："洪武钱（宝钞）民间全不行，予幼时尝见之，今后全不见一文，盖销毁为器也矣。宝钞，今惟官府行之，然一贯仅值三厘，钱二文。民间得之，置之无用。"明中叶后，大明宝钞退出商品流通领域，只存在于国家财政中，民间交易依靠铜钱和白银。

明朝的铜钱分为制钱、古钱和私钱（即私铸钱）三种。所谓制钱，即朝廷所铸之钱币。可分为三个时期。

前一个时期是朱元璋时期时停时铸，探求钞与币的平衡。略有：元顺帝至正二十一年（1361 年）二月，朱元璋在应天府铸造"大中通宝"钱，继此之后，至正二十四年（1364 年）四月，部分行省也开始铸钱。洪武元年（1368 年）三月，铸造"洪武通宝"。同年七月，朱元璋"命户部、各行省罢铸钱。未几，以国用不敷，复令鼓铸"。洪武八年三月，实行钞法。铸钱活动迅速减少。洪武十年五月，纸钞难用，"命各布政使司复设宝泉局，铸小钱与钞兼行"。洪武二十年，宝源局

● 明朝钱

和各布政司停止铸钱。洪武二十二年六月，恢复铸钱，更定钱样。洪武二十三年十月，"再定钱制，每小钱一，用铜（一钱）二分，其余四等钱，依小钱制递增"。

第二个时期，自永乐至明英宗时，减少铸币，以保纸钞。永乐六年（1408年），铸"永乐通宝"钱。永乐九年，令差官于浙江、江西、广东、福建四布政司铸"永乐通宝"钱。宣德八年（1433年）十月，命工部及浙江、江西、福建、广东四布政司铸"宣德通宝"钱十万贯。宣德九年，令南京工部并浙江等布政司铸"宣德通宝"钱。明英宗即位，下令各处铸造铜钱悉皆停罢。

最后一个时期是弘治以后，恢复铸钱，以佐白银。弘治十六年（1503年），令两京及各布政司铸"弘治通宝"。嘉靖六年（1527年），铸造"嘉靖通宝"，并补铸累朝未铸者。三十二年十月，令铸洪武至正德纪元

● 永乐通宝

● 扶沟银铲

● 中山银贝

● 常德银饼（或为"朱提银"）

● 唐杨国忠银铤

九号钱。几个月后，改为仅铸"嘉靖通宝"。三十四年，以两京所铸，铜价太高，得不偿费，又在云南即山鼓铸。四十二年，题准分铸纪元各号通宝。四十三年，令北京宝源局铸钱暂行停止。四十四年五月，停止云南铸钱。隆庆四年（1570 年），铸"隆庆通宝"。天启元年（1621 年），铸"天启通宝"，补铸"泰昌通宝"，铸大钱。五年十月，命两京停铸大钱，专铸如式小钱。六年收大钱改铸小钱。崇祯元年（1628 年），铸"崇祯通宝"。尤值一提的是，弘治十八年（1505 年），给事中许天锡建议在铸钱的铜液中加入锡，以加快翻砂流转。所以晚明、清朝的钱币都质地发黄，俗称黄铜钱。

总体而言，洪武八年三月行钞之前，铜钱允许行用。钞法之初，铜钱亦未如白银般被禁止，充当小额交易的媒介。洪武二十七年八月后，朱元璋为畅行宝钞，对铜钱从限制发展变为禁止流通。宣德十年、十二年，广西梧州知府李本乞奏朝廷应按律法，准用铜钱，与钞荐行。明英宗曾下令"弛用钱之禁"，正统十三年，再禁铜钱。再三的反复，说明了铜钱在经济中的不可或缺。景泰四年，令"钱钞听民相兼行使"。成化元年，规定商税课程，钱钞中半，这已经是宋廷救钞的故智了。弘治十六年，"制钱"铸造恢复，铜钱再次取得合法地位。钞在经过与白银短暂的博弈后，最终败下阵来，成为银本位下的辅币。

　　白银究竟是什么时候开始成为货币的（白银货币化），没有人能说得清。但是白银在法律和事实上成为首要货币（货币白银化）的时间，无疑是在明朝的中后期。

　　白银在唐代以前远不如黄金重要，只在汉武帝和王莽时，以白银合金的形式短暂地行用过。隋唐以来，白银开始显现出货币的功用，如在朝廷的赏赐、招募、馈赠和蓄藏等方面的使用。白银除了在社会上层流通，因体积小、价值大、便于携带等优点，也开始受到民间的重视。唐代白银产量有限，如元和初年每年产一万两千两，且金贱银贵，金银比价在1：5至1：6，几乎与阿拉伯世界一致。欧洲通过丝绸之路在中国购买丝织品，以白银结算，获得利差，欧洲白银流入中国。阿巴斯王朝的大食商人垄断了欧亚贸易，他们远洋至广州、扬州，在向市舶司交纳十分之三的关税后，以金、银换走大唐的手工产品，阿拉伯世界的贵金属也流入中

● 唐银铤

● 宋银铤

● 金银铤

● 元银铤

● 明银锭

国。受此影响，沿海地区和西北地区对贵金属的接受度不断增高。

两宋时，物质财富达到极盛。铜钱外流至东亚和阿拉伯，成为国际货币，白银则逐渐从输出变为输入。其中，北宋多为输出，南宋多为输入，这与欧洲的白银产量增高以及南宋的纸币贬值有关。同时，以白银为中心的民间借贷机构大量出现，白银逐渐从商品的属性中脱离出来，获得了部分价值尺度和流通手段的职能，开始出现货币化趋向。

金末纸币溃败以来，随着蒙古铁骑横扫欧亚，蒙元贵族以银纳税、以钞敛银，购买西亚的马、宝石等奢侈品。白银从华北地区和中亚的区间货币，转为世界性货币，华北也变成世界金银通货的中心。中统钞发行后，白银虽被法禁，然其价值尺度的职能一直存在。元钞巨幅贬值后，白银全面解禁（至大四年），成为明朝白银货币化的基础。元朝对南宋地区白银的搜刮是竭泽而渔式的，中国的白银通过战争军费支付流入了蒙古帝国所征服的欧亚各地，白银的流失导致纸币的贬值，元帝国的经济中心——江南开始败落，连带整个蒙古帝国走向毁灭。

明初承元政，银甚畅行。初行大明宝钞后，禁民间金银交易。银禁后，终洪武朝，只有在急迫的情况下，有少许特例。洪武七年（1374 年），徽、饶、宁国等地不通水道，缴纳粮食十分不便，朱元璋下令："以金、银、钱、布代输，以宽民力。"洪武九年（1376 年），虽然严禁使用白银，但为少数地区纳税之便，朝廷还是令民以银、钞、钱、绢代输。永乐年间，白银的禁令愈加严厉，民间敢有以白银交易者，以奸恶论处。但是用白银制造的器皿却不在禁例之列，这无形中给白银的流通开了一个口子。

仁宗、宣宗时期，白银禁令开始松弛，此后虽屡有反复，但大体上是宝钞的衰落和白银的崛起之势。英宗正统年间，明廷驰用白银，开始征收"金花银"，标志着禁银法的废除，承认了白银的货币地位。直到隆庆元年（1567 年），明穆宗"令民间货鬻值银一钱以上，银钱兼使，一钱以下，止许用钱"，彻底承认了宝钞的失败和白银的合法化。再后来张居正实行"一条鞭法"时，干脆连铜钱都舍弃了，只征收白银。

● 万历通宝

张居正改革表面是财政改革，实际是货币改革。白银货币化以来，民间的境内外交易依靠白银而蓬勃发展，国家财政却因不征收白银而未见起色，宝钞贬值，民富国穷。"一条鞭法"始于白银充足的闽浙，以田为本，赋役合并，以银为税，货币流通扩大，商品经济迅速发展，明廷的税收从隆庆元年的二百万两增至万历

● 天启通宝背十一两

二十年的四百五十万两，达到极盛。

明朝的货币史，便是纸币的衰落和白银的崛起史。货币的白银化主要有四点原因：其一，纸钞的衰落，使白银迅速补充了大额交易的空缺；其二，铜钱的低劣化，不适合再作为价值尺度，白银承担了此一功用；其三，白银本身易于切割、交易；其四，巨量的白银储备，这得益于世界白银的流入和云南银矿的开采（占比较低）。

明成化、弘治年间，税收纳银向全国铺开，巨大的白银缺口冲破了东南海禁的藩篱，富商巨贾乘重帆巨橹经济世界，他们就海波为阡陌，倚帆樯为耒耜，输中华之产，骋彼远国，以搏十倍之利。嘉靖时的宰臣徐阶深知白银已势不可挡，明确提出"开矿不如市舶"，支持白银的进口。隆庆开海禁以后，无数艘来自福建、广东、浙江的商船抵达日本九州，以丝绸、丝线、锦缎易银，推动日本银矿开采达到高潮。葡萄牙人被从广东驱逐后，畏缩于福建、浙江，后追随海盗王直来到日本，成为中日银丝贸易的掮客之一。

葡萄牙人将白银的秘密带回欧洲，西班牙人开始疯狂地开采美洲银矿，西洋诸国远携白银来与中国交易，不过，他们更珍视的不是丝，而是金。16世纪初，中国金与银的比价是1∶6，欧洲则为1∶12，在明朝套取黄金的利润不亚于在美洲大陆依靠屠杀和奴役之所得。欧洲人前赴后继地将美洲的白银运往中国，有的西班牙人穿过欧洲，到达波罗的海，越过俄罗斯到达波斯，进入中国；有的通过黎凡特到达亚洲；有的从墨西哥到达马尼拉，再进入福建。葡萄牙、荷兰和英国人则绕过好望角来到亚洲，他们终于找到了《马可波罗游记》记载的"应许之地"。在巨大的贸易顺差下，沛然无御的白银大潮从日本、美洲和欧洲涌入中国，诞生了一个汇聚了全世界白银的最大经济体——白银帝国。而整个16世纪，也即成为白银纵横天下、畅通无阻的白银世纪。

于是，就在全球化的前夜，这场肇发于中国民间海商、海盗逐利欲望，吸引了东西洋所有目力、智力、心力的白银游戏，通过前所未有的世界货币，推动整个世界从传统社会转型到了近代社会。

白银也带来了晚明社会的"天崩地解"，白银将社会各阶层卷入市场，卷入商品经济。社会心理发生扭转，人们不再拘泥于本末之说，逐利思潮蔓延整个社会。天下之势偏重在商，商人群体地位提升，徽、晋、闽、粤商帮兴起。"一条鞭法"后，赋役折银，农民摆脱了土地的束缚，与国家变为契约关系，从人的依附关系走向物的依赖关系。货币白银化也推动了市场化、商业化和城市化，晚明社会进入了一个变动不居的形态，小农经济转向市场经济，传统社会转向近代社会。

在货币白银化进程中一直处于被动地位的明廷没有管理白银经济的经验，没有匹配银、钱的社会经济管理制度，更没有处理晚明复杂社会关系的能力，明朝没有发生"价格革命""金融革命"乃至"工业革命"，明朝最终未实现近代化转型，没有同西方共享世界经济增长的福利。

进入 17 世纪，白银生产过剩，白银开采利润减少，美洲白银产量减少；欧洲宗教改革，引发"三十年战争"，欧洲来银锐减。明廷与西班牙在菲律宾爆发冲突，马尼拉银路断绝。日本幕府锁国，自铸金元银元，中日银路滞涩。国内伪银劣钱难禁，劣币驱逐良币，白银归于窖藏。终于，崇祯朝的白银了无踪迹，数百年前的钱荒终于再次演变成了银荒。

在白银畅行的数十年中，高价值商品、大规模投资、大宗贸易由白银承担，零售商业、小规模交易、劳动力工资依旧依靠铜钱。白银短缺后，银贵钱贱，铜钱贬值，与白银相关的生产和投资陷入恶性紧缩；以铜钱衡量的物价上涨，粮食和生活必需品价格高企，通货膨胀，百姓难以负担，民不聊生。同时，由于国际贸易的扩大，传统粮食产区的农户放弃农业，改从事纺织业和棉布贸易，出口疲软后，酿成结构化的粮食危机，饥荒席卷天下。终于，吃尽白银红利的明朝也遍尝了金钱的诅咒。

● 明藩王府琉璃龙纹瓦当　　　　　　　　　　　　　● 崇祯通宝

　　彼时的大明王朝，财政已然崩溃，无饷可发，无兵可征，无粮可运。嘉靖帝下诏停止宝钞输京以来，钞益无用，哪怕是在财政层面也是废纸一张了。加之铜钱产量低迷，白银一家独大，货币缺乏弹性，基于"一条鞭法"的募兵，只能全靠白银支给。现如今能让军士搏命的，也只剩下白花花的银子了。

　　户部主事蒋臣，安徽桐城人，明县学生，少与方拱乾、胡效先等注名复社，时有文名，熟知古今经济学问。崇祯九年（1636 年）诏征贤良，蒋臣应策问著书辩明其一讹、五误、十三谬，名声大震。复荐至京师，撰《足国三议》。后凭复社关系，结识倪元璐。倪元璐在上呈崇祯的《举贤襄计疏》中盛赞蒋臣"真用世才"，得允与天子于中左门一晤。起初崇祯是有疑虑的，直到听到蒋臣"不出五年，天下金钱尽归内帑矣"的豪言，似抓住了救命稻草般，利令智昏，急要行钞。

蒋臣曾经亲身经历桐城的民变，并将之记录在自己的《桐变日录》里。如今天赤如血，流民万里，无外乎就是贫户去抢富户的白银罢了。蒋臣摸准了崇祯欲夺天下人之银的脉搏，依靠钞法幸进。在内阁的质疑与高压下，崇祯十六年十月十七日，户部与蒋臣拿出行钞八法，大致为速颁榜文、详算界法、制作宜工、倒换宜信、推行宜审、积储宜裕、早开铸局、设官宜重。无外都是洪武年颁行大明宝钞的那些旧例。虽然形式算齐备，可国库见底、江河分裂，法令不严、信用全无、毫无钞本的钞法又如何推行呢？这样的新钞可以兑换白银，只怕连蒋臣自己都不信。

● 明钱一组

倪元璐该是不明就里的，他本不是个敛聚能臣，内阁首辅陈演也讥他："元璐书生，不习钱谷。"多次君臣奏对，皆是由下属蒋臣上陈皇帝，他则在为之襄助。内阁重压，多番折冲，他自己也失掉了行钞的信心。崇祯十六年十一月二十日，他上书《钞法窒碍疏》，言不利行钞的四大障碍，态度暧昧。

陈演和户部侍郎王鳌永倒是"精算"能手，钞行与不行倒在其次，自己只消敛银。多次廷前奏对，他们眉蹙得就像白银的边翅，一副恨不得毁家纾难的样貌。

后来李自成攻入北京后，他们献银数万两，真个是"蔚为壮观"。其实，白银的短缺从来都是流量问题，存量依旧丰沛。原来，白银都进了贪官的口袋，鼓囊囊

● 崇祯通宝背跑马

地把大明往泥潭里拽，最后与权贵的尸骨一起江山共老了。

崇祯十七年二月初八，离蒋臣谋划的起钞日不足一月，李自成已逼近京师，梦醒时分，崇祯下令"停钞法"。四十天后，京师的君臣与大明一起走向终局：

崇祯煤山系了颈。

陈演降了李自成。

蒋德璟吞金殉国。

王鳌永归顺大清。

蒋臣亡了踪迹，据说是出家为僧了。

至于倪元璐，他也同崇祯一样，挂起了绳子，伸出了脖子，唯以区区报君王了。照例是有绝命书的，上云：

"死，吾分也，勿以衣衾敛。暴我尸，聊志吾痛……"

明朝货币图释举要

	名称	铸造发行年代	纪值	背景介绍
			明	
1	洪武通宝	太祖洪武年间	小平、折二、折三、折五、折十	明太祖朱元璋（1328—1398年）铸造。因避太祖名讳，故明朝所有铸钱均称为"通宝"。洪武元年（1368年）颁洪武通宝五等钱式，即小平、折二、折三、折五、折十共五等面值，分为四个系列：一是光背系列，除小平外，其他均十分罕见；二是背纪值系列，计有背三、背五、背十共三种；三是背纪地纪值系列，计有京、浙、鄂、福、豫、济、桂、广、北平共九地，各有五种纪值，总计四十五个品种；四是背纪重纪值系列，洪武二十二年（1389年）始铸，计有一钱、二钱、三钱、五钱、一两共五等，其中洪武通宝背十一两，应理解为"洪武通宝当十，重一两"。
2	永乐通宝	成祖永乐年间	小平、折三	铸行于铜钱禁废无常之际，钱文形制仿照金代的大定通宝，大量用于海上丝绸之路的赏赐与贸易，周边国家如越南、日本有诸多仿铸。另有仿洪武纪重五等钱式的永乐通宝背三钱一枚，极为珍罕。
3	宣德通宝	宣宗宣德年间	小平	宣德八年开铸，形制单一，光背厚重，有"省一德"好版。
4	弘治通宝	孝宗弘治年间	小平、折十	铸于宝钞崩溃、废弛之际，早期铸币精整，后期制作粗率，为黄铜钱之肇始。有折十大型钱，存世极罕。
5	嘉靖通宝	世宗嘉靖年间	小平、折二、折三、折五、折十	嘉靖六年开铸，仿洪武钱纪重五等钱式，除小平钱外都有背纪重，小平钱版式较多。
6	隆庆通宝	穆宗隆庆年间	小平	黄铜精铸，版式单一，有"金背火漆"之称。凡用四次熔炼的黄铜铸钱称之为"金背"，二次熔炼的黄铜铸钱称之为"火漆"。
7	万历通宝	神宗万历年间	小平、折二	万历四年开铸，不仅有小平折二行用钱制，还有特大型之镇库钱。版式复杂，南北直隶铸钱特征明显，有星、日、月纹，背厘、天、河、工、公、正等文字，亦有"矿银""万历年造"等银钱。

	名称	铸造发行年代	纪值	背景介绍
8	泰昌通宝	熹宗天启年间	小平	泰昌为明光宗年号，但光宗在位仅数月，未能铸钱。而后其子熹宗即位，年号天启，于天启元年下令补铸泰昌通宝，有光背、背星、背月等版别，"心泰"为名誉版，版式相对较少。
9	天启通宝	熹宗天启年间	小平、折二、折十	天启元年铸造，除常见纪值，另有金五钱、折五样钱等特殊用途钱。小平分光背与背文两类，背文复杂，可大致分为纪重（一钱、一钱一分、一钱二分、新一钱一分等），纪地纪局（户、工、新、京、府、镇、院、密、浙、云等），纪事（奉旨等），纪号（星纹、日纹、月纹等）。
10	崇祯通宝	思宗崇祯年间	小平、折二、折五、折十	崇祯年间铸造，据《明史》记载，崇祯帝曾下令"命各镇有兵马处皆开炉鼓铸，以资军饷"，所以形成了京、省、府、州、边镇、军卫、仓、院等"铸厂并开"的局面，导致崇祯通宝钱成为中国货币史上制钱种类最复杂的品种之一。小平钱的背文可大致分为纪重（背一钱、八、捌等），纪地（宁、应、沪、广、贵、榆、青等），纪事（官、旨、制、奉制、太平等），纪局（工、户、新、旧、兵、局等），纪天干（甲、乙、丙、丁、戊、己、庚等），背符号图案（星、圈、月、月孕星、日孕星及跑马图案等）这几大类。另有背草书寿字大钱、背十二两大钱等。
11	大明通宝	南明鲁王	小平、折十	鲁王朱以海于浙江绍兴监国时铸造，小平钱有光背、背"工""户""帅""招"等字。
12	弘光通宝	南明福王	小平、折二	福王朱由松弘光年间铸造，小平钱有南京版、凤阳版、黔版、桂版、滇版等版式，背凤字钱，指凤阳，据说为马士英铸。折二钱数量稀少。
13	隆武通宝	南明唐王	小平、折二	唐王朱聿键1645年于福州铸造，实际铸钱时间约一年。小平光背钱有"生字隆""正字隆""上点武""下点武"等版别，背字有"户""工""南"等字。

	名称	铸造发行年代	纪值	背景介绍
14	永历通宝	南明桂王	小平、折二、二厘、五厘、壹分	桂王朱由榔永历年间铸造,是南明钱币中铸造时间最长、版式最为复杂的品种。钱文有楷书、隶书、行书、篆书、行草等,纪值有二厘、五厘、壹分、大壹分等,背文除工、户外,有"御、敕、督、部、道、府、留、粤、辅、明、定、国"等,这一套背文的含义也充分表明南明王朝的政治决心,以钱观史,意味无穷。

明末起义军

	名称	铸造发行年代	纪值	背景介绍
1	永昌通宝	李自成大顺政权	小平、折五	闯王李自成于崇祯十七年在西安称帝,建国号大顺,改元永昌,铸永昌通宝。铸钱随着行军路线,形成了各种版别,1643年,大顺军在襄阳建立中央政权,应在1644年改元永昌后即响应铸造永昌通宝"襄阳版",而在此时的西安就也同样铸造了永昌通宝的"西安版",1644年三月,大顺军攻克太原,铸造的"太原版"分为两种,一种是"二水永"为试铸性质,一种是"点永"为常见版式,1644年三月十九日攻克北京,标志明朝覆灭,四月初二下诏铸钱,即为"北京版",特征为"点永双点通楷书",铸量极少,最为罕见。
2	大顺通宝	张献忠大西政权	小平	张献忠大西政权大顺年间铸造,有光背、背"工"、背"户"等版式,背户有川版与滇版之分。另有背"川户",性质代考。
3	西王赏功	张献忠大西政权		赏赐钱,非流通之货币,然历代泉谱皆载,故沿袭之。清人谓之"五十名珍",有金银铜三种材质,铜为仿铸。
4	兴朝通宝	东平王孙可望	小平、五厘、壹分	明末东平王孙可望铸,小平钱仅有背"工"一种,折银钱背"五厘"分方头通、角头通,背"壹分"有大小样之分,"上口兴"为名誉版式。

洪武通宝

福版广穿小字

京版

福版

福版小平背北平

小平背豫

小平背桂

小平背浙

小平背福

小平背福（双点通）

背一钱

背二钱

背三钱

背五钱

背十一两

折三背浙

背五福

背十福

折五背豫

背北平右十

永乐通宝

宣德通宝

弘治通宝

嘉靖通宝

背十一两

隆庆通宝

万历通宝

大字直厂

背厘

背二厘

背矿银

折二

泰昌通宝

天启通宝

折二背星

背云

背上十

背十一两

背府

背密十一两

背镇十

崇祯通宝

背跑马

背上忠

背二

背五监

背五户

大明通宝

背帅

弘光通宝

背星

背凤

背贰

隆武通宝

背工

折二

永历通宝

背工

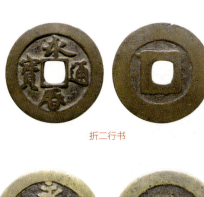

折二行书　　　　　　　　　　　　　　折二篆书

折三　　　　　　　　　　　　　　背五厘

背壹分

永昌通宝

折五

大顺通宝

背工

西王赏功

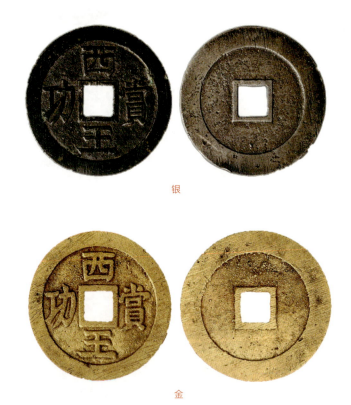

银

金

兴朝通宝

背工

背五厘

背壹分

第十九章

西钱东渐

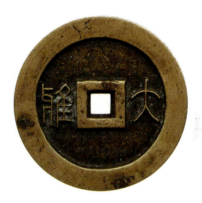

● 万寿无疆背大雅

咸丰三年（1853年）初，太平军攻占南京，舳舻顺江而下，距上海不过八百里水路。

自从五口开埠以来，"洋货百物辐辏"的上海，便已入了列强的眈眈虎目。太平军占领天京后，英法等国在拒绝"助缴"的同时，也在租界内布好了铁炮洋枪，直欲趁火劫掠。

只是后来占领沪上、活捉道台吴健彰的不是太平军，也不是西洋兵，而是杂合了天地会和本地帮派的秘密团体——小刀会。

吴健彰出身微末，曾在广州十三行充当仆役，靠一口流利的英语和勤快机巧跻身十三行行商。来上海后，借与上海怡和、旗昌、宝顺三家大洋行的关系，累积巨资。后商而优则仕，以白银五十万两捐得苏松太兵备道记名按察使兼江海关（上海海关）监督。查

● 禄位高升压胜钱

办"青浦教案"后，清廷看到了吴氏的"通夷之才"，实授他苏松太道。终于，八面玲珑的吴健彰从一介草民一跃成为备受中外瞩目的上海道台。苏松太道品秩不高，影响极巨，吴健彰任上出让海关主权、向洋商借款、扩大租界等行为，将深切地影响清朝的命运。

在孔子诞辰这一天，寥寥会众靠着小刀和鸟铳，攻陷上海道署，占领了这座有着近三十万人口的重镇。会首刘丽川专门差人从水、陆两路给洪秀全送去奏章，意在归顺。

刘丽川本系农民出身，大肆封官、鼓铸货币等农民起义的排场丝毫不落。区区一县之地，凡元帅、将军、大臣、参谋一干尽有。其开炉鼓铸货币，面文曰"太平通宝"，以示服从太平天国领导之意；背文为日月纹或"明"字，暗合天地会"反清复明"之要旨。后来的浙江天地会也依样画葫芦地铸造了"太平通宝""开元通宝""天朝通宝""皇帝通宝"，此四钱背文合为"文""武""永""圣"，其意昭然，其志沛然。然则太平天国正受制于清军江北、江南大营，接应上海实是徒具声势。

清军的弹压接踵而来，小刀会内部却产生了罅隙。原来被俘获的上海道台吴健彰和会首刘丽川是同乡。刘丽川来沪后，本是个糖茶捐客，深受吴健彰荫蔽，故不忍其蒙难。另一方面，吴健彰与英美多有商业来往，本身又是美国旗昌洋行的合伙人，英美公使、领事甚或传教士都为之说项。刘丽川久在粤、港，深谙洋务，畏英美如虎矣，只顾不得会众情窘，强舍面皮，私放道台吴健彰离去。

● 义出肺腑压胜钱

吴健彰死里逃生之后，便出让上海海关征税之权，借此换取列强对小刀会的联合镇压。1854 年 6 月 29 日，吴健彰与英、美、法三国领事达成协议，由英国人威妥玛、美国人贾流意、法国人史亚实为司税，组成关税管理委员会。从此江海关行政管理权落入了洋人之手。此后数年，清廷又相继依例成立粤海关、潮海关、浙海关、津海关、厦门关和江汉关等诸多洋税关，并于咸丰九年（1859年）在上海成立总税务司署。又几年，总税务司迁往北京，二十八岁的英国人赫德开始了对中国海关长达半个世纪的统治生涯，其在税务、商务、外交和内政方面都有着不容忽视的影响力，是清廷总理衙门"可以信赖的顾问"。

海关税的征收，让本已崩溃的清朝财政起死回生，这种本来不被重视的税种，在清廷"盐引停迟，关税难征，地丁钱粮复因军荒免缓征"的情况下，成了晚清除田赋（地税）以外，最为重要的财政来源。

此外，面向国内商人征收的厘金税，是战时税收的另一支柱，是各地团练赖以生存的根本，亦是各级官吏敛财的利薮。关税也罢，厘金也罢，抑或是此前的地丁、津贴、捐输、盐税、茶课，其征收都离不开一种货币——白银。

清代对白银进口的依赖远超明代，可以说，大清王朝的兴、盛、衰、亡皆与白银有关。清王朝的白银史可略分为三个阶段：

一、清军入关至17世纪末，受"17世纪危机"影响，白银的流入继续下降。顺治、康熙之世是萧条之世，康熙执政初期面临江南凋敝、灾害频仍、人口下降、白银锐减、资本稀缺等逆境，农民赋重，商贾亏折，导致了长达三十余年的"康熙紧缩"。

二、1700年前后至1870年，白银重新流入中国（基于"金银套汇"）。康熙三十六年，白银流入带来经济好转。是年，康熙平定噶尔丹。雍正"摊丁入亩"，人口的增殖脱离赋役的束缚，加之美洲农作物的大量引入种植（玉米、红薯、土豆），深切地改变了中国的

粮食结构，人口膨胀（从明末的一亿左右增至道光时的四亿），人口、货币、生产、价格的相关性不断增强，进出口需求剧增。尤其是乾隆执政后，生产和交易快速发展，市场焕发强大活力，国富民富，以至盛世。同时，由于清朝迅速增长的经济和人口，没有引发因为白银流量增多而导致的通胀，乾隆朝的经济显示出强大的韧性。之后有两个插曲，先是 18 世纪末，北美独立战争打响、法国大革命爆发，中国对美外贸和欧陆的白银之路都陷入停滞，白银流量短暂下降，银贵钱贱，嘉庆朝爆发白莲教起义。再是道光时期，第一次鸦片战争将中国卷入世界资本主义市场，贸易出超和白银入超的格局发生逆转，在鸦片贸易和战争的影响下，白银流出，银价上涨，物价低落，经济萧条。彼时中国北方的货币仰仗铜钱和钱票，富庶的南方更加依赖白银，白银短缺、银贵钱贱后，"摊丁入亩"中以银纳税的成法加重了农户的负担，江南农民的辛苦耕耘抵不过白银折价之剧，纷纷陷入破产之境，江南地区爆发了连续的起义。尤其是咸丰元年（1851 年），太平天国革命席卷整个南中国。

三、1870 年以后，中国的白银存量和流入量暴增。彼时西方世界放弃银本位，改用金本位，银价崩跌，一时间货币流量流通量大幅紧缩，欧洲爆发经济危机，白银重新涌入中国，清朝因鸦片战争造成的白银外流就此逆转，货币供给恢复，同治中兴。进入光绪朝后，清廷主动谋求货币领域的改革，这次改革持续到宣统朝，并随《币制则例》的颁布而达到高潮，旋即清亡。

从微观的货币实物讲，清沿袭明制，以银为本，用钱为辅。财政收支及市场中的大额用银，小额用钱，系银两与制钱并行复本位制。

银的重量单位是两，每十六两为一斤，银货币称为银两。银一两兑制钱一千文（一贯），一钱兑一百文，一分兑十文，一厘兑一文。征税一两以上必须交纳银两。

清代银两总称为元宝银，大的称元宝，重约五十两；中锭重约十两；小元宝重一两至五两不等；一两以下的有碎银、滴珠等。清代银两又分为实银与虚银。

实银是市面上所流通的现银。如流通的实银按纯银成色折算含银，略有：纯银（1000‰）、足银（999‰以上）、纹银（932‰）和标准银（900‰以上）。银的称重用天平，故重量标准也是平，略有：库平、关平、漕平、广平、公砝平、市平等。由于银两无统一的重量与成色，交易时使用虚拟的价值符号——虚银。收付银两要折算成虚银再记账，操作繁琐，各地虚银标准不一。如要存银，须按当地的实银标准推算升水或贴水，再按当地虚银标准入账。

赫德的属下马士在《中华帝国对外关系史》中谈过一个有趣的例子，一笔江苏的税款按照库平（官方标准）汇到甘肃，缴纳时又折成当地的银两计算；税款再汇往上海又依照漕平折算，到了上海再按规元（上海通行的虚两银）计算；由上海汇往甘肃时又一次折回漕平，再折成当地银两入账，然后折成库平同江苏结算；到江苏后，照例按照本地的银两存入钱庄，最后折回库平同户部结账。冗冗琐琐，令人瞠目。

● 西班牙本洋

● 墨西哥鹰洋

东北　　　　　　河南　　　　　　山东

广西　　　　　　　新疆　　　　　　四川

浙江　　　　湖南　　　　江西　　　　云南

山西

陕西

甘肃

云南

河北

上海

云南

福建

宁夏

山东

● 清代各地白银

五口通商后，中外贸易交往日趋频繁，以西班牙本洋和墨西哥鹰洋为代表的外国银元大量流入国内。由于洋钱具有重量一致、成色标准相同等特点，故除了大宗贸易用银两结算外，洋钱几乎替代了散银、小锭。洋钱畅行以来，许多不法商人用洋钱兑换中国的银两，再铸成洋钱回流中国的做法也从客观上加快了洋钱流入中国的速度。外国银元在流通时始终保持一定的升水，比如一百两纹银等于111.9 元鹰洋。为了简化银两和银元的兑换，商人还是采用实银和虚银，其中上海的"规元"最受认可，行用到 1933 年"废两改元"之时。由于西方侵略加剧，民情汹汹，参效洋钱，铸造本国银元的呼声愈来愈高。对政府而言，铸造银元可以获取铸币税，而称重的银两则无此利，铸行本国银元便被提上日程。

　　清代银元的铸造，历经从私铸到地方官铸，再到中央官铸的自下而上的过程。

　　乾隆五十六年（1791 年）前，清廷在西藏设局铸钱，所铸银币正面为汉字乾隆宝藏，背面是唐古忒字乾隆宝藏，之后还有嘉庆宝藏、道光宝藏等。嘉庆年

● 宣统三年大清银币壹圆（长须龙）

● 广东省造光绪元宝库平七钱二分

间，银业曾以西班牙本洋为模板仿铸新式银币，因成色花纹不一，被禁止。道光年间，各地开始仿铸本洋，道光十三年（1833 年），御史黄爵滋曾用广板、福板、杭板、苏板、土板来称呼各地的私铸银元。地方官铸主要是为了减少白银的外流，之中又以林则徐铸造的七钱一二分重的银饼为典型。林文忠公认为白银外流的根本原因不在货币本身，而在于鸦片贸易，切中肯綮，才有了旷古未有之壮举——虎门销烟。咸丰六年（1856 年），西班牙本洋在上海流通，继吴健彰署理上海道的蓝蔚雯令经正记、王永盛、郁森盛三家银号兑换鹰洋，并仿外国银元铸造银饼。后随墨西哥鹰洋大量流入上海，银饼废止。

● 光绪年造造币总厂光绪元宝库平七钱二分（俗称"造总"）

● 宣统三年大清银币壹圆曲须龙（俗称"大清宣三"）

光绪十年（1884 年）十二月初十，吉林将军希元向清廷奏报已试铸银钱行用，光绪帝奏准。所铸银币为足色纹银一钱、三钱、五钱、七钱、一两等重，一面刻监制年号，一面刻轻重银数、吉林厂平字样，这是中国最早的机制银币。光绪十三年（1887 年），两广总督张之洞奏请在粤试造银元。光绪十五年（1889

年），广东购入机器，招聘技师，试铸银元，并于次年投入流通，中国进入机器铸币时代。由于此种银元背铸有龙纹，故被称为"龙洋"。光绪二十二年（1896年），天津的北洋机器局试铸银币，光绪二十五年改铸，上有"北洋造"三字，俗称"北洋龙"，流通量较大。光绪二十三年（1897年）十二月，南京铸造龙洋，上有"江南省造"四字，俗称"江南龙"。光绪二十四年（1898年），吉林铸造龙洋，上有"吉林省造"四字，俗称"吉林龙"。同年，奉天铸造龙洋，并于光绪二十九年改铸，上有"奉天省造"，俗称"奉天龙"。至此，全国各省开始先后铸造龙洋。光绪三十一年（1905年）十一月二十九日，四川都督锡良上奏仿造印度卢比，以抵制印度卢比并发藏饷。获准后，川滇边务大臣赵尔丰建成都造币厂，以新式机器铸四川卢比。所铸之币正面是光绪帝侧像，是我国最早有人物头像的银币，也是唯一一枚有帝王头像的银币。庚子事变后，清廷曾就金汇兑本位的"精琪方案"进行讨论，想要加入金本位的国际货币秩序中，遭到张之洞决定性的驳议。最终还是选择了适合中国国情与传统的"银"，继续铸造银元。光绪

● 清代制钱

二十八年起，清廷开始合并各地机器局。光绪二十九年，拟定《整顿圜法章程》十条，收归铸币权于中央。光绪三十一年，设立户部铸造银钱总厂。宣统二年五月，制定造币厂章程，在天津设总厂。同年，度支部奏定《币制则例》，宣布废银两，以库平七钱二分的银元为国币，银元制度最终在全国范围内得以确立。

清代铜钱的铸造因袭明代，也称制钱。清代制造铜钱的币材主要依赖进口，尤其是日本铜。依靠进口便会受到国际铜价的制约，进而受制于进口所用白银的银价。当银贵钱贱时，铜钱被走私出境，当银贱钱贵时，又会发生私销。为了摆脱受制于人的情况，清廷支持民间采炼铜矿，滇铜成为重要币材。清廷采用"官本收铜"政策，以白银收购铜材。随着对滇铜的投入和补贴增大，制钱成本升高，

● 康熙通宝二十局

利润下降，甚至出现铸钱经费高于铸钱收益的情况。这种铸币亏损直到铜元出现后才有所好转。

清代铜钱的铸造机构由户部设立的宝泉局、工部设立的宝源局和各省布政使司开设的地方局组成，所铸造的制钱以年号为正面钱文，以铸局为背面钱文，贯穿王朝始终。努尔哈赤铸两种钱，一种为天命汗钱，老满文光背；另一种为天命通宝，汉文光背。皇太极铸天聪汗之前，仿天启当十大钱铸造，老满文，面"天聪汗钱"，背左"十"、右"一两"。顺治先后铸五式钱，一式仿明钱（光背无文）、二式单字纪局式（钱背有一汉字纪钱局）、三式一厘式（背文有"一厘"二字）、四式满文式（背文为满文，左"宝"右"局"）、五式满汉文式（背文为满文钱局和汉文钱局），至满文式开始顺治钱脱离了明钱的形制，确立了清代制钱形制。康熙仿顺治四式钱、五式钱。雍正以降基本都仿顺治四式钱。咸丰时出现大钱。同治、光绪皆有大钱，宣统复归为小平钱。

● 铜元

清代铜元的铸造始于光绪朝。在机器铸造铜元之前，有个机器铸造制钱的转型期。同治七年，平定发捻之乱后。清廷停行纸钞，加大白银引入并着手恢复制钱铸造。光绪十二年，慈禧下旨令军机大臣会同户部、工部堂官就恢复制钱事妥议具奏。醇亲王奕譞与各省督抚急办铸制钱事宜。光绪十三年七月，天津机器局引进英国林洛铁厂造币机器。光绪十五年二月，广东钱局建成，日产制钱二百万枚。在清廷的催促下，多省开始以机器铸造制钱。不久，随着铜价上涨，制钱出现钱荒，银贱钱贵。

甲午战争后，国际铜价上涨，日军在战争中掠夺了大量金银和制钱，中国爆发了全国性的钱荒。为补制钱之不足，清政府被迫允准各省援广东、湖北之例仿铸大、小银元。仓促之下，各省银元面值大、成色低，人不乐用，未能补制钱之缺，反加剧了银贱钱荒之势。重压之下，清廷找到了化解之法——铸造铜元。铜元是一种虚值货币，利润率为30%—50%，远高于铸造银币的10%—14%。而制钱则因铜价上涨，铸造成本高昂，亏损严重。如光绪二十五年直隶铸钱的亏赔率就达49%。清廷认为大铸铜元之下，钱荒解、国库丰。

从光绪二十三年（1897年）起，多位大员奏请依照银元之法，用机器铸造铜元。尤其是有过十数载使洋经历的总理衙门章京刘庆汾先后两次上奏，大体构

● 光绪年造户部大清铜币当制钱二十文中心淮

● 宣统三年大清铜币二十文

筑了银元和铜元相辅流通的框架。朝廷收执以后，即命内阁酌定铸造铜元之事。光绪二十六年六月，广东"比年钱荒尤甚"，率先试铸当十铜元，每枚重二钱，含紫铜九十五分、白铅四分、点锡一分，面文为英文，译为广东一仙（模仿香港造币厂的仙、毫钱），日铸四万余枚，大受欢迎。随即福建、江苏亦仿造当十铜元。清末铜元有当一文、当五文、当二十文等，以当十文发行最多。

庚子事变后，为维护广大基层乡村的稳定，清廷更赖铜元。光绪二十七年十二月，慈禧太后回銮后即令推广铜元，"著沿江、沿海各督抚筹款仿办，即就各该省搭铸通行"。直隶、江苏、湖北、浙江、江西纷纷开铸，"以辅制钱之不足"。由于铜元地域性强，各地存在保护主义，大量发行铜元，导致铜元贬值，流通壅滞的"铜元危机"，严重阻碍了铜元的流通。对此，清廷又以制钱掺铜元来加强流通。光绪三十一年七月拟定《整顿圜法酌定章程十条》，规定各地限制铜元的铸量与运销，保证铜元"与制钱一律行用"。光绪三十二年二月，财政处与户部奏准《统一铜元办法八条》，令"嗣后凡公家收受钱粮，铜元与制钱一律行用，不得挑剔，违者参处"。四月，户部又令各省征缴税赋时"铜元与制钱务须一律收用"。

光绪三十三年五月，度支部右侍郎陈璧在考察各省铜元铸造情况后，主张采用主辅币制度。七月，度支部尚书载泽制定《各铜元厂统一章程》，亦主张铜元与制钱脱离折价，作银元之辅币。光绪三十四年正月，清廷宣布"准铜元之式铸造一文新钱"，并令各省停铸一文制钱、改铸无孔一文铜元。宣统二年（1910 年）四月，清政府颁布《币制则例》，确立以"元"为单位的银本位货币制度，国币包括银币四种、镍币一种、铜币四种，主辅币保持十进制，制钱被排除在国币之外，辅币控制在一定数量内。十二月，度支部奏准裁撤宝泉局、停铸制钱。中国官方制钱铸造体系彻底瓦解。

《币制则例》颁布同期，一场世界范围内的橡胶投机被刺破。彼时，由于福

● 康熙通宝"苏"局

特等汽车产业的崛起，投机者在橡胶（时人称之为"橡皮"）的主产地东南亚地区圈地开厂。1909 年到 1910 年数月之间，以开采橡胶为名注册的公司就高达一百余家，这之中有的甚至仅买了一块空地就敢自称橡胶公司。作为远东金融中心的上海成了橡胶公司募集资金、投机的中心。橡胶公司在上海的报纸上大肆宣扬自己的股票，巧借外国公司的身份，在上海的外国银行和洋行来开户，开展股票业务，并通过向上海的外国银行抵押股票的形式获得融资，充足的资金致使橡胶公司的股票大涨。一时间，上海的钱庄、票号，乃至市民疯狂地购买巨额橡胶股票，甚至借钱利用杠杆来购股，橡胶股票吸纳了整个上海及江浙的资本，金融市场深陷投机旋涡。

由于橡胶价格过高，美国、英国对橡胶实行了限制消费进口橡胶的政策，国际市场的橡胶现货、期货、股票等相关资产价暴跌。此先，橡胶公司的英国大股东早已高位套现离场，上海的外国银行第一时间停止股票抵押贷款，并催收贷款，银根紧缩。挤兑、催收之下，以正元、兆康、谦余等为代表的中小钱庄相继倒闭。上海道台蔡乃煌赴宁波报告两江总督张人骏。张人骏转奏朝廷，清廷批准向外国银行紧急借款。8 月 4 日，蔡乃煌因袭故道台吴健彰创设的借债外资之法，向外国银行借款三百五十万两白银，同时调拨上海官银三百万两（以上海海关的税款"沪关库款"为主），存放于规模较大的源丰润和义善源及分属庄号，混乱稍解。

1910 年 9 月，清廷依照惯例，准备从"沪关库款"取出一百九十万两赔付庚子赔款。蔡乃煌请求朝廷从大清银行里拨付二百万两垫付。度支部侍郎陈邦瑞与蔡乃煌有隙，趁机发难，指使江苏巡抚程德全参奏蔡乃煌。清廷将蔡革职，并命其向源丰润和义善源催要官款，提款二百多万两。源丰润等六家大型银号倒闭。春节前，又有三十余家钱庄倒闭。源丰润倒闭后，度支部急令大清银行调运一百万两至沪。同时，张人骏以江苏盐厘担保，向汇丰、东方汇理和德华三家银行借款三百万两。加之义善源的大股东时任邮传部右侍郎、交通银行总理李经楚（李鸿章之侄），他以产业为抵押，从交通银行拆借二百八十七万两，并从全国各地分号紧急抽调资金，弥补移交官款后的亏空，终于保住了义善源。

1911 年初，李鸿章麾下干将盛宣怀就任邮传部尚书，为报丁未政潮中袁世凯、端方之杯葛，抛却与李经楚之旧谊，着力打击袁党交通银行梁士诒系的势力，派人稽核交通银行的账目。李经楚惊惧之下，火速归还交通银行款项。绝境之下，义善源试图用持有的上海各企业的股票向上海道借银十万两，被新任道台刘燕翼拒绝，义善源遂倒闭。源丰润、义善源分号遍布全国，它们的倒闭引发全国性的金融危机，多地政府存款取兑无门。迫于财政压力，刚入阁的盛宣怀下手过急，计划收回原本商办的铁路（川汉铁路、粤汉铁路），以铁路权抵押向列强借款，激起铁路在地群众的强烈反对，保路运动爆发，四川失控。清廷亟调端方从湖北带新军赴川镇压，革命党人趁机在武昌策动起义，辛亥革命爆发。

● 宣统通宝

清朝灭亡后，《币制则例》终止实施，铜元重新泛滥。1914 年 2 月，北洋政府正式颁布《国币条例》及《国币条例施行细则》，1915 年 8 月颁布了《修正国币条例草案》。根据条例，国币规定与《币制则例》中基本一致。并允许官方造币厂回收制钱，熔毁后改铸铜元，制钱最终被铜元取代。至此，清初银两和制钱并行的货币体制，终于转变为银元和铜元并行的货币体制。

除银两、银元、制钱、铜元外，在清代经济生活中发挥重要作用的还有私票与纸币。私票主要有钱票、银票与银元票。私票是代用货币，是某种程度上的货币私铸，起初由商人发行，基础全靠发行商的信誉，因此具有极强的地域性。后来地方政府和外国银行也加入了私票发行，极大地增强了货币供给量。民国初年，私票与银、铜已成鼎足之势。至于纸币，除了顺治、光绪朝发行的具有实验性质的纸币外，真正造成一定影响的只有咸丰朝的"钞票"。这要从咸丰朝的货币改革说起。

咸丰六年（1856 年），小刀会覆灭后，刘丽川踪迹成谜：或言其战死虹桥，或言其乘洋船逃走。上海道台吴健彰也是命乖运蹇，早在两年前便因贪污被革职

● 民俗挂牌

● 太平天国宋体当百

查办，郁郁归乡。继任的杨能格、蓝蔚雯、赵德辙等人也都差强人意，沪上危急。六月，江苏巡抚吉尔杭阿于烟墩山同太平军鏖战五日，中炮身毙。此番事变，得势的却是一个名不见经传的小人物——吴煦。这个靠着捐纳跻身官场，因镇压过棚民起义而被吉尔杭阿招为幕僚的候补知县，此刻正在上海处理小刀会善后事宜，并以海防同知的身份与英法周旋，这亦是其外交活动的嚆矢。咸丰七年（1857 年），吴煦署理上海捐厘总局，接触上海税收的核心事务，当其贪污被查时，却因擅长外交，于咸丰八年（1858 年），第二次鸦片战争之时起复，负责与英法交涉通商事则，是为贯通上海兵务、税务、商务和洋务的重臣，并正式署理苏松太道，成为和吴健彰诸人一般的上海道台。

同治元年（1862 年）正月，李秀成攻克杭州，第二次进逼上海。他不愿与洋人为敌，致信英方，希望其保持中立，还随信带去礼物，其中有银币（是银元还是压胜钱已不可考），还有天国自铸的铜钱。由于史料的匮乏，太平天国钱币始铸之期一直存有争议。据《贼情汇纂》记载，咸丰三年（1853 年）曾有铜匠被太平军俘获，其中有四人被封为"铸钱匠"，但因不谙钱法，铜铅配比不均，所以屡铸均不成轮廓，钱文亦漫漶不清。大致在咸丰四年（1854 年）时，天国

● 太平天国镇库钱

钱匠已经解决了铸钱问题。《太平天国文书汇编》记载了杨秀清给英国人的答函："天国圣宝即将颁行，妖号之钱，定将禁绝。"《金陵杂记》和《金陵省难纪略》也都记述了当时铸钱的情况和形制。总体而言，太平天国的铸币大体与咸丰制钱相仿，有小平、当五、当十、当五十等多种形制。

受太平天国起义影响，咸丰朝曾进行过一次货币改革，这是中国最后一次传统式、古典式的货币改革。彼时太平天国割据半壁江山，切断了大运河这一漕运命脉，南方的白银已无法调用，云南的滇铜也难解近火，清廷不得不抛开银、钱，诉诸"通过膨胀"，向纸钞和大钱寻救，于是以京师为中心的一次敛财潮开始了。

咸丰元年（1851 年）九月十九日，陕西道监察御史王茂荫向咸丰帝上书《条议钞法折》，奏请依顺治朝旧例，行钞挽救财政危机。概言之，他主张控制发钞数额并提出了具体的投放方案、纸钞可以兑换白银，并借助民间的银号、盐店与典铺协助发钞等。虽然户部不同意此方案，王茂荫还是被咸丰帝火速诏京，迁户部右侍郎兼钱法堂实务，此后更是连上《论行大钱利弊折》《再论加铸大钱折》《再议钞法折》，俨然成了清廷铸钱的首席专家。

咸丰二年（1852 年）九月，署镶红旗蒙古都统左都御史花沙纳上奏折《酌行钞法折》。咸丰帝命令其与王茂荫合议钞法，并会同户部堂官妥议钞法章程。花沙纳主张发行不能兑现银两的钞币，发行额更可高达"一万万两为止"。与王茂荫的意见相左。大学士祁寯藻和户部尚书文庆同意其法，王茂荫的主张未获允。咸丰三年（1853 年）二月，祁寯藻奏请设立"官钱总局"，发行官票（以银两为单位）和宝钞（以制钱为单位），合称"钞票"。

咸丰三年（1853 年）五月起，面额为一两、三两、五两、十两及五十两的"户部官票"始发，共五种。自当年十一月起，用厚白纸印制面额为二百五十文、五百文、一千文、一千五百文和二千文的"大清宝钞"始发。清廷通过发俸、发饷的途径搭放银钱和"钞""票"，民间可用官票和宝钞交易、纳税，不得兑为

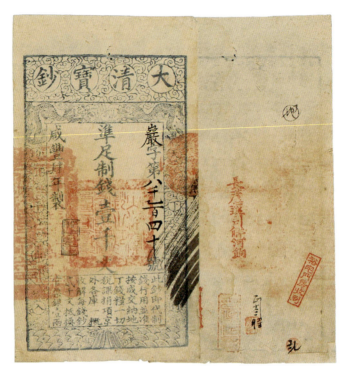

●咸丰四年大清宝
钞壹千文

银钱。滥发钞票之外，清廷开始铸造大钱。咸丰三年（1853 年）三月十八日，户部尚书孙瑞珍奏请铸造当十、当五十大钱，获准。两种大钱与制钱并行流通。十一月起，又铸当一百，当五百与当一千大钱。咸丰四年（1854 年）三月，铸铁当十钱，六月铸造铅钱。如此发钞、行大钱、用劣钱的混乱局面，史上罕有。货币秩序崩溃，私铸、囤积并发，制钱藏匿、纸钞遭抵制大幅贬值、大钱贬值的情况皆可知矣。

咸丰四年（1854 年）三月五日王茂荫上《再议钞法折》，陈述宝钞停滞情形，辩说总理祁寯藻和尚书文庆行钞执意为之，未采纳他的钞法，强调纸币应"行之以渐，持之以信"。他提出四点措施：其一，宝钞可兑换制钱。其二，官票可取出银两。其三，店铺销售商品获得的钞票，可以到钱店、银号兑换制钱和银两。其四，典当出入，均搭放现钞。眼见钞法崩，王茂荫惶惶不可终日，"今兵丁之领钞而难行使者多怨臣，商民之因分而致受累者多恨臣"，请求对自己严加议处，以谢天下。咸丰帝盛怒，严饬"钞法初行之时，先不能和衷共济，只知以专利商贾之词率行渎奏，竟置国事于不问，殊属不知大体"。旨罢，王茂荫被调补兵部右侍郎。此后，钞票巨贬，于咸丰十年停发。

其实，在此危局下，发行纸币之法确为良策，后来由私人钱铺发行，广泛流通的"私票"便是明证。可惜在战争和形势的影响下，咸丰诸多货币改革纷纷走向失败，咸丰帝本人也未能见到天国的覆灭。

1862 年元旦刚过，刚升任江苏布政使的吴煦得到消息，太平军已经击溃吴淞的清军，沪上告急。吴煦疾奔外滩的英国领事馆，与英法领事磋商中外会防事宜。西人的哓哓与国人的懦懦，真是一番漫长纠扯。于是白银，以及会防的一切关节，都像高山巨峭般横亘在吴煦的面前。以租界军务、开沟筑路、洋枪洋炮等开支为酬，吴煦成功地将一年前把北京变成炼狱的敌军化为友军，只是这次英法

● 清代钱币

联军再也没有占人都城的气魄，反与华尔、白齐文率领的洋枪队一起被太平军逼入绝境，狼狈遁走。

清军反倒乐见此景，大解数年之郁恺。正欲谋克天京（今南京）的曾国藩也对上海的战事洞若观火，见洋人折戟，便揶揄道："人之畏长毛，亦与我同，委而去之，真情毕露。"

咸丰以来，沪上之军务讲求内外兼顾。吴煦久在此地浸淫，又曾助吉尔杭阿平定小刀会之乱，断不想重蹈吴健彰之覆辙。

幸好委去的钱鼎铭不负所托，带回了数千援兵防沪。虽不知曾国藩推荐的这支军队战力如何，但听说其头领李鸿章刚被太平军攻破故乡，或许哀兵必胜，能侥幸保住顶戴花翎，更能保住项上人头吧。

吴煦哪里知道，自己花费十八万两白银请来的这位李大人，在把太平军赶出上海的同时，却以更加雷霆的手段剪除了他的亲信，单给他留了个候补道员的虚职。吴煦心灰意冷，于同治四年（1865 年）称疾辞官。

● 光绪通宝背圣寿
无疆压胜钱

吴煦归乡一年后，与他同病相怜的吴健彰重疾难愈，病死于广东香山老家。同年，吴健彰的一个名叫帝象的老乡于广东香山翠亨村呱呱坠地。他生于畎亩，自称"洪秀全第二"，曾加入与小刀会同源的洪门。他屡用化名来宣扬革命，其名有陈文、山月、公武、帝朱、杞忧公子、中原逐鹿士……还有孙中山。

孙氏幼年曾入村塾接受传统教育，后随母赴檀香山投奔长兄，于教会学校得蒙西学。成年后在香港学医，矢志"医国"。

1894年，孙氏在翠亨村写就《上李鸿章书》，辗转请托盛宣怀等诸人将之呈与李鸿章，欲与之一晤，未竟。是书后全文刊载于上海的《万国公报》，概有四策：人能尽其才，地能尽其利，物能尽其用，货能畅其流。

货者，宝也。《洪范》八政，一曰"食"，二曰"货"。货是物流，更是钱流、资金流。

辛亥革命爆发后，盛宣怀逃亡日本。抵日时，故人孙中山经香港赴沪上，后抵南京就任临时大总统。

临时政府铸行了"中华民国开国纪念币"。此银元正面为孙中山侧面半身像，上书"中华民国"四字，下有"开国纪念币"五字，左右各有一枝五瓣梅花，意为"五权宪法"；背面中为"壹圆"二字，两旁辅有嘉禾各一枝，每枝有三叶，意为"三民主义"，周有"THE REPUBLIC OF CHINA"等英文。

●民国时期开国纪念币

颇有兴味的是，此纪念币正面所铸"中华民国"的"民"字之"捺"上通字头，意为推翻帝制，人民"出头天"……

清朝货币图释举要

	名称	铸造发行年代	面值	局别	背景介绍
			清		
1	天命通宝（满文、汉文）	后金太祖天命年间	小平		有老满文、汉文两种，光背无文，制作粗率，钱体厚拙，非专为流通，主为政权建制的需要，材质主要有红铜、黄铜、青铜、白铜、铅制，满人多喜佩戴天命钱，做护身符之用。
2	天聪汗钱	后金太宗天聪年间	折十		仿明代天启大钱的形制，钱文为老满文，背文左（偶见上）为十，右为一两，即与天启十一两相同，都为折十钱。
3	顺治通宝	世祖顺治年间	小平、折二、折十		公元1644年，清军攻入关内，爱新觉罗·福临至北京即皇帝位，改元顺治，成为清世祖。在北京设铸钱局铸钱，于工部、户部开设宝源局、宝泉局，后随着天下统一，在各地开钱局，并铸"顺治通宝"。顺治年间为了稳定经济，前后对铸钱进行了五次改制，随着五次改制同时产生了五种形式的顺治通宝，史称"顺治五式"。顺治五式并非一种单纯的收藏分类，而是体现了顺治朝货币的几次改革趋势，有极高的研究价值。一式为"仿古式"（顺治元年铸，光背无文，仿明钱）。二式为"纪局式"（顺治二年至九年铸，约有二十余种单字纪局钱）。三式为"一厘式"（顺治十年至十三年铸，即背文包含铸地和"一厘"共三字，意与白银兑换之意，千厘为一两白银，共纪铸地有十九种）。四式为"满文式"（顺治十四年开铸，即背文为

名称	铸造发行年代	面值	局别	背景介绍
4 顺治通宝	世祖顺治年间	小平、折二、折十		满文"宝"和"泉"或"源",共二字的满文,本品预示着清代制钱风格的确立。五式为"满汉文式"(顺治十七年,户部提准十四个地方局,按照顺治四式的模式铸造本地顺治钱,由于钱背由本省的汉字简称和满文简称组成,故得名,铸量为顺治钱之最)。
5 康熙通宝	圣祖康熙年间	小平、折十	泉、源、同、福、临、东、江、宣、原、苏、蓟、昌、南、河、宁、广、浙、台、桂、陕、云、漳、巩、西	康熙元年(1622年)由京局铸满式康熙通宝钱,面文为"康熙通宝",楷书,直读,背铸满文,左面满文"宝",右面满文"泉"或"源"。从康熙六年以后,恩准京外各省地方钱监开铸满汉文钱式,常见的有二十个钱局,"同福临东江,宣原苏蓟昌,南河宁广浙,台桂陕云漳",为康熙二十局诗文,另外泉界公认的两种地方钱局为"巩"局与"西"局,存世罕有。
6 雍正通宝	世宗雍正年间	小平、折二	泉、源、南、川、武、河、昌、济、晋、巩、苏、浙、安、云、黔	雍正皇帝即位后即对全国铸钱及制式进行改革,规定各省只准设立一个钱局,面铸年号用汉文,背用满文,改用各省局名,照宝泉宝源二局之式,皆用"宝"字为首,次用各本省一字。
7 乾隆通宝	高宗乾隆年间	小平、折十	泉、源、南、川、武、昌、济、晋、苏、浙、云、黔、直、陕、福、桂、广、台、伊、乌什、阿克苏、叶尔羌	乾隆朝大体沿袭雍正钱制,即背文皆为满文,基本保留雍正时期钱局外,开铸新疆红钱(因以紫铜为铸料,故得名)。红钱从乾隆至宣统时都有铸造,背文由维文、满文、汉文等组成。乾隆朝铸钱早期铸造规整,后期减重现象严重,并在嘉庆时期铸"太上皇"帝号钱。

名称	铸造发行年代	面值	局别	背景介绍
8	嘉庆通宝	仁宗嘉庆年间	小平	泉、源、南、川、武、昌、东、晋、苏、浙、云、黔、直、陕、福、桂、广、台、伊、阿克苏	嘉庆朝铸钱大体沿袭乾隆朝，采取闭关锁国的策略，政绩平平，铸钱比较规整，其中宝直、宝苏、宝浙、宝福有小平特阔缘大样传世，唯宝苏钱留存相对较多，其余均极其稀少。
9	道光通宝	宣宗道光年间	小平	泉、源、南、川、武、昌、东、晋、苏、浙、云、黔、直、陕、福、桂、广、台、伊、阿克苏	大体沿袭嘉庆朝钱制。自道光始，制钱愈加粗劣，私钱亦愈滥。
10	咸丰通宝、重宝、元宝	文宗咸丰年间	小平、当二、当五、当十、当二十、当三十、当四十、当五十、当百、当二百、当三百、当五百、当千，新疆钱局有当四、当八、当八十	泉、源、直、蓟、德、河、陕、巩、苏、福、武、川、济、浙、桂、昌、晋、东、黔、云、南、广、台、州、迪、伊、库车、阿克苏、叶尔羌、喀什噶尔	咸丰年间，鸦片战争后，大量白银外流，银价飞涨，太平天国兴起，铸钱所需滇铜亦受阻断，被迫只能采取铸造虚值大钱的政策，而又导致币制混乱、物价飞涨，货币又进一步贬值，造成轻重倒置，重量悬殊，所以咸丰钱在数量、铸局、版别、币材、纪值等方面都是非常丰富与复杂的。

	名称	铸造发行年代	面值	局别	背景介绍
11	祺祥通宝、重宝	穆宗祺祥年间	小平、当十	泉、源、巩、云	祺祥年号从确立到废止，仅69天，仅有泉源局预铸相当数量，但多数又回炉熔毁，存世极少，今所见铸工粗陋者皆为后铸，地方局仅有宝云、宝巩二局预铸有祺祥钱，因云南地处偏远，消息闭塞，故只有祺祥宝云小平钱有过小范围的流通。
12	同治通宝、重宝	穆宗同治年间	小平、当四、当十	泉、直、晋、苏、浙、昌、南、福、广、桂、黔、川、巩、云、东、州、库车、阿克苏、叶尔羌	同治铸钱之小平与当十均有全套部颁样钱传世，但因当时政治经济等因素制约，并未实际发放到各个地方钱局铸行，仅有少数几局按部颁样正式铸造，诸多地方局也并未铸造流通钱，仅有试铸样或私钱存世。
13	光绪通宝、重宝	德宗光绪年间	小平、当五、当十	泉、源、苏、浙、福、直、晋、东、河、昌、武、南、陕、广、桂、川、云、黔、东川、吉、奉、沽、津、庆、宁、沪、伊、阿克苏、库车、喀什噶尔、新	光绪朝铸钱局繁多，小平钱数量巨大，直径普遍小于前朝铸钱，特殊之处在于部分钱局制钱背铸有"宇、宙、日、列、往、来、金、村"等字，及"星""月""圈"等记号。并且光绪年间铸钱工艺由翻砂铸钱向机制币过渡，开启了机制币的时代。
14	宣统通宝	末帝宣统年间	小平	泉、云、乌什、广、福	宣统年间，机制币已发展成为主要的货币，传统方孔钱已进入末期。唯有户部之宝泉局、新疆红钱、宝广和宝福机制币存世。

清初三藩

	名称	铸造发行年代	面值	局别	背景介绍
1	利用通宝	吴周政权吴三桂	小平、折二、折五、折十		清初吴三桂起事所铸钱币，多为折银钱，小平光背与背字纪地有"云""贵"，其余折银钱，版式繁多，与云南所铸永历通宝风格接近。
2	昭武通宝		小平、折十		吴三桂于衡阳称帝，改元昭武，铸昭武通宝钱，主要有楷书小平光背与背"工"，而篆书小平钱与篆书折十钱风格一致，当为同一铸地。
3	洪化通宝	吴周政权吴世璠	小平		吴三桂之部将在贵阳拥护其孙吴世璠袭号，改元洪化，仅铸有小平钱，有光背、背"户"、背"工"等。
4	裕民通宝	靖南王耿精忠	小平、折十		清初耿精忠据闽中时所铸，背"一分""壹钱"均为折银钱，其中"浙壹钱"据说为准备攻取浙江时流通使用所铸，因时局混乱，起兵失败，故数量稀少。

清末起义军

	名称	铸造发行年代	面值	局别	背景介绍
1	天国背通宝	太平天国	折十		太平天国占领南京后所铸第一种钱币，有楷书、宋体、隐起文三种版式，铸期短，存世极罕。
2	天国背圣宝		小平、折十		小平有小字、中字、大字三种版式，为试铸性质，均罕见，当十铸期长，书体复杂，版式丰富，有"宋体""隐起文""大字""小字""王圣""长画天"等版。

	名称	铸造 发行年代	面值	局别	背景介绍
3	太平天国背圣宝	太平天国	小平、当五、当十、当五十、当百		太平天国中期铸币，背文"圣宝"有横写竖写之分，宋体、楷书、隐起文三种书体记值成套。
4	太平天国背圣宝		小平、折五		宋体为试铸性质，存世极罕。大字版与小字版相对常见，大字版铸工更为精致。
5	太平圣宝背天国		小平、折五		太平天国在绍兴铸行的钱币，有小字版、大字版、大字隐起文版。
6	天国圣宝背太平		小平、折五		太平天国晚期铸币，小平背文横读，折五背文竖读，为试铸性质。
7	太平通宝	上海小刀会	小平		背有星月纹、上月纹下明字、左右满文等。
8	平靖通宝	广西大成国	小平		咸丰七年，广东三合会首领李文茂攻占柳州，铸平靖钱。背文为各军营之称谓。
9	平靖胜宝		折五		
10	太平通宝	天地会	小平		浙江天地会铸，背文"文""武""永""圣"恰成套系，背文若在穿上，则为会首之物，若在别处，为会员之物。皇帝通宝亦有背文为满汉文"浙"者。
11	开元通宝		小平		
12	天朝通宝		小平		
13	皇帝通宝		小平		
14	嗣统通宝	白号军	小平		同治三年，张保山于贵州称帝所铸，铸行时间甚短，"嗣统"意为嗣明朝之大统。
15	义记金钱	浙江金钱会	折十		浙江金钱会入会凭证，意为"义字摆中间，金钱放两旁"，背有方胜文和"天""地""离"等文字。

天命通宝

天命汗钱满文　　　　　　　　　　汉文

天聪汗钱

天聪汗钱当十钱

顺治通宝

顺治一式

顺治二式

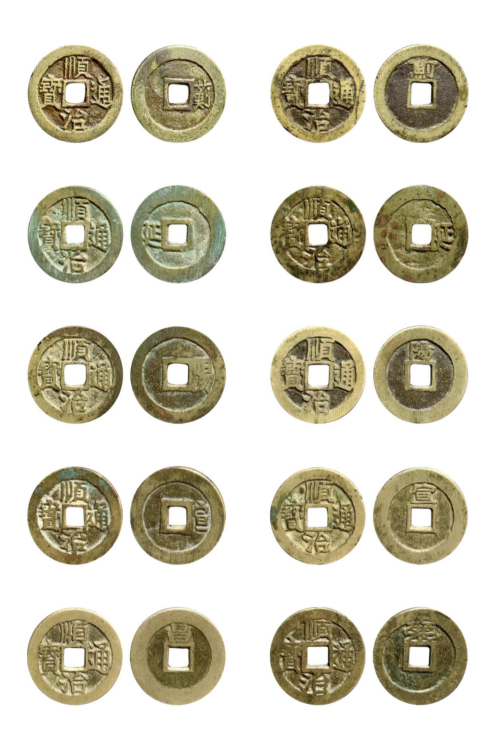

顺治四式

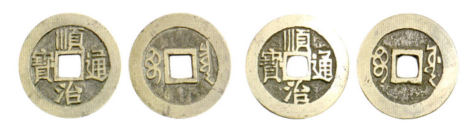

康熙通宝

雍正通宝

乾隆通宝

嘉庆通宝

道光通宝

咸丰通宝、重宝、元宝

小平　　　　　　　　　　当十

当五十

当百

当五百

当千

背宝福大清一百

祺祥通宝、重宝

同治通宝、重宝

光绪通宝、重宝

宣统通宝

利用通宝

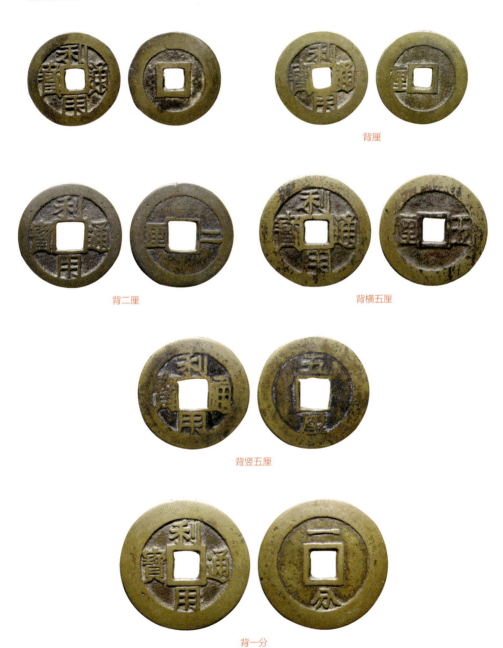

背厘

背二厘

背横五厘

背竖五厘

背一分

昭武通宝

篆书

篆书背壹分

洪化通宝

背户

背工

裕民通宝

背一分

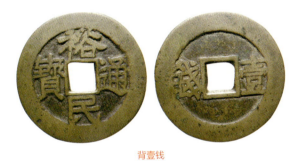

背壹钱

太平天国

太平天国背竖圣宝　　　　　　　　　太平天国背横圣宝

天国圣宝背太平　　　　　　　　天国太平背圣宝（折五）

太平圣宝背天国（折五）

太平天国宋体小平

太平天国宋体当百

天国背竖圣宝（折十）

天国背横通宝（折十）

镇库

太平通宝

背上月下明

平靖通宝、胜宝

平靖通宝背忠

平靖胜宝背后营

开元通宝

背武

天朝通宝

背永

皇帝通宝

背浙

嗣统通宝

义记金钱

背方胜

民国通宝

福建通宝

背一文

背二文

货币通向无何有之乡（代后记）

许久之前，预定之地，伟大心灵之子，身越云栈，生于无何有之乡，玫瑰花蔓从此在蔓生到彼岸。

你我都在玫瑰园内，享有阳光之人鲜花满捧，身处阴隰之人一片白地。

我说，偶然的天选，无碍拥有的自由。你却怒号：天不生人上之人，也不生人下之人，生来平等，地权均分。于是革命诞生了，保守存有了，都是羡嫉的奴隶，身披神圣的外衣，招致无可避藏的天罚。

后来，平权者注定了胜利，平等的道德理念早已先验在人心。可是，自然状态并非都是血淋淋的烂污。依靠人的力量与创造，存在早已存在，而占有，永远无法获得非占有。

玫瑰、盐、牛、刀、布、兽骨、贝壳、香烟、奴隶、可可豆，二进制信息，一条是目的，一条是手段，永是结构与行动，是存在之物与自在之物。

你说，你看：

谁用玫瑰装点梦境，

谁又以之为水为餐。

一、货币二元

货币是什么?

保守的金属论者认为只有金属(尤贵金属)才是货币,这种学说在纸币与数字货币的双重打击之下,已无立锥之地,他们甚至不能界说 3000 年前的美索不达米亚楔文系统,或是 20 世纪初还存在于檀香山的海贝——这种基于女性生殖崇拜,从印度洋远遥,又流行于神州三代的硬通货。

名目主义者认为货币是公权力(政府或一定范围内的权力拥有者)赋予某物的一种记号,如刀、布、圜、版的形制、方孔钱的钱文、纸币的签名和肖像等,货币国家化是名目主义者的题中应有之意,政府的发行与税收引导着货币的流通,而背后起作用的正是公权力。

现代主流经济学将两说抛却,认为货币是以信用为基础的清算体系,它要么是以抽象的价值为衡量的标准,要么是信用的记录体系。

显而易见的是,货币与数字难舍难离,无论是在金属的称量中,在纸币的价值单位中,还是在虚拟货币的计价单位中,数字无疑是三者的共通点。

古希腊的毕达哥拉斯学派认为万物皆数,在对阿那克西曼德的批判中,他们提出,"无定形的东西不配为万物之本源""一个无形者如何赋予万物以形状"。数字与万物的联系远远超过了水火土气等任何单一元素与万物的联系。反映在审美中，他们认为有限优于无限，稳定优于变化，可以用数字言说即善，反之为恶。这种朴素的二元论是古希腊人对本原的一次形而上的推测。事实上天空的云朵并非圆形，远处的高山并非三角，抽象或许可以归纳直角三角形三边的关系为 $a^2+b^2=c^2$，但是无法准确归纳自然与社会。

数的二元就像是货币的头和尾、面和背。货币本身就是虚拟数字与具体现实，即量和质的结合。如同毕达哥拉斯认为的善与恶，达到定形、为善去恶，货币也存在自身的目的，一段时间以来，我们越来越看到了货币本身无限趋于虚拟化、数字化，无论是在支付方式还是在未来可预期的数字货币中。但是这是否表明，货币终会脱离面和背的二元呢？答案是否定的，因为价值与价格是无法调和的。在古钱币收藏群体中，这种难以调和愈发明显，货币真正成了脱离自己面值的收藏品，它首先陷入了原始价值与后加价值的矛盾，其次陷入非经济价值（文化、艺术价值）与经济价值的矛盾，最终陷入了货币价值与非货币价值的矛盾，即自我与非自我的矛盾。收藏者群体有意无意地忽视了这种认知失调，在钱币交换中，所有人都选择了一种价值，通过忽视与重视，达到了短暂的平衡。

或许人本身就是二元性的生物，人的存在本身就是二元对立的，男性与女性都是从自己属性的缺失中找到彼此，从而反观自己、找到自己，这与其说是在追求圆满，毋宁说是一种终极的分裂，男性或女性从来也永远不能达到彼此，外在上孤独地生、孤独地死，自在上永远缺失。所以萨特说"我是孤独的，独一无二的"，他通过文学来突破个人存在的孤独，与读者相通，又保持距离，保全自我的独创性。

心理学家认为人类的左脑负责语言与数字、分析性与符号化，如同电脑的时序逻辑（即理性），右脑负责非数字、非顺序的任务（即非理性）。西方社会似乎普遍向左脑倾斜，东方社会向右脑倾斜。男性更向左脑倾斜，女性更向右脑倾斜。这与形而上与宗教化的西方、诗意与早熟的东方若合符契。

二、货币价值

货币有何价值？

我一直认为，货币的价值首先是历史学和经济学意义上的，应该是为历史与经济学提供材料，又受之规范，进而达到共荣。如果脱离了历史学与经济学，货币研究将是空中楼阁，将是就材料而材料，对无意义施加意义。

中国钱币学的发展源远流长，早在一千五百多年前的南朝梁之时，就出现了顾烜的《钱谱》，出现了以历史实物为研究、收藏对象的学术活动。这一情况，远远早于西方世界。

从经济角度来看，货币的长期稳定，说明了经济的繁荣。沉醉于版目繁多的钱币专家们希望所见、所过手的钱币越多越好，虽然不是说他们希望国家经济生活恶化，钱币发行混乱与多样，可实际上，这种多变与动荡，哺育了许多钱币收藏爱好者，使他们发生长久的、历史的、收藏的、文化的产生对钱币收藏的兴趣。

对于新莽、徽宗钱币的追求，则多源于他们的艺术性，艺术的审美追求标新立异、别具一格，而生活之美则追求恬静、安宁、普通，钱币收藏者对钱币艺术的追求本质上是对生活之美的厌倦，对个性之美、超越之美的追求，是一种人格的内在表演。

至于史学与钱币学。钱币究竟是什么时候开始胆敢和史学分道扬镳的？我个人认为，无论是中西，都是在17、18世纪，即博学时代和乾嘉考据时代。

长期任教于牛津大学的莫米利亚诺曾有此感慨："我一生都对一种人特别好奇，他们与我的职业相近，我可以清楚地知道他们的志趣，也能分享他们的热诚，可他们的最终目标，又让我感到神秘莫测。这一种人对历史的事实充满兴趣，却对历史学本身兴味索然。"

莫米利亚诺认为这些古代的历史研究者，在近代前夜，都走向了与历史学的分化之路，他们都成了收藏家，或者人类学家。

其实博学时代和乾嘉考据时代都是一种皮浪主义。前者的斗争对象是中世纪神学，后者的对象是宋明理学。早在博学时代之前的文艺复兴初期，博学派的研究已经带有很强的复古性，他们借用古代希腊和罗马之古，对神学进行从头到尾的批判。瓦拉以文献学为突破点，在《〈君士坦丁堡赠礼〉伪作考》中运用文献学的技术，揭穿了"丕平献土"的骗局，动摇了教皇统治的合法根基。

清儒对宋明理学空泛的理论感到厌倦，在内容和方法上释放了传统儒学尤其是汉学、唐代儒学的知识，以至于凡文字、音训、校雠、辑佚、天文、历算、医卜、水利、金石都成了专门之学。而清初学者胡渭的《易图明辨》，也让宋明理学视为根基的《河图》《洛书》成了无源之水。

再后来，西方兰克确立的政治史规范和中国贯通日久的"经"学传统，让钱币等古物显得格格不入，不得已之下，终于形成了专门化的新途。让钱币从史学的附庸地位中解放出来，独立成专门之科。由是清代的钱币学家以宋代的古器物学为参照，也形成了自己的一整套著作体系，即《钱谱》，沿袭至今。

博学时代和乾嘉考据时代取得了丰硕的学术成就，无限扩大了史料的来源，加深了中西怀疑求真的精神。现代以来，博学家和历史学家又走上了合流之路，这也是基于前文所述的现代史学的几个趋势。就中国钱币学而言，钱币或者说货币的研究也越来越指向了历史学的目的：一是通过发扬古代货币，为民族自信和文化自信提供实际材料；二是通过探讨货币的变化和运动规律，总结历史经验，吸取教训，古为今用，西为中用，为现代化建设服务。而这两者，都是以历代钱币或者货币的收集、收藏、发掘、清理、整理、展览和交流为根基的。从这个角度来说，在过去的几十年，钱币界似乎更加重视基础的建设，而忽略了钱币价值之阐发，走向了与历史分裂之纵深之途，而忘了来路。

一段时间以来，钱币学是文物学的二级学科，于近几年才形成了专门的学科。钱币学学科化的道路是一种破局，是一种外部对内部的影响，是一种"躲进小楼成一统"式的表演。至于经济学，几乎与钱币收藏完全割裂，首先是钱币收藏者、研究者对经济学的割裂，如我的旧作《货币里的中国史》这本书，在经济学方面，几乎完全是"劣币驱逐良币"式的模糊化，缺乏"格雷欣法则"这种经济学理化的分析。而大多数的经济学家对钱币收藏亦处于一种叶公好龙式的自欺，几乎对钱币的真假一片茫然。当然这种历史和经济的割裂，不仅是钱币的问题，也是传统文化发扬本身的问题。如何做到传统文化的当代表述，应是当前和今后一个时期的关键问题。

三、货币的形而上学

除了经济与历史外，货币最重要的价值应该是——观念的价值（即形而上学的价值）。货币长久地影响着我们的思维，进而影响了历史，影响了整个人类社会。

托马斯·阿奎那说："慈善是所有美德之母，所有美德都由慈善孕育。"而货币则让施舍便捷化，往常需要提供食物、衣服等物品的慈善行为，可以通过货币更好地表达。总之，货币让人间充满便捷的爱。而另一方面，货币本身与博爱是格格不入的，货币让人类更趋向贪婪，趋向对财富的永不餍足。虽然阿奎那用上帝之网，将人类变成理性、起码是虔诚的动物，但几乎每一次假借上帝之名的掠夺，都激发人类的贪欲、杀戮等非理性。

最初的货币由一般等价物（自然货币）充任，此时，货币的价值与充任者的自身内容产生了某种联系，比如铜币本身就是铜这种金属物质，奴隶本身就拥有人的使用价值。但就货币本身而言，这种自身内容是毫无意义的，只有纯粹符号化的货币才是理想货币。这种理想近似于亚里士多德所谈的善，善之动力即向善就是善本身的吸引力，货币从诞生到如今，即是朝着它的去质料之路前行的，只不过质料本身不会消失，我们无法想象货币的数字内涵架构在"无"之上，但是质料的物质性会不断削弱，交换性的便捷性会不断加强，这也正是数字货币发展的内在理路。

当货币的交换能力达到某种高便捷度以后，货币就从纯粹的交换手段变成了目的。

货币本身只是纯粹的手段，手段和目的间天然地存在鸿沟，而这鸿沟正是手段本身。在手段达到目的的过程中，目的的绝对价值又让手段（小目的）产生了相对的价值，而相对价值的集合，便构成了目的本身，当所有的手段都变成货币，那货币也将变成目的。诸如一个人的学习、娱乐、交友、食宿都需要用到货币，他生活品质的提高，预示着他必须提高自己拥有的货币量，于是提高货币量本身成了提高生活品质的前提，种种前提的相加，让货币变成了目的，成了与某种目的（如娱乐）并存的目的。甚至超越了一般目的，成了人生的目的本身，成了持续不断的刺激。

货币就是我们时代的上帝。

当货币经济发展到一定的水平时，整个社会的大小目的都充斥着货币，个人的人生、群体的价值、国家的追求都与货币相关，货币终于成了一个时代的目的，成功地从一个社会的手段，变成整个社会的目的。

货币经济的高度发展，还不自觉地让个体的自由得到绝大的解放，人类不用去针对生活的各个方面进行劳动生产，只需要去做自己专长的事情，或者能够挣取货币的事情，货币将解决你生活的所有问题。

货币本身是通向理想生活的桥梁，在当代社会却成了最终的目的。可是，人永远无法栖居于货币之上。

在奴隶社会时，奴隶主拥有奴隶的人身，奴隶本身丧失了自由。由于货币的介入，原来的奴隶只需要交付劳动产品或者是货币本身便可以免于丧失自由，这便是货币带给人类的外在自由，对奴隶主而言，货币的产生让他获得了超脱以往奴隶所生产的固定产品的局限，可以去购买一切以货币为尺度的产品，他也获得了内在的自由。

既然货币对自由起到了莫大的好处，为何身处数字货币高度勃发的现代人会感受到身心前所未有的疲惫感、非自由感？

自由首先是自由意志。苏格拉底认为自由意志本质上是向善的，因为善事让其得到好处，恶事让其反受其害。普罗塔哥拉则认为，人们为了维持社会生活，不得不假定人人都具备道德和正义的自由意志。这两种对自由意志的看法都停留在了自由意志的"自发性"或"任意性"。

然后是自律。苏格拉底、亚里士多德以知识作为自由选择的根据，提出通过"认识你自己"的自明，再到"知识即美德"的理性，最终达到自律。斯宾诺莎把人的理性当作自律的上限，英国的经验论者将非理性看作自律的下限，可若将自由意志看作是一种普遍原则，无论是自然的强制还是社会的强制，都将使自由丧失自由。康德第一次将自由的规律与自然的规律区分开，他认为人在道德实践意义上具有不受自然律约束的自由，这是一种应当的原则：你应该这样，而不是那样。这就是道德律。人也可以不按道德律办事，但是他本身清楚地知道什么是应当的，什么是不应当的。道德律不是一个人对另一个人的要求，而是每个人自发的要求，只有按照道德律办事，每个人才能享有真正的自由。

　　可是，在货币经济高度发展的时代，道德律已经难以成为普遍的规律，而且当绝对命令出现时，永恒会出现与它共生的相对观念。正如人人都知道说谎非善，然而医生面对癌症病人时，却总是选择这种非善。人类终于对这种形式主义的、空洞的道德自律感到厌倦，开始寻求最真切的、能够直接体验到的——自由感。

　　当我们回到货币产生之初，实物的生产者对于实物本身倾注了心血，实物不自觉地体现着生产者本身的特质，这是一种主体与客体交融的情况。

　　而没有生产者特质的货币作为生产者拥有的财富与目的，失去了生产者的特质，成了独立于生产者、占有者的纯粹客观，主体与客体彻底分离。千年钱币，八百主人，人的变动、货币的流动，对于主体和客体而言不存在任何区别。人确实从某种实物的羁绊中解脱了出来，可是人的目的与人的本身也脱离了联系，自由与自由感成了空洞形式，空有自由感而无自由本身的映照与凭借。失去了实在的支撑，我们丢失了存在的完成意义，坠入了紧张、茫然、空虚的陷阱，人终于栖居于虚无的货币目的之上，空有自由，却无法享受。

你我都不可避免地陷入了货币的二元论中，陷入自由与非自由、自由与平等、历史主义与悲观主义的对立之中，我们在自制的理想中表演着，我们的个体灵魂在千篇一律的外在之物中迷失，成了机械的工具。我们的灵魂与现代的生活永远格格不入，越是现代的都市，越有紧张、麻木的灵魂，"一个具有纯粹审美态度的个性人物会对现代深感绝望"。

人无法栖居手段之上，

货币通向无何有之乡。

主要参考文献

一、古籍

二十四史中的《食货志》部分（《史记》为《平准书》，部分史籍没有《食货志》），版本为中华书局繁体竖排本，参照中华书局《点校本二十四史》及《清史稿》修订工程中已出版的 12 种。

〔汉〕刘珍等撰，吴树平校注：《东观汉记校注》，北京：中华书局，2008 年。

〔汉〕许慎撰，〔清〕段玉裁注：《说文解字注》，上海：上海古籍出版社，1981 年。

〔汉〕桓谭撰：《新论》，上海：上海人民出版社，1977 年。

〔汉〕桓宽撰，王利器校注：《盐铁论校注》，北京：中华书局，1992 年。

〔晋〕葛洪撰，周天游校注：《西京杂记》，西安：三秦出版社，2006 年。

〔晋〕葛洪撰，王明著：《抱朴子内篇校释》，北京：中华书局，1986 年。

〔晋〕潘岳撰：《关中记》，收入刘纬毅主编：《汉唐方志辑佚》，北京：北京图书馆出版社，1997 年。

〔东晋〕常璩撰，刘琳校注：《华阳国志校注》，成都：巴蜀书社，1984 年。

〔南朝宋〕刘义庆撰，〔梁〕刘孝标注，余嘉锡笺疏：《世说新语笺疏》，北京：中华书局，2007 年。

〔南朝梁〕萧统主编：《文选》，上海：上海古籍出版社，1986 年。

〔北魏〕郦道元注，〔清〕杨守敬、熊会贞疏：《水经注疏》，南京：江苏古籍出版社，1989 年。

〔北魏〕杨衒之撰，周祖谟校释：《洛阳伽蓝记校释》，北京：中华书局，2010 年。

〔唐〕杜佑撰，王文锦等点校：《通典》，北京：中华书局，1988 年。

〔唐〕李林甫等撰，陈仲夫点校：《唐六典》，北京：中华书局，1992 年。

〔唐〕徐坚等撰：《初学记》，北京：中华书局，1962 年。

〔唐〕许嵩撰，张忱石点校：《建康实录》，北京：中华书局，1986 年。

〔宋〕司马光等撰，〔元〕胡三省注：《资治通鉴》，北京：中华书局，1956 年。

〔宋〕李焘撰：《续资治通鉴长编》，北京：中华书局，1992。

〔宋〕洪遵撰，汪圣铎编著：《泉志》，北京：中华书局，2013 年。

〔宋〕洪迈撰，孔凡礼点校：《容斋随笔》，北京：中华书局，2005 年。

〔宋〕李昉等编：《太平御览》，北京：中华书局，1960 年。

〔宋〕李昉等编：《文苑英华》，北京：中华书局，1982 年。

〔宋〕王应麟辑：《玉海》，台北：大化书局，1977 年。

〔宋〕吕祖谦撰：《历代制度详说》，台北：台湾商务印书馆，1986 年。

〔宋〕郑樵撰：《通志》，北京：中华书局，1987 年。

〔宋〕王钦若等编纂，周勋初等校订：《册府元龟》（校订本，全 12 册），凤凰出版社，2006 年。

〔宋〕王应麟撰:《玉海》,南京:江苏古籍出版社、上海书店联合出版,1987 年。

〔元〕马端临撰:《文献通考》,北京:中华书局,1986 年。

〔清〕顾炎武撰,黄汝成集释,栾保群、吕宗力校点:《日知录集释》,上海:上海古籍出版社,2006 年。

〔清〕赵翼撰,王树民校正:《廿二史札记校正》,北京:中华书局,2013 年。

〔清〕赵翼撰:《陔余丛考》,上海:商务印书馆,1957 年。

〔清〕杨晨撰:《三国会要》,北京:中华书局,1956 年。

〔清〕吴任臣撰:《十国春秋》,北京:中华书局,2010 年。

〔清〕汤球撰:《十六国春秋辑补》,济南:齐鲁书社,2000 年。

〔清〕王鸣盛撰,黄曙辉点校:《十七史商榷》,上海:上海古籍出版社,2013 年。

〔清〕严可均辑:《全上古三代秦汉三国六朝文》,北京:中华书局,1958 年。

〔清〕梁诗正等:《钦定钱录》,上海:上海古籍出版社,1987 年。

〔清〕阮元校刻:《十三经注疏》,北京:中华书局,1980 年。

〔清〕李佐贤撰:《古泉汇》,北京:北京出版社,1993 年。

〔清〕戴熙撰:《古泉丛话》,台北:广文书局,1980 年。

〔清〕翁树培撰,刘燕庭校:《古泉汇考》,北京:书目文献出版社,1994 年。

〔清〕王锡棨撰:《泉货汇考》,北京:中国书店,1988 年。

〔清〕鲍康撰:《续泉汇》,北京:书目文献出版社,1993 年。

〔清〕王鎏撰、马陵合校注:《〈钱币刍言〉整理与研究》,上海:东华大学出版社,2010 年。

〔清〕王茂荫撰,张新旭等点校:《王侍郎奏议》,合肥:黄山书社,1991 年。

二、近代以来著作

中国钱币丛书,北京:中华书局。

中国钱币大辞典,北京:中华书局。

中国经济通史,北京:经济日报出版社。

中国历代货币大系,上海:上海辞书出版社。

陈寅恪著:《隋唐制度渊源略论稿》,北京:商务印书馆,2011 年。

吕思勉著:《中国制度史》,上海:上海教育出版社,1985 年。

陈垣著:《二十史朔闰表》,北京:古籍出版社,1956 年。

林剑鸣著:《秦汉史》,上海:上海人民出版社,2003 年。

陈直著:《居延汉简研究》,天津:天津古籍出版社,1986 年。

唐长孺著:《魏晋南北朝史论丛续编》,北京:生活·读书·新知三联书店,1959 年。

田余庆著:《东晋门阀政治》,北京:北京大学出版社,2012 年。

万绳楠整理:《陈寅恪魏晋南北朝史讲演录》,贵阳:贵州人民出版社,2012 年。

王仲荦著:《魏晋南北朝史》,上海:上海人民出版社,2016 年。

王仲荦著:《北周六典》,北京:中华书局,1979 年。

王仲荦著:《金泥玉屑丛考》,北京:中华书局,1998 年。

周一良著:《魏晋南北朝史札记》,北京:中华书局,1985 年。

谭文熙著:《中国物价史》,武汉:湖北人民出版社,1994 年。

傅筑夫著:《中国经济史论丛》,北京:生活·读书·新知三联书店,1980 年。

梁方仲著:《中国经济史讲稿》,北京:中华书局,2008 年。

黄惠贤、陈锋著:《中国俸禄制度史》,武汉:武汉大学出版社,1996 年。

余耀华著:《中国价格史》,北京:中国物价出版社,2000 年。

黄天华著:《中国财政史纲》,上海:上海财经大学出版社,1999 年。

马大英著:《汉代财政史》,北京:中国财政经济出版社,1983 年。

韩国磐著：《北朝经济试探》，上海：上海人民出版社，1958 年。

韩国磐著：《南朝经济试探》，上海：上海人民出版社，1963 年。

高敏著：《魏晋南北朝经济史》，上海：上海人民出版社，1996 年。

黄仁宇著：《十六世纪明代中国之财政与税收》，北京：生活·读书·新知三联书店，2001 年。

何德章著：《中国经济通史·第三卷》，长沙：湖南人民出版社，2002 年。

陈明光著：《六朝财政史》，北京：中国财政经济出版社，1997 年。

陈啸江著：《三国经济史》，广州：国立中山大学文科研究所，1936 年。

陈明光著：《汉唐财政史论》，长沙：岳麓书社，2003 年。

丁福保编：《古钱大词典》，北京：中华书局，1982 年。

彭信威著：《中国货币史》，上海：上海人民出版社，2007 年。

千家驹、郭彦岗著：《中国货币演变史》，上海：上海人民出版社，2014 年。

萧清著：《中国古代货币史》，北京：人民出版社，1984 年。

萧清著：《中国古代货币思想史》，北京：人民出版社，1987 年。

钱剑夫著：《秦汉货币史稿》，武汉：湖北人民出版社，1986 年。

全汉昇著：《中国经济史研究》，北京：中华书局，2011 年。

周卫荣、戴志强等著：《钱币学与冶铸史论丛》，北京：中华书局，2002 年。

周卫荣著：《中国古代钱币合金成分研究》，北京：中华书局，2004 年。

汪圣铎著：《两宋货币史》（上、下），北京：社会科学文献出版社，2016 年。

何平著：《传统中国的货币与财政》，北京：人民出版社，2019 年。

万明著：《明代中国白银货币化研究》，北京：中国社会科学出版社，2022 年。

朱嘉明著：《历史不会熔断》，北京：中译出版社，2023 年。

王俪阎著：《中国古代范铸钱币工艺》，北京：学苑出版社，2014 年。

刘森著：《中国铁钱》，北京：中华书局，1996 年。

石俊志著：《半两钱制度研究》，北京：中国金融出版社，2009 年。

石俊志著：《五铢钱制度研究》，北京：中国金融出版社，2011 年。

霍宏伟著：《古钱极品》，北京：中华书局，2016 年。

朱安祥著：《魏晋南北朝货币研究》，北京：中华书局，2021 年。

高聪明著：《宋代货币与货币流通研究》，保定：河北大学出版社，2000 年。

林满红著：《银线：19 世纪的世界与中国》，南京：江苏人民出版社，2011 年。

陈锋著：《清代财政政策与货币政策研究》，武汉：武汉大学出版社，2008 年。

中国社会科学院考古研究所编：《居延汉简甲乙编》，北京：中华书局，1980 年。

甘肃省文物考古研究所等：《居延新简·甲渠候官》，北京：中华书局，1994 年。

周育民著：《晚清财政与社会变迁》，上海：上海人民出版社，2000 年。

［英］约翰·梅纳德·凯恩斯著，高鸿业译：《就业、利息和货币通论》，北京：商务印书馆，1999 年。

［日］黑田明伸著，何平译：《货币制度的世界史：解读"非对称性"》，北京：中国人民大学出版社，2008 年。

［加］杜维善著：《五铢图考》，上海：上海书画出版社，2009 年。

三、论文

《中国钱币》杂志，北京，中国钱币博物馆和中国钱币学会。

戴志强著：《曹魏五铢考述》，《文物》1998 年第 4 期。

李家瑞著：《古代云南用贝币的大概情形》，《历史研究》1956 年第 9 期。

刘建国、高岚著：《试论六朝钱帛货币的历史地位》，《江汉考古》1989 年第 2 期。

牟发松著：《鲁褒〈钱神论〉的产生与当时的商品货币经济》，《江淮论坛》1985 年第 5 期。

邵磊著：《梁铸公式女钱考述——兼论南京出土的公式女钱范》，《南方文物》1998 年第 4 期。

王善卿著：《外郭"压五压金"五铢不可遽定为曹魏五铢》，《陕西金融》1999年第12期。

王泰初著：《永平五铢考辨》，《陕西金融》1998年第9期。

徐承泰著：《建武十六年前东汉货币铸造考》，《华夏考古》2000年第1期。

徐承泰著：《东汉时期货币铸造及管理机构的探讨》，《武汉大学学报》2000年第3期。

周卫荣著：《中国古代铸钱工艺及其技术成就》，《中国钱币论文集（第五辑）》，2010年。

邹志谅著：《论顾烜〈钱谱〉对中国钱币学的贡献》，《六朝货币与铸钱工艺研究》，2005年。

吴良宝著：《货币单位"釿"的虚值化及相关研究》，《吉林大学社会科学学报》2011年第4期。

陈治军著：《再论楚国的衡制与量制》，《中国钱币》2013年2期。

周祥著：《试论尖首刀》，《中国钱币》2003年2期。

陈旭著：《从临淄出土齐刀范看齐刀币的分期及相关问题研究》，《中国钱币》2013年1期。

邱崇明著：《论中晚唐的钱荒》，天津财院学报，1992年第2期。

徐殿魁著：《唐代开元通宝的主要品类和分类》，《中国钱币》1992年第3期。

乔幼梅著：《论宋代物价与货币的关系》，《中国经济史研究》1991年第1期。

赵思渊、申斌著：《明清经济史中的"地方财政"》，《中山大学学报》2018年第1期。

黄纯艳、宋佳俪著：《宋代财政史研究的主要方法及其检讨——兼论如何构建中国古代财政史研究的学术体系》，《厦门大学学报》2020年第6期。

李园著：《明初财政运作的货币考察——"洪武型财政"的再认识》，《西南大学学报》2018年第1期。

韩祥著：《晚清灾荒中的银钱比价变动及其影响——以"丁戊奇荒"中的山西为例》，《史学月刊》2014年第5期。

杨君、周卫荣著：《中国古代白银货币起源考略》，《故宫博物院院刊》2023年第9期。

［日］柿沼阳平著：《蜀汉的军事最优先型经济体系》，《史学月刊》2012年第9期。

致谢

距离《货币里的中国史》出版已近六年，由于当时题材还算新颖，侥得一些荣誉，幸获不少关注，所以也引来了一批钱币界内外之士的竞创。于是，《钱币里的×××》《×××的中国史》等著勃兴，还有一批将断代史与钱币学结合的著作出版。如此景况，我是不胜感奋又愧惕惭惧的。

想来当时不过二十五六岁的年纪，急于发申，殷于登梯。争奈操之过急，留下诸多遗憾。在与戴志强、赵梓凯先生的一次对谈后，我了解到彭信威先生的"一本书主义"，他的《中国货币史》早已是泉学经典，而当年，此籍也经历过长达十数年、数次的修改与完善。

"一本书主义"成了我这些年的鹄的，我在艰难跋涉中对货币尤其是中国古代诸形态的古钱有了更多领悟。不意数年间，一本五六万字的《货币里的中国史》被我添补到二十余万字的规模，所附图录也从六七百张增至近三千张。我还考虑到，这五六年间，潮汹汹然、风蓬蓬然，内外环境陡变，这不正与中国钱币凭借自身三千年一线之延的传统与洋钱比权量力、生存竞争的钱史同出一揆吗？多少先辈义士在天柱折、地维裂、日月昧、山河变之乾坤颠倒之际杀身成仁，挽狂澜于既倒，起神州之陆沉。于是，我又以数万字剖析货币与历代兴衰的内在理路、逻辑。最终，裒辑出此三十万字规模的《永通万国：货币与历代兴衰》。

所以，这是一本新书，也是一本延续创作多年的旧著。

关于这本书最想说的是感谢。

感谢戴志强先生、黄锡全先生、周卫荣先生、张国刚先生、苏剑先生的推荐，他们或是前辈贤达，或是学界中坚，实我之幸。

感谢何平教授为本书作序，何教授是学界名宿，他首译黑田明伸的著作入华，影响了众多学人。

杜老维善先生仙逝已经快三年，在此再次感谢他当初对我的无私支持，永远缅怀他。

以下还要感谢本书的共创好友：

钱币学会的崔淳兄对本书进行了审校并提出了诸多意见，他的泉学、泉识为本书奠定厚实根基。

岳麓书社的邱建明兄为本书拍摄了所有篇章页以及大部分的博物馆图片，他对楚国货币多有研究，是本书的首席摄影。

各章附录部分系根据《货币里的中国史》原有附录框架修改而成，众位共创好友不仅加入了自己的泉识，还拍摄了藏品，使附录部分更加丰满、丰厚。其中先秦部分有王昭迈、张敬林兄，西汉、新莽部分有王春义、刘昊兄，东汉部分有陈长安、赵晓东兄，三国、两晋、南北朝、隋部分有靳如意、马鑫兄，唐、五代部分有崔淳、苏意兄，两宋部分有王俊东、王秋兄，辽、金、西夏、元部分有宋捷、郭剑亮兄，明、清部分有王璟、董蓬博兄等。

其他好友张天胤、石磊、陈培淮、刘颜、戴佳运、孔文凯、陈大威、许宁宁、查逸、王小伟、孙辉、李玉霞、刘弋、查苏敏等也为本书提供了图片。另有部分图片来自华夏古泉、公博评级、龙骧古泉、天眷堂等，在此并致谢忱。

今年是交子发行一千年，希望中国和中国货币能再次引领人类朝下一个千年迈进。

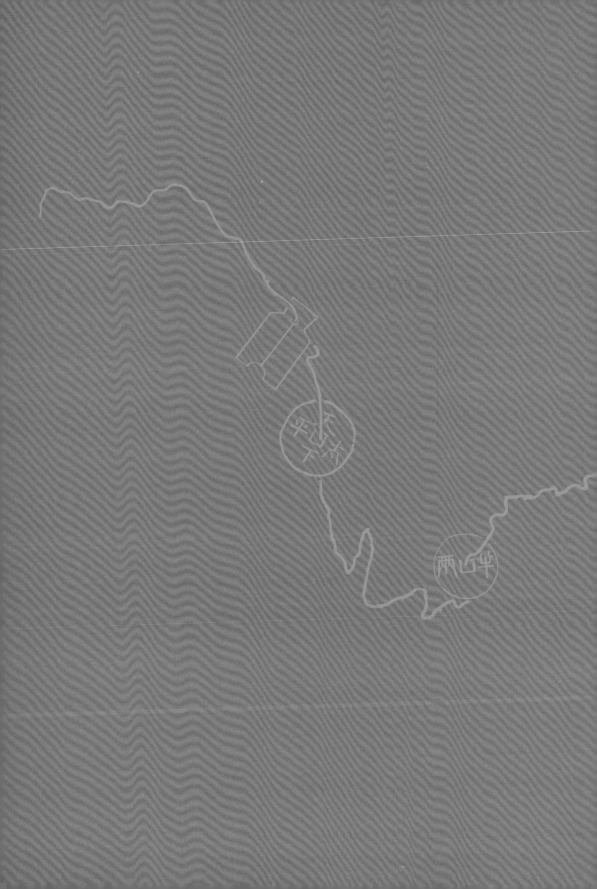